危害食品安全犯罪体系完善研究

A Research on the System Perfection of Crimes of Endangering Food Safety

仝其宪 ◎ 著

中国政法大学出版社

2020·北京

声　明	1. 版权所有，侵权必究。	
	2. 如有缺页、倒装问题，由出版社负责退换。	

图书在版编目（ＣＩＰ）数据

危害食品安全犯罪体系完善研究/全其宪著.—北京：中国政法大学出版社，2020.9
ISBN 978-7-5620-7689-6

Ⅰ.危… Ⅱ.①全… Ⅲ.①食品安全－刑事犯罪－研究－中国 Ⅳ.①D924.364

中国版本图书馆CIP数据核字(2020)第136163号

出　版　者	中国政法大学出版社
地　　　址	北京市海淀区西土城路25号
邮寄地址	北京100088 信箱8034分箱　邮编100088
网　　　址	http://www.cuplpress.com（网络实名：中国政法大学出版社）
电　　　话	010-58908586(编辑部) 58908334(邮购部)
编辑邮箱	zhengfadch@126.com
承　　　印	固安华明印业有限公司
开　　　本	880mm×1230mm　1/32
印　　　张	8.625
字　　　数	230千字
版　　　次	2020年9月第1版
印　　　次	2020年9月第1次印刷
定　　　价	56.00元

序
PREFACE

国以民为安，民以食为安，食以安为先，食品是国民最基本的物质生活基础。现代化进程的加快在给人们带来诸多便利的同时，也给人们的安全增添许多负面影响。正如当前现代食品工业的发达在带给人们餐桌上丰富多彩的"美味佳肴"的同时，也带来了巨大风险亦波及全球，在缺乏有效规制的情况下，全球性食品安全事故不时爆发，正处于经济快速发展和转型时期的中国，这一问题尤为凸显。近几年来，从"三氯氰胺"到"瘦肉精"，从"地沟油"到"毒胶囊"，从"苏丹红"到"毒豆芽"，从"僵尸肉"到"黑心榨油"，一批批危害食品安全的恶性案件被曝光，食品安全问题成为举国上下予以高度关注的焦点。其实，食品安全问题涉及食品的加工、生产、贮藏、运输、销售等多重环节，每一环节出问题都有可能危及人们的饮食安全，轻则影响到人们的身体健康乃至生命权利，重则关乎国计民生，社会稳定，不可小觑。因此，保障食品安全，构筑一个安全而和谐的饮食环境意义重大而深远。但应当清楚，希冀食品企业和从业人员的"自我救赎"或向其输送"道德血液"而解决食品安全问题，简直是不切实际的赌注。食品安全理当成为法律保护的重要内容,我国直接保护食品安全的立法支撑核心为《食品安全法》和《刑法》,而前者为行政法律,需要刑法与其协调并作为其坚强的保障法、后盾法,所以迫切期许刑法在规制食品安全问题上有所作为。那么,如何进一步完善危害食品安全犯罪刑法保护体系,提升刑法规制危害食品安全犯罪的效果,充分发挥刑法有效遏制和预防危害食品安全犯罪的保障功能,是一个亟待研究的重大理论与实践课题。

尽管现阶段引发危害食品安全犯罪的原因复杂多元,但审视我国规制危害食品安全犯罪的刑法规范,无论在规制危害食品安全犯罪的立法模式,抑或食品安全刑事立法政策,或是危害食品安全犯罪罪名体系,还是危害食品安全犯罪刑罚体系等诸多方面,与我国当前危害食品安全犯罪的危害现状相对照,与其《食品安全法》等前置法相对照均有些许不协调,且危害食品安全犯罪在司法实务中争议与疑难问题总是纠缠不清,这充分暴露出我国规制危害食品安全犯罪的刑法保护体系存在不足,极不利于有效发挥刑法惩治与预防危害食品安全犯罪的功能。然而,放眼国际视野,深入考察一些发达国家或地区有关危害食品安全犯罪相对成熟的法律保护体系,或许能够找到可资借鉴的经验和启示。着眼于此并进行比较分析,对我国规制危害食品安全犯罪的刑法保护体系进行反思,找出其存在的问题,进而提出完善我国食品安全刑法保护体系的有效路径。

同时,将我国危害食品安全犯罪体系完善置于风险社会和风险刑法的视阈下进行研究是形势发展的必然结果。因为随着科技的迅速发展,来自于人类社会实践活动的各种社会风险正悄然对我们的生活安全构成潜在危险或严重威胁,风险社会渐行渐近,食品安全问题的频发在风险社会背景下更加促发人们的强烈关注。然而，风险社会视阈下遵循当下的刑法理念以及自身的内在逻辑使得刑法难以发挥功效，传统的罪责刑法表现得捉襟见肘甚至苍白无力，需要向安全刑法转型。那么，餐桌上的"风险刑法"何以为食品安全保驾护航，实现危害食品安全犯罪刑法规制的立法转型与调整，以此为导向研究我国危害食品安全犯罪刑法保护体系的路径显得愈发重要而深远。

鉴于此，风险社会视阈下完善我国危害食品安全犯罪刑法保护体系，具体包括以下几个方面：一是我国危害食品安全犯罪刑事立法模式应该从"单一制"转向"多元制"，融合法典化、附属刑法和单行刑法等多元立法模式；二是通过考察当前我国食品安全刑事立法政策的现状，反思其不足，从而得出我国应该倡导食品安全刑事立法"零容忍"政策；三是我国危害食品安全犯罪罪名体系应该从"粗疏"走向"严密"，首先进一步澄清我国危害食品安全犯罪在刑法分则体系中的归属问题，近期学界比较集中的观点是将危害食品安全犯罪划归危害公共安全罪一章，其实，"危害后果严重"不是评判主要客体的依据，危害食品安全犯罪所具有的经济犯和行政犯的性质决定其法律归属，危害食品安全犯罪与传统的危害公共安全罪并不具有兼容性，暂且将危害食品安全犯罪归属传统的生产、销售伪劣商品罪并无不妥；然后需要进一步扩容我国危害食品安全犯罪的刑法调控范围，延展食品安全打击环节，扩展行为对象，周延食品安全主观罪过心态，适度增设新罪名；四是我国危害食品安全犯罪刑罚体系应该趋于"刑缓"。就死刑而言，在当前还不能完全取消死刑适用的背景下应该将危害食品安全犯罪的死刑适用限定于"产品的生产者"，经过时日的积累与时机的成熟，我国危害食品安全犯罪终将走向完全废除死刑的征途；就自由刑而言，降低起刑点，保留管制刑和拘役刑，可通过颁布司法解释，细化自由刑幅度等予以完善；就财产刑而言，细化罚金刑，充分发挥没收财产应有的功效；对危害食品安全犯罪应增设资格刑，资格刑如同食品生产经营者头上的"达摩克利斯之剑"，这把"悬顶之剑"一经发现"次品"就可以一劳永逸地关停"生产线"，不但起到特殊预防的效果，同时也可以倒逼整个食品生产经营线的质量提升。

搭建食品安全行政执法与刑事司法有效衔接平台，有助于充分发挥食品安全行政执法部门与刑事司法机关通力合作的作用，共同完成打击食品安全违法犯罪的职责，保障食品安全。然而，近年来，食品安全行政执法与刑事司法在合力打击食品安全违法犯罪过程中，存在案件移送率过低、移送标准不明确、证据转换梗阻、检测鉴定难度大、网络信息共享平台不畅通等现象。因而有必要从提高行刑衔接立法位阶，实现立法衔接；建立考评问责机制，促进案件积极移送；规范案件移送标准，推进移送受理率；明确证据转换规则，提升证据可信度；完善检测鉴定机制，增强鉴定意见可采度；建立网络信息共享平台，畅通信息共享和完善食品安全预警体系，营造社会共治氛围等七个方面加强食品安全犯罪行政执法与刑事司法的有效衔接平台构建，维护稳定的食品安全秩序。

刑法作为维护社会安全和正义的最后一道防线，必须守好最后这道关。当前正在实施的食品安全领域的司法解释是于2013年颁布，距今已近7个年头。但随着经济科技高速发展，食品违法犯罪不断涌现新情况、新问题，今后对该司法解释如何予以完善亟须深入研究。鉴此，笔者在深入调查安徽省部分地市有关食品安全司法解释实施情况和主要问题的基础上，认

序

为食品安全司法解释实施中存在食品安全有关概念术语不明确、检测鉴定难、"专家意见"启动难等问题,从而提出完善食品安全司法解释的意见建议,即确定食品安全案件管辖权,合理界定食品安全犯罪中的"明知",破解食品检测鉴定机制,适时建立专家数据库,扩展网络食品安全打击环节,破解食品安全检测鉴定顽疾,细化食品安全有关概念术语,严格限制缓刑的适用等措施。

目 录

导 论 ◆ 001
　一、问题的提出及研究意义 ◆ 001
　二、研究现状综述与评析 ◆ 006
　三、研究思路、方法及创新 ◆ 021

第一章　我国危害食品安全犯罪刑事立法
　　　　模式的选择 ◆ 029
　一、我国危害食品安全犯罪刑事立法的演进与特征 ◆ 029
　二、我国危害食品安全犯罪刑事立法模式的
　　　不足及思考 ◆ 036
　三、我国危害食品安全犯罪刑事立法模式的
　　　发展趋势 ◆ 041

第二章　我国食品安全刑事立法"零容忍"政策之
　　　　倡导 ◆ 054
　一、我国食品安全刑事立法政策的现状与不足 ◆ 055
　二、我国食品安全刑事立法"零容忍"政策之基础 ◆ 061
　三、我国食品安全刑事立法"零容忍"政策之设想 ◆ 068

第三章　当前我国危害食品安全犯罪体系存在的不足 ……… ◆ 075
一、我国危害食品安全犯罪罪名体系之不足 ……… ◆ 076
二、我国危害食品安全犯罪刑罚体系的不足及思考 …… ◆ 093

第四章　我国危害食品安全犯罪体系完善的具体建言 ……… ◆ 107
一、我国危害食品安全犯罪罪名体系之完善 ……… ◆ 107
二、我国危害食品安全犯罪刑罚体系之完善 ……… ◆ 166

第五章　我国食品安全犯罪行政执法与刑事司法衔接平台之构建 ……… ◆ 184
一、食品安全犯罪行政执法与刑事司法衔接的逻辑基础 ……… ◆ 185
二、当前食品安全行政执法与刑事司法衔接平台存在的问题及原因分析 ……… ◆ 190
三、食品安全行政执法与刑事司法衔接平台构建的有效路径 ……… ◆ 203

第六章　我国食品安全司法解释所呈现的问题及意见建议 ……… ◆ 219
一、近年来食品安全司法解释实施情况和主要问题 … ◆ 220
二、完善办理食品安全刑事案件司法解释的意见建议 ……… ◆ 235

结　语 ……… ◆ 246
参考文献 ……… ◆ 251
后　记 ……… ◆ 264

导 论

一、问题的提出及研究意义

（一）问题的提出

1. 当前危害食品安全犯罪已成为影响我国社会稳定和谐的重要问题

霍布斯曾指出："人民的安全乃是至高无上的法律。"[1]马斯洛也认为，生理需要和安全需要是人类最基本需求结构中最为重要的层次。[2]的确如此，食品是国民最基本的生活物质基础，同时，安全是人类生存永续的最基本条件和需要。可以说，食品安全是关系到国泰民安和民族繁荣延续的大事情。然而，现代社会的价值多元和科技的发达在使我们得以尽情享受美好生活的同时，也使我们承担着各种各样的社会风险。其中，危害食品安全事故尤为明显。晚近以来，危害人们身体健康、威胁社会和谐稳定的食品安全事件频发，违法犯罪现象层出不穷，社会危害十分严重。极具典型意义的食品安全事件举不胜举，

---

[1] [美] E. 博登海默：《法理学——法律哲学与法律方法》，邓正来译，中国政法大学出版社1999年版，第293页。

[2] A. H. Maslow, "A Theory of Human Motivation", *Psychological Review*, 50, 1943, p. 376.

2003年爆发的浙江金华"毒火腿案"和安徽阜阳"劣质奶粉案"等在社会上引发了强烈反响；2008年的"三鹿奶粉案件"震惊中外；2009年的"咯咯哒"鸡蛋事件、2010年的青海三聚氰胺超标奶粉案件等又接踵而至。2011年，正值《刑法修正案（八）》颁行之际，又接连发生了"瘦肉精"案件、"毒胶囊"事件、"毒大米"事件、"毒粉丝"事件、"蒙牛牛奶"事件等；紧接着又是席卷大半个中国的"地沟油"事件。食品安全事件可谓一波未平，又起一波，2015年前后又发生了"毒腊肉"事件、"僵尸肉"事件、"黑心榨油"事件、"毒面条"事件、"上色肉"事件、"假盐"事件等。不仅如此，现实中还隐藏着大量的食品安全违法犯罪，以及不断花样翻新的违法犯罪手法，使得危害食品安全犯罪态势依旧严峻。无疑，无数危害食品安全案件的爆发造成了不特定多数人的身体健康和生命伤害，不断引发人心的"动荡不安"，严重损害了社会的和谐稳定，如何有效解决食品安全问题显得迫在眉睫。应该清楚，寄希望于食品企业和从业人员的"自我救赎"或通过向其输送"道德血液"而解决食品安全问题，是不切实际的赌注。因此，如何运用法律武器尤其是刑事法律利剑有效地惩治和预防这些食品安全违法犯罪行为是目前或今后需要研究的重大理论课题。

2. 针对食品安全问题现有刑法体系的规制能力不足

食品安全理应成为法律保护的重要阵地，我国直接保护食品安全的立法支撑核心为《食品安全法》和《刑法》，而前者为行政法，需要刑法与其协调并作为其保障法、后盾法。因为刑事制裁的宣示功能与预防功能有强化日常法律法规的功效。[1] 如果没

---

[1] Sanford H. Kadish, "The Use of Criminal Sanctions in Enforcing Economic Regulations", in *Blame and Punishment*, *Essays in the Criminal Law*, 1987, pp. 21~61.

有刑法作保障、作后盾,其前置法将难以被彻底贯彻实施,这就迫切需要刑法在规制食品安全方面有所作为。目前,我国规制危害食品安全犯罪的刑法规范,无论是在规范目的、罪状设置(主要指我国刑法分则条文规定的有关危害食品安全犯罪的行为样态、行为对象以及主观罪过形式等),还是在法定刑配置等方面均存在诸多缺陷与不足,折射出了现行《刑法》与《食品安全法》等前置法极不协调和不衔接之现象。[1]这就在客观上反映出了现行刑法对危害食品安全犯罪规制能力的不足,必须进一步完善食品安全刑事法网。因此,刑法作为防治违法犯罪行为的最后一道防线,如何发挥其保障法的惩治和预防食品安全犯罪的作用,也是一个亟待研究的重大理论与实践课题。

3. 风险社会背景下食品安全问题亟须刑法规制的立法转型与调整

科技的迅速发展使得各种社会风险正悄无声息地对人类的生存和发展构成严重威胁或潜在危险,风险社会由远及近,食品安全问题的屡发在风险社会背景下会更加引发民众的强烈关注,餐桌上的"风险刑法"何以为食品安全保驾护航?这不得不激发我们的诸多思考:现行刑法在规制危害食品安全犯罪的立法模式、刑事立法政策、设罪模式以及处罚体系等方面与当前风险社会和风险刑法的背景情势具有诸多不协调之处,风险社会视域下遵循传统的刑法理念以及自身的内在逻辑使得刑法难以发挥功效,传统的罪责刑法显得苍白无力,需要向安全刑法转型。今天的刑法与其说是对侵害的反应,不如说是使保障

---

[1] 参见黄宇:"关系刑法视角下的食品安全犯罪刑事立法研究",吉林大学2014年博士学位论文。

社会安全的基本条件得到改善和遵循。[1]既然如此，将危害食品安全犯罪置于风险社会和风险刑法的背景之下便显得尤为重要。如何实现危害食品安全犯罪刑法规制的立法转型与调整，同样是一个需要深入研究的重大理论问题。

4. 域外国家或地区的食品安全刑事立法经验值得我们学习与借鉴

每一个民族的法律都根植于其赖以生存并凝结着该民族精神的文化传统，但同时亦不应排斥吸纳或借鉴他国的法律文化。[2]经过较为漫长的文化积淀，发达国家或地区针对食品安全保护的法律规定已经趋于完备，积累了一些值得我们学习和借鉴的有益经验。譬如，域外国家或地区有关食品安全立法采分散多元模式，建构了极为严密的食品安全法律保护体系，刑事法网极为严密而刑罚处罚却又较为轻缓。"他山之石，可以攻玉"，对其予以借鉴与吸收亦不能脱离我国的国情、民情和社情，从比较法视角进行研究同样也是完善我国食品安全刑法保护的有效路径。

(二) 研究意义

对当前危害食品安全犯罪刑法保护体系进行研究无疑具有极为重大的理论与实践意义。一方面，其理论意义在于：食品安全已经成为侵蚀国家、社会乃至广大民众利益的重大问题，食品安全违法犯罪行为不仅侵犯了人们的生命和健康，还践踏了法律的尊严，而且严重威胁了社会的和谐稳定。如何有效地解决食品安全问题是我国当前从理论到政策，从立法到司法，

---

[1] [德] 乌尔斯·金德霍伊泽尔："安全刑法：风险社会的刑法危险"，刘国良译，载《马克思主义与现实》2005 年第 3 期。

[2] 米也天：《澳门法制与大陆法系》，中国政法大学出版社 1996 年版，第 11 页。

从体制到行政,都需要深入探讨的基础性问题,尤其是保护食品安全的法律体系亟待完善。由于危害食品安全犯罪既属于行政犯又属于经济犯,因此此类犯罪同时兼具行政不法和刑事不法双重属性。这就要求危害食品安全犯罪刑法治理体系要与《食品安全法》等前置法协调统一,有力配合,共同形成有效惩治和预防食品安全问题的法律网络。刑法作为其他部门法的保障之法、后盾之法,始终发挥着为食品安全保驾护航的作用。因此,完善规制食品安全的刑法保护体系显得愈发迫切。在此,我们须审视我国规制危害食品安全犯罪的刑法规范,从危害食品安全犯罪的立法模式、刑事立法政策以及罪名体系、刑罚体系等方面进行分析,并结合一些发达国家或地区有关食品安全的刑事立法积淀的经验,对其予以借鉴与吸收,总结食品安全类犯罪的差异与共性,从而构筑起我国的食品安全刑法保护体系,以便收获有效的治理效果。笔者期望通过本书的研究,弥补学界对危害食品安全犯罪体系化研究的不足,使得我国刑事立法与刑事司法朝着科学、合理的方向发展。

另一方面,其实践意义在于:面对不断攀高的食品安全问题,应对食品安全危机,是一个逐步走向完善且循序渐进的过程,切不能操之过急。一是需要摈弃那些对食品安全"头痛医头,脚痛医脚"的无奈;[1]二是遵循历史的轨迹,学习和借鉴一些发达国家或地区有关食品安全立法的有益经验,为我所用;三是发挥刑法治理食品安全危机的保障法效应,但只能在刑法规定的边界内进行干预,刑法规制食品安全犯罪既不能忽视行政执法的"一次法"的作用,也不能取代社会综合治理的效果。唯有国家、社会、食品行业及广大民众的多元联动,将刑法作

---

[1] 黄星:《中国食品安全刑事概论》,法律出版社2013年版,第7页。

为强有力的保障法，形成严密的食品安全保障体系，才有助于实现国民"舌尖上的安全"，从而达致国家长治久安之目的。

二、研究现状综述与评析

（一）域外研究现状及评析

食品安全是一个关乎人类福祉的全球性问题，欧洲的"疯牛病""马肉风波"等事件引发了世界各国的高度关注。同时，世界各国都十分重视对食品安全的刑法规制。历经数百年的发展与积淀，发达国家或地区有关食品安全保护的法律已日臻完善，主要表现在严密的法网上，并且形成了较为丰富的文献资料。学者们主要集中针对一些发达国家或地区的食品安全刑事立法实践，围绕食品安全刑事立法模式、犯罪构成以及法定刑配置等方面予以研究。主要总结如下：

1. 多元分散的食品安全刑事立法模式

作为英美法系的集大成者，美国和英国对危害食品安全犯罪的刑事立法可谓相当完备。美国没有统一的刑法典，食品安全立法主要采取的是附属刑法模式，有关食品安全犯罪的立法分散于众多的附属刑法中，附属刑法在其刑事立法中占有重要位置。[1]同样，英国也无统一的刑法典，有关危害食品安全犯罪的立法散见于一些单行法律法规。作为大陆法系的集中代表，德国、日本等国对危害食品安全犯罪立法主要采刑法典和附属刑法相结合形式的方式，意大利对危害食品安全犯罪采刑法典的立法模式。俄罗斯的食品安全犯罪立法主要集中在刑法典中，

---

[1] 左袖阳："中美食品安全刑事立法特征比较分析"，载《中国刑事法杂志》2012年第1期。

隶属于"危害公共安全和社会秩序的犯罪"一章。

2. 严密的食品安全刑事法网

美国建构了严密的食品安全刑事法网,呈现出了一些特色:一是美国将食品安全立法切分为三大板块,即食品、作为食品原料的农产品以及作为农产品生产条件的环境。二是严格责任为美国危害食品安全犯罪普遍遵循的责任原则,立法相应给出了一定的抗辩理由。三是犯罪对象与犯罪行为是美国危害食品安全犯罪立法的两大调控领域。前者以饮用奶、禽类制品、肉制品、水、蛋产品、食品包装等为犯罪对象;而后者将生产、销售、加工、包装、运输、派送、接收、持有、进口记录等许多行为纳入了调控范围。四是美国在危害食品安全犯罪立法中采用了大量的解释性立法。五是美国有关危害食品安全犯罪的立法基本上均采抽象危险犯模式。[1]英国对危害食品安全犯罪的立法主要是对"供应有害健康的食品"和"销售不符合食品安全要求的食品"的行为作详尽规定,其食品安全犯罪危害采取的同样是抽象危险犯模式。

日本刑法典仅涉及有关饮用水的危害食品安全犯罪,而在附属刑法中则规定了食品"从农田到餐桌"的全流通阶段的监管,其对危害食品安全犯罪链条的规制不仅包括生产、销售环节,而且包括采集、加工、调制、使用、储藏、进口或陈列食品、添加剂、病死动物或化合用品等行为。此外,对危害食品安全犯罪不仅设置了故意犯,而且将危害食品安全犯罪中存在的过失犯罪也纳入了刑法。

《德国刑法典》第314条规定了危害食品安全犯罪,而大量

---

[1] 左袖阳:"中美食品安全刑事立法特征比较分析",载《中国刑事法杂志》2012年第1期。

的危害食品安全犯罪却被规定在附属刑法中。对危害食品安全犯罪规定了过失危险犯是德国食品安全立法的一大特色。其中，对危害食品安全犯罪行为的规定十分细密，不仅包括食品生产、销售行为，而且原材料的提供、处理、试验、寄放、照射以及欺骗性广告和告示也被纳入了刑法的规制范围，形成了完整的危害食品安全犯罪规制链条。

《意大利刑法典》在"以欺诈造成公共危险的犯罪"一章中规定了大量针对危害食品安全行为的处罚，这些危害食品安全犯罪立法不仅采抽象危险犯模式，而且设置了过失犯罪。

3. 轻缓的危害食品安全犯罪刑罚配置

发达国家或地区危害食品安全犯罪立法对法定刑的设置总体刑罚较轻。以《美国联邦食品药品化妆品法》为例，对于一般违反禁止规定的，处一年以下有期徒刑，或者1000美元以下罚金或并罚，对再犯或带有欺诈误导目的的故意犯，处三年以下有期徒刑，或者10 000美元以下罚金或并罚。[1]英国有关食品安全犯罪的立法采抽象危险犯模式，并对其违法行为作了轻重不同的处罚规定。俄罗斯食品安全犯罪的法定刑配置有自由刑、财产刑，但没有死刑。

纵观域外国家或地区对危害食品安全犯罪的刑法保护，其突出的特征是：其一，危害食品安全犯罪刑事立法模式呈现多元化，大多设置有抽象危险犯。其二，构筑了严密的刑事法网，立法调控范围周密。其三，不仅设置了故意犯，而且设立了过失犯或过失危险犯。其四，法定刑配置多样化，包括自由刑、财产刑和资格刑，但大都没有死刑。总体而言，刑罚趋于缓和。

---

[1] 左袖阳："中美食品安全刑事立法特征比较分析"，载《中国刑事法杂志》2012年第1期。

（二）国内研究现状及评析

当前，我国食品安全事件不断爆发，不仅引发了广大民众的焦虑与不安，而且促使学界对食品安全问题给予高度关注，针对危害食品安全犯罪问题的各类研究成果可谓硕果累累。纵观这些不断面世的研究成果，从研究视角的不同作区分，大致有刑事政策研究视角、中外比较研究视角、民生刑法研究视角、关系刑法研究视角和风险刑法研究视角等。可以说，这些研究成果提出的建言与良策，对有效治理危害食品安全犯罪、促进刑事立法完善以及保护民众食品安全有着非常重要的意义。[1] 但是，这些研究视角的有益探索或出于标新立异，或出于另辟蹊径，或出于大胆创新，大都对危害食品安全犯罪某个方面的问题进行了深入、细致的研究，但亦存在或多或少的局限，有必要进行重新审视与甄别。

1. 刑事政策研究视角评析

此研究从危害食品安全犯罪的刑事政策视角展开，从而揭示了当前我国刑事政策对危害食品安全犯罪刑事立法与司法的影响。如有学者指出，我国危害食品安全犯罪刑事政策之价值维度应为优先保障人的生命权、健康权与偏重防患于未然。当前，我国危害食品安全犯罪刑事政策仍然表现为"厉而不严"，因而刑事政策之完善在于：一是坚持宽严相济的刑事政策；二是严厉打击危害食品安全犯罪与危害食品安全犯罪的综合治理对策相结合；三是严厉打击危害食品安全犯罪与保障食品产业

---

[1] 张旭、王晓滨：“食品安全犯罪刑事立法的反思与完善——以体系性思维为视阈”，载《社会科学战线》2014年第10期。

良性发展相结合。[1]有学者认为，我国的危害食品安全犯罪在定罪政策与制刑政策上总体表现为刑事法网疏漏、规制范围狭窄和重刑的刑事政策。因而，我国危害食品安全犯罪刑事立法政策应从"厉而不严"转向"严而不厉"。[2]与之观点大致相同的学者进一步论述，应依据刑事政策在刑事法律运行过程中的地位及作用，将我国危害食品安全犯罪的刑事政策分为刑事立法政策与司法政策。其中，前者包括定罪政策和制刑政策，因而我国危害食品安全犯罪的定罪政策表现为犯罪化，即严密食品安全犯罪的法网。我国危害食品安全犯罪的制刑政策总体表现为重刑的刑事政策，虽然在一定程度上具有合理性，但并非长久之计。我国当前食品安全犯罪的刑事司法政策总体上是从严的刑事政策，但在危害食品安全犯罪中应充分体现宽严相济这一基本刑事政策。[3]还有学者认为，为了达致法律与社会效果的统一，惩治危害食品安全犯罪的刑事政策应适用宽严相济的刑事政策，需要正确把握危害食品安全犯罪中的"宽"与"严"。[4]另有学者从非传统安全角度探寻危害食品安全犯罪的刑事政策。由于食品安全具有非传统安全的全球性、跨国性、社会性、多元性、各领域关联性以及不确定性、隐蔽性等特征，因而，非传统安全理念下危害食品安全犯罪刑事政策的选择应当在"宽严相济"基础上"以严优先"，并将食品安全的社会

---

[1] 储槐植、李莎莎："论我国食品安全犯罪刑事政策"，载《湖南师范大学社会科学学报》2012年第2期。

[2] 张磊："我国食品安全犯罪刑事立法政策反思"，载《学术探索》2014年第10期。

[3] 王志祥、何恒攀："论我国食品安全犯罪的刑事政策"，载《法治研究》2012年第12期。

[4] 李兰英、周微："论惩治危害食品安全犯罪的刑事政策"，载《中国刑事法杂志》2013年第3期。

政策作为重心。[1]

从刑事政策研究视角将食品安全上升到一种不同于一般安全问题的政治高度以及食物权的境界，能够汇集全国之力，在执政党的主导下，从宏观上准确把控治理我国危害食品安全犯罪的方针、策略。但刑事政策研究视角也有一定的不足：其一，刑事政策研究视角不可避免地忽视了治理我国危害食品安全犯罪的微观政策；其二，刑事政策研究视角更多地强调惩治危害食品安全犯罪的刑事政策中"从严、从重"的一面，在一定程度上忽视了刑事政策中"宽和"的一面，这与我国当前倡导的宽严相济刑事政策的基本内涵不相吻合，也与刑罚轻缓化的国际发展趋向相悖；其三，刑事政策研究视角更倾向于惩治危害食品安全犯罪的刑事司法政策，至于如何完善治理危害食品安全犯罪的刑事立法问题则有所疏忽。

2. 比较法研究视角评析

此研究从比较法视角出发对我国危害食品安全犯罪的刑事立法进行了探讨。较为典型的研究略举如下：有学者分析了美国有关食品安全刑事立法具有立法划分独特、普遍存在严格责任、立法调控繁密以及解释性立法突出等特点，从而得出中美食品安全犯罪刑事立法的差异性在于：在立法渊源上，中国采刑法典制，而美国采取附属刑法制；在责任原则上，中国采过错责任，而美国采严格责任；在立法调控范围上，中国较具体，而美国更为宽泛；在法定刑配置上，中国较严格，而美国较缓和；在解释性立法上，中国较鲜见，而美国更多见。[2] 有学者

---

[1] 李莎莎："非传统安全视角下食品安全犯罪的刑事政策及立法"，载《河南大学学报（社会科学版）》2014年第2期。

[2] 左袖阳："中美食品安全刑事立法特征比较分析"，载《中国刑事法杂志》2012年第1期。

对中俄刑法典有关危害食品安全犯罪的规定进行了比较研究，以探寻两国在构成要件、犯罪既遂标准以及处罚等方面的差异性，并指出俄罗斯刑法典有关危害食品安全犯罪规制行为内容多、规制目标广、量刑情节设置具体细腻、罚金刑设置方式多样，并且将该类罪归属于危害公共安全犯罪，这些均对我国具有一定的借鉴意义。[1]

尽管这种比较研究有利于我国危害食品安全犯罪刑事立法的完善，但当前对危害食品安全犯罪进行比较研究仍然存在"零打碎敲"的现象，缺乏体系性和完整性，主张"拿来主义"，借鉴较多而忽视了我国的国情和社情。

3. 民生刑法研究视角评析

近年来，在关注民生、保障民生的立法背景的催生下，学界开始从民生刑法视角研究食品安全问题。譬如，有学者认为，随着我国步入民生时代，我国刑法也应从国权刑法转向民生刑法，使后者成为危害食品安全犯罪乃至刑法典的立法理念。在民生刑法理念下，危害食品安全犯罪的刑法分则体系应归属于危害公共安全犯罪，并逐步实现法益保护前置化，拓宽危害食品安全犯罪的调控范围。前者具体包括设置抽象危险犯、预备行为犯罪化和增设持有型犯罪；后者具体包括拓展打击环节和增设过失犯罪、不作为犯罪，以达至刑事法网的严密化。[2]

在正步入民生时代的当今中国，加强民生、保障民生日渐成为时代命题的主旋律。在此背景下，可以说，民生刑法理念

---

[1] 吴占英："中俄刑法典有关危害食品安全犯罪的规定之比较"，载《政法论丛》2013年第1期。

[2] 吴玉萍："民生刑法视角下食品安全犯罪之刑法规制"，载《齐鲁学刊》2014年第4期。

为危害食品安全犯罪问题的研究提供了一个全新的、合乎时宜的研究视角。不仅如此，民生刑法的积极意义还在于建构危害食品安全犯罪罪名体系。它强调保障国民权利、维护社会整体利益和限制国家权力；在危害食品安全犯罪刑罚配置上，它强调人权保障机能和社会保护机能的统一，刑法谦抑精神和罪刑均衡原则是其当然蕴涵，而刑罚轻缓化是其当然逻辑。[1]然而，民生刑法视角下所探讨的危害食品安全犯罪刑事立法的完善措施并无特别之处，与其他研究视角所得出的结论也无二致。不难发现，此研究只不过是披着民生刑法理念的华丽外衣而已。民生问题关系到人心向背、政权稳定和社会和谐，社会现实生活中涌现的热点民生问题是多方利益冲突和社会矛盾的集中表现，作为社会控制手段之一的刑法当然不能坐而等之，于是，民生刑法观应运而生。但是，针对食品安全这一热点民生问题，提倡"民生刑法观"也有一定的消极影响：一是它会使国家本来就有的运用刑法解决民生问题的冲动发挥得更为淋漓尽致，极易导致国家各部门过分依赖刑法解决民生问题；二是刑法在民生领域的过度活跃，容易使原本应该作为最后手段的刑法，逐步演变为社会管理的常规手段；三是刑法过度干预民生问题，容易导致其他社会纠纷解决机制松懈和功能退化。

4. 关系刑法研究视角评析

关系刑法研究视角是从刑法之内和刑法之外的维度审视我国危害食品安全犯罪问题。譬如，有学者从刑法内部和刑法条文与其他相关部门法之间的关系入手，对危害食品安全犯罪刑事立法进行规范性反思，进而在关系刑法视域下提出了危害食

---

[1] 吴玉萍："食品安全犯罪之刑罚配置——以民生刑法为视角"，载《政法论丛》2014年第4期。

品安全犯罪刑事立法的完善建言。[1]还有学者以体系性思维为视阈对危害食品安全犯罪刑事立法进行研究，将危害食品安全犯罪的刑法规制置于法律体系的框架内进行全面考察，以不同法律部门之间的功能互补和相互协调为契机，以找寻危害食品安全犯罪的完善路径。[2]不难发现，体系性思维视阈与关系刑法研究视角都是将刑法对危害食品安全犯罪的规制放置于整个法律体系之中，从刑法内外的维度来研究的，两者并无二致。

关系刑法是由我国著名学者储槐植教授提出的颇具创新性的学说。关系刑法论的核心思想就是刑法存活于关系中，并在关系之中运作，[3]它不仅是一种观念、理论，而且是一种视角、方法论。关系刑法看到了事物之间的联系性，以关系刑法为危害食品安全犯罪的研究视角正如论者所指出的那样，不仅有利于开阔和扩宽危害食品安全犯罪问题的研究视界，同时也有利于全面、准确地认识该类犯罪的相关问题，有效防治危害食品安全犯罪。[4]但关系刑法研究视角同样具有一定的局限性，它虽然注重不同法律体系之间的协调性和联系性，但在一定程度上忽视了刑法规范特有的本质属性，并且，关系刑法与其他研究视角所得出的结论基本一致。

5. 风险刑法研究视角评析

从风险刑法视角研究危害食品安全犯罪问题在当下最为"时尚"，也是最备受争议的"风向标"。对此，一直存在肯定

---

[1] 参见黄宇："关系刑法视角下的食品安全犯罪刑事立法研究"，吉林大学2014年博士学位论文。

[2] 张旭、王晓滨："食品安全犯罪刑事立法的反思与完善——以体系性思维为视阈"，载《社会科学战线》2014年第10期。

[3] 储槐植：《刑事一体化与关系刑法论》，北京大学出版社1997年版，第447页。

[4] 张旭、王晓滨："食品安全犯罪刑事立法的反思与完善——以体系性思维为视阈"，载《社会科学战线》2014年第10期。

导 论

说与否定说两种针锋相对的主张。

持肯定说的学者认为，危害食品安全犯罪在我国司法实践中十分泛滥，并衍变为了我国现代化进程中所蕴含的巨大社会风险。根据风险社会及风险刑法理论，作为风险刑法理论之核心内容的抽象危险犯应成为积极预防或应对风险的重要手段，因为抽象危险犯在降低控方证明责任、下沉公害犯罪的定罪标准以及实现食品安全问题的法益保护前置化等方面可以发挥无可替代的作用。[1]还有学者认为，面对食品安全风险，刑法应当"有所为，有所不为"，风险社会语境下的危害食品安全犯罪应被上升到公共安全的高度，引入抽象危险犯的立法模式，增加持有型犯罪，严密法网，实现《刑法》与《食品安全法》的规制统一。[2]

同时，也存在与之相左的否定说。譬如，持否定说的学者认为，将食品安全问题视为风险社会的重要表征是一种误读，因为，食品安全的危害并非是出于"风险"，而且风险刑法的介入无利于食品安全规制，因此食品安全的刑事规制需回归"非必须"的违法性认定。[3]还有学者认为，从我国近期发生的危害食品安全犯罪的现实情况分析，其所产生的社会危害性并非是"不确定的风险"类型，依据风险刑法理论对危害食品安全犯罪进行规范设计背离了现实。[4]还有学者认为，由于危害食品安全事件所体现的风险并非风险社会中的"风险"，用风险社

---

[1] 吴鹏："风险社会语境中食品药品安全之刑法保护——以抽象危险犯为切入点"，载《学习论坛》2014年第6期。

[2] 刘伟："风险社会语境下我国危害食品安全犯罪刑事立法的转型"，载《中国刑事法杂志》2011年第11期。

[3] 黄星："食品安全的风险刑法观之反思"，载《法学杂志》2011年第9期。

[4] 陈烨："反思风险刑法理论对我国现实社会的背离——以食品安全犯罪为视角"，载《西安电子科技大学学报（社会科学版）》2013年第1期。

会理论并不能解释我国食品安全问题，同时风险刑法理论也不能提供有效的解决策略，因而我国危害食品安全犯罪刑法规制应从"风险刑法"回归"传统刑法"。[1]

学界对风险观念引入刑法自肇始以来就存在不同的声音，并对风险刑法持批判态度：一是刑法不可能单纯地作为工具使用，即不能用刑法来应对一切风险；[2]二是风险刑法使刑法保护法益抽象化、普遍化和早期化的倾向在一定程度上动摇了刑法的谦抑性；[3]三是风险刑法违背了近代刑法的基本宗旨，并为侵犯公民的基本权利提供了借口。[4]然而，以风险刑法理论为视角来研究食品安全问题乃至公害犯罪的成果并未因此而消弭，反而如雨后春笋般遍地开花，这足以说明风险刑法研究视角具有强劲的生命力。因为风险刑法研究视角不仅基于现实，而且瞻望于未来，对刑法的保护法益未雨绸缪，具有积极预防的作用。

（三）危害食品安全犯罪研究视角的厘定

正如前文所述的那样，刑法学界从不同研究视角高屋建瓴地审视与探究危害食品安全犯罪问题，并提出了诸多颇有见地的主张。纵观这些研究视角，深入、细致地分析甄别其优劣，从中脱颖而出的当属风险刑法研究视角。尽管它备受争议，对之评头论足的也最多，但瑕不掩瑜。风险刑法研究视角暗合了时代发展的脉搏，加之视野开阔，天然地具有无限研究的空间。

---

[1] 李海滢、李淑兰："食品安全犯罪风险刑法规制之反思"，载《长白学刊》2013年第6期。

[2] 于志刚："'风险刑法'不可行"，载《法商研究》2011年第4期。

[3] 刘艳红："'风险刑法'理论不能动摇刑法谦抑主义"，载《法商研究》2011年第4期。

[4] 黎宏："对风险刑法观的反思"，载《人民检察》2011年第3期。

因为食品安全风险正是风险社会中的一个集中缩影,它契合了风险社会的些许特征,而且风险刑法的安全诉求也暗合了刑法社会保护机能。目前,风险控制推动下的传统刑法正逐步转向安全刑法。在此背景下,危害食品安全犯罪需要风险刑法保驾护航,以风险刑法视角研究食品安全问题基本上成了我国刑法学界的一种通行做法。

1. 确定以风险刑法视角研究食品安全问题之原因

近年来,重大危害食品安全犯罪事件不断爆发,这充分预示着当今社会风险因素的剧增。同时,安全成了广大民众普遍追求的心理期许。刑法应顺应时代发展,关注食品安全的价值转变,积极应对风险社会与风险刑法提出的新需求,向秩序价值回归。从风险刑法研究视角探究食品安全问题主要基于以下几个方面的理由:

(1) 食品安全风险是风险社会的一个集中缩影。自德国的贝克首次提出"风险社会"概念以来,风险社会与风险刑法便逐渐成为流行的术语,也成了学界争相研究的重大课题。在风险社会背景下,科技的迅猛发展在带给人类极度便利与快捷的同时也带来了诸多风险与隐患。这种现代风险不仅由技术催生,而且也由存在潜在危险或威胁的技术敏感所制造,[1]正日趋逼近人类社会。科技的这种双面逻辑在食品安全领域表现得尤为突出。[2]近些年来涌现了三聚氰胺、瘦肉精、地沟油、苏丹红、塑化剂、毒腊肉、毒粉丝等各类食品安全问题。这些危害食品安全犯罪日益挑战着不可逾越的民生底线,已经成为广大民众

---

[1] Adam Beck & van Loon, *The Risk Society and Beyond London*, Sage Publications 2000, In-troduction, 2.

[2] 李海良:"风险社会下的刑法沉思——兼评食品安全刑法保护的严刑峻法",载《重庆理工大学学报(社会科学版)》2013年第12期。

所共同关注的严重社会问题。尽管风险社会背景下的各种风险来源广泛，但食品安全风险无疑是风险社会中的一大集中因子。

（2）食品安全风险契合了风险社会的诸多特征。风险社会是对目前人类所处时代特征的形象描述，是技术风险日益扩散的结果，同时也是社会存在的客观实在。[1]既然食品安全风险为风险社会中的一个集中缩影，那么，食品安全风险也就必然契合风险社会的诸多独特性质：其一，风险社会中的风险几乎都是人为性的技术风险，而食品安全风险也大都是由人为性的技术风险造成的，是食品科技发达带来的"副产品"。其二，风险社会中的风险已无国界的屏障，属于世界性的风险，而食品安全风险也已风靡多国并席卷全球。其三，风险社会中的风险威胁巨大，一旦发生，其后果将不堪设想，而食品安全风险亦危害极大，且涉及面广、波及面大，会给广大民众造成不可挽回的损失。其四，风险社会中的风险具有极大的不确定性、难控制性，而食品安全风险也往往具有渐进性、长期性或潜伏性，亦难以把控。

（3）在风险控制的推动下，传统刑法需要转向安全刑法。传统的罪责刑法在刑法理论中长期占据统治地位，它以责任主义为根基，往往将预防犯罪的目光限定在危害结果上，只有行为人实施的行为对法益造成损害时才发动刑罚。很明显，这是一种事后预防行为，不利于对法益的实际保护，更不能满足风险社会中人们对安全价值的需求。随着现代工业社会的飞速发展，风险社会中不断涌现的各种社会风险往往蕴含着难以预料性、灾难性和持续性，人们对稳定的社会秩序的祈求比以往任

---

[1]［德］乌尔里希·贝克：《世界风险社会》，吴英姿、孙淑敏译，南京大学出版社2004年版，第102页。

何时候都更为强烈。风险社会理论顺势勃兴,在风险社会背景下呼唤风险刑法为之保驾护航,安全刑法随之初露锋芒。相较于传统刑法中的罪责刑法,风险刑法的特色就是不等危害结果发生便主动提前介入,[1]突破以往危害结果的堤坝,使刑法的法益保护和对风险的预防大大提前,危险犯特别是抽象危险犯日益成为安全刑法的"宠儿"。刑法的干预范围不断扩大,一些对人类生命、财产等造成严重威胁的危险行为以及涉及抽象的超个人法益被纳入刑法的保护范围。并且,刑罚的目的由消极的一般预防论转向积极的一般预防论。这在危害食品安全犯罪中也可以略见一斑。在相当长的一段时期里,危害食品安全犯罪一直被设定为生产、销售伪劣产品罪的结果犯,如今生产、销售不符合安全标准的食品罪被设置为具体危险犯。而生产、销售有毒、有害食品罪则为抽象危险犯,这些有关危害食品安全犯罪的构罪模式的嬗变均折射出了从罪责刑法逐步转向安全刑法的立法理念。

2. 确定以风险刑法视角研究危害食品安全犯罪之意义

面对食品安全的巨大风险,切忌使恐慌的情愫弥漫于法律思维之中,刑法既不能衍变为公共政策挤压下简单的威慑工具,亦不能成为保守力量,而应积极主动地融入风险社会的治理体系,理性地认知风险,选择有效的治理对策,在有限的刑法空间内为规制风险提供最有力的支持。[2]因此,以风险刑法为食品安全问题的研究视角无疑具有特别重要的意义。

(1) 有利于必要风险的管控。贝卡利亚曾指出:"刑罚的规

---

[1] Gary S. Becker, "Crime and Punishment: An Economic Approach", *Journal of Political Economy*, 76 J. Pol. Econ, 1968, pp.169~217.

[2] 程岩:"风险规制的刑法理性重构——以风险社会理论为基础",载《中外法学》2011年第1期。

模应该同本国的状况相适应。在刚刚摆脱野蛮状态的国家里，刑罚给予那些僵硬心灵的印象应该比较强烈和易感。为了打倒一头扑向枪弹的狮子，必须使用闪击。但是，随着人的心灵在现代文明社会中变得日趋柔和和感觉能力的增长，如果想保持客观与感受之间的稳定关系，就应该降低刑罚的强度。"[1]贝氏的这段精辟论断充分表明，刑法的触角介入社会生活的深浅需要与人们的感受、社会的实际情况相适应。正因为如此，刑法干预社会的强度应该根据社会环境和现实需要适时地予以调整。当前，食品安全事故的频发昭示了现实风险或潜在风险不断"光顾"社会生活，无处不在而又无时不有的风险如幽灵般忽隐忽现，以致防范风险衍变成了当今社会的首要问题。刑法作为最具威慑力的制裁手段，能够有效地预防社会风险，尤其是在经济发展中成为"最有效地降低干扰的工具"。[2]因而社会生活的发展变化迫切需要倚重风险刑法发挥其应有的积极作用。

（2）有利于全面、前瞻性地认识和把握危害食品安全犯罪的相关问题。随着社会经济的飞速发展和科技的突飞猛进，危害食品安全违法犯罪风起云涌，不断引起广大民众对食品安全问题的高度关注，同时也引发了学界对食品安全问题的研究热潮。以2011年《刑法修正案（八）》为分水岭，《刑法修正案（八）》出台之前，学界对危害食品安全犯罪的相关研究并不多见，相应的处理食品安全事故的方式往往是诉诸行政法规，由食品监管部门、工商部门或其他相关行政部门对违反食品安全的企业或其从业人员给予行政处罚。但在《刑法修正案

---

[1] [意]贝卡利亚：《论犯罪与刑罚》，黄风译，中国大百科全书出版社2005年版，第54~55页。

[2] Kindlhauser, *Personalitat, Schuld und Vergeltung*, Golt–dammer's Archiv fur Strafrecht, 1989, S. 493.

(八)》出台之后,危害食品安全违法犯罪案件呈"井喷"式爆发,因食品存在问题而造成广大民众健康生命损害的案件此起彼伏,从而导致社会危害愈发严重。由此,出现了单纯依靠行政手段无法遏制日趋恶化的食品安全问题的局面,无法满足日益高涨的民众情感诉求,利用刑法利器规制食品安全问题便成了时代对刑法提出的要求。在此社会背景与情势下,以风险社会和风险刑法为研究视角重新审视社会学与法学等相关学科的相互融通,可以借鉴其他学科的专业知识,提高应对日益复杂的危害食品安全犯罪的应变能力,从而更全面、准确地认识与把握危害食品安全犯罪的相关问题,最终为完善食品安全刑事立法做好前瞻性铺垫和准备工作。

(3)有利于有效防治危害食品安全犯罪的滋生和蔓延。将食品安全问题放置于风险社会和风险刑法理论的视阈下进行研究,有利于开阔危害食品安全犯罪问题的研究视界,紧跟时代发展的步伐,不仅达到与时俱进,而且还具有一定的超前性。并且,能够站在一定高度鸟瞰食品安全问题,使刑法法益保护提前化,起到未雨绸缪的预防效果。不仅如此,以风险社会与风险刑法为研究视角探寻食品安全问题,更加重视刑法的法益保护机能,更加重视对食品安全问题的"综合治理",能够真正起到前瞻性预防和治理食品安全问题的作用。

三、研究思路、方法及创新

(一)研究思路

本书以风险社会和风险刑法为背景,围绕危害食品安全犯罪的刑事立法模式、刑事立法政策、罪名体系、刑罚体系展开,在涉及危害食品安全犯罪的立法模式、侵害法益、行为样态、行为对象、主观罪过形式及其法定刑设置等方面进行中外比较分析，审视发达国家或地区有关食品安全犯罪刑事立法实践的基本经验，找出我国危害食品安全犯罪刑事立法存在的问题，从而提出我国危害食品安全犯罪刑法规制体系的完善建言。总体认为，我国危害食品安全犯罪刑法规制体系存在刑事立法模式单一、立法政策偏颇、罪名体系粗疏、刑罚体系严苛等问题，其科学合理的改革方向为刑事立法模式多元化、刑事法网严密和刑罚体系"严而不厉"。首先，本书的绪论部分针对有关危害食品安全犯罪领域的不同研究视角进行了综述与评析，具体从刑事政策研究视角、比较法研究视角、民生刑法研究视角、关系刑法研究视角以及风险刑法研究视角等方面进行梳理与评析，从而厘定以风险社会与风险刑法为研究视角的指导思想，并进一步阐述以风险社会和风险刑法为视角研究我国危害食品安全犯罪体系完善的意义。第一章通过梳理我国食品安全刑事立法的演进过程，得出我国有关食品安全犯罪刑事立法正逐步形成统一的法典化立法，并深入考察一些发达国家或地区有关危害食品安全犯罪立法的"多元化"模式，形成严密的调控法网，从而找出我国危害食品安全犯罪立法模式存在的问题以及今后改革的方向。第二章探讨了当前我国危害食品安全犯罪刑事立法政策的现状与不足，进而在宽严相济刑事政策的基础上倡导食品安全"零容忍"政策，在阐释其理论基础、政策基础和实践基础之上提出了诸多设想。第三章阐释了我国有关危害食品安全犯罪罪名体系在行为样态、行为对象以及主观罪过形式等方面的刑法规制范围，找出了我国有关危害食品安全犯罪罪名体系存在的不足，并论述了当前我国危害食品安全犯罪刑罚体系设置的疏漏与不足，深入考察域外国家或地区刑法规制危害食品安全犯罪罪名体系和刑罚体系的广度与深度,从中得到了一些值得借鉴的经验与启示。第四章针对我国危害食品安全犯罪体系存在的不足,结合域外国家或地区有关食品安全刑法规制体系的情况总结出了一些值得借鉴的经验,从而提出了我国危害食品安全犯罪体系完善的具体建言与改革方向。第五章从食品安全行政执法与刑事司法衔接工作中存在的主要问题着手,力图探寻食品安全行政执法与刑事司法衔接平台构建的有效路径。第六章从近些年来食品安全司法解释实施情况和主要问题出发,以安徽省部分地市调研数据和问题为实践支撑,从而提出了完善办理食品安全刑事案件司法解释的意见建议。总而言之,全书基本遵循了危害食品安全犯罪的"刑事立法模式—刑事立法政策—罪名体系—刑罚体系—行刑衔接—司法解释"的研究脉络,也即"提出问题—分析问题—解决问题"的研究进路。

(二)研究方法

一则流传甚广的谚语说得好:"工欲善其事,必先利其器。"运用科学合理的研究方法是正确进行课题研究从而顺利达到预期目标的有效路径。本书拟运用的研究方法主要有比较分析法、语义分析法、历史分析法、理论与实际相结合分析等。

1. 比较分析法

从古至今,从西方到东方,无一例外,尽管每个民族或国家的法律经过漫长的历史积淀都凝聚着这个民族的特色和文化精神,但它与其他民族或国家的法律始终处于一种相互影响、相互作用的状态之中。尤其是在当今世界,随着经济全球化进程的不断推进,世界各种法律体系之间的接触与互动越发繁密、深入和广泛。法律的互动成了世界各个国家法律演变的常态,同时也成了影响各国国家法律制度的发展与革新的重要因素。[1]因而，对各个民族或国家的法律进行比较、借鉴就成了法律互动与革新的重要实现方式。无疑，比较分析法在本书中占有重要地位。不可否认，我国的危害食品安全犯罪刑事立法与发达国家或地区相比还存在一定的差距，发达国家或地区的食品安全刑事立法，无论是在立法模式上，还是在立法技术上都有诸多优势，并且，在食品安全刑法规制的对象和行为上均较为完整，刑罚配置灵活多样，总体上达到了刑事法网严密、刑罚轻缓。那么，如何吸收与借鉴这些先进的立法成果和立法技术，也即进行本土化的移植，同时又不至于出现"南橘北枳"之现象，是比较研究需要注意的问题之所在。

2. 语义分析法

有关危害食品安全犯罪的法律概念颇多，"食品""食品添加剂""不符合安全标准的食品""有毒有害""掺入"等法律概念直接影响着罪与非罪、此罪与彼罪的界分。在司法实践中，一些危害食品安全犯罪案件出现了定罪量刑的不统一或不规范现象，其中的原因之一就是被绕进了某些法律概念的"围城"，从而迷惑了头脑。因此，对这些法律概念的分析是解决上述问题的首要环节。对这些法律概念的界定不仅需要文理解释，而且还需要目的解释和体系解释，方能发现其真谛。

3. 理论与实践相结合的方法

在研究中需要运用理性思辨与实践分析相结合的方法以达到理论研究的升华。在此，本书针对我国危害食品安全犯罪理论问题，结合近几年来发生的有关危害食品安全犯罪的典型案件，分析了其定罪量刑中存在的问题，并在理论的指导下探索、

---

[1] 黄文艺：《比较法：原理与应用》，高等教育出版社2006年版，第26页。

寻求和创新解决这一问题的基本路径，实现理论研究和实践分析的贯通。

4. 历史分析法

以史为鉴，可以明得失、谋发展。对刑事法问题的研究亦不能脱离作为法源的历史。对危害食品安全犯罪立法沿革的脉络进行梳理，可以起到回顾过去、展望未来的作用。并且对域外国家或地区有关危害食品安全犯罪的立法轨迹进行探寻，从中得出有价值的立法成果和立法技术，可以实现先进经验的为我所用。

(三) 主要创新

本书在充分吸收和借鉴学术界已有成果的基础上，对危害食品安全犯罪问题进行了系统研究，力求在以下方面有所突破：

1. 研究视角方面的创新

一方面，将我国危害食品安全犯罪置于风险社会与风险刑法的历史背景之下进行比较研究，探寻我国危害食品安全犯罪的未来调适方向，使这一研究视角更具有时代性和历史借鉴性；另一方面，将危害食品安全犯罪的中外比较研究贯穿全书，试图从"他山之石"中吸取可资借鉴的养分。

2. 研究理论方面的创新

第一，提出了构建我国危害食品安全犯罪刑法规制体系的思路。通过反思我国危害食品安全犯罪刑事立法存在的疏漏与不足，有的放矢地吸收和借鉴发达国家或地区有关危害食品安全犯罪立法的相对成熟经验，提出我国危害食品安全犯罪刑法规制体系的完善建言：一是我国危害食品安全犯罪刑事立法模式应从"单一制"转向"多元制"；二是倡导我国食品安全领域刑事立法"零容忍"政策；三是我国危害食品安全犯罪罪名体系与刑罚体系应走向"罪密刑缓"。

第二，比较分析了域外国家或地区有关危害食品安全犯罪的刑事立法实践及其对我国的启示。一些发达国家或地区有关危害食品安全犯罪刑事立法经过了数百年的发展历程，积累了不少相对成熟的经验，刑事法网虽然严密，但刑罚配置却较为轻缓。这对于堵截危害食品安全犯罪的滋生与蔓延起到了有效的预防作用，从中我国可以得到可资借鉴的启示。

第三，提出了当前我国食品安全刑事立法"零容忍"之具体刑事政策。通过对我国当前危害食品安全犯罪刑事政策的反思与甄别，笔者认为，我国有必要在宽严相济的基本刑事政策之基础上倡导对食品安全刑事立法"零容忍"之具体刑事政策。这不仅具有理论基础、政策依据，同时亦具有实践基础，进而构筑了"零容忍"的食品安全犯罪治理的体系工程：一是综合防控是食品安全刑事立法"零容忍"政策的基本支点；二是严密刑事法网是食品安全刑事立法"零容忍"政策的坚强后盾；三是"严而不厉"是食品安全刑事立法"零容忍"政策的主要方向。

第四，分析了当前我国危害食品安全犯罪在刑法分则体系的法律归属。当前针对危害食品安全犯罪的法律归属比较集中的观点是将其纳入危害公共安全罪。笔者认为，"危害后果严重"不是判断主要客体的依据，危害食品安全犯罪在刑法分则体系中的归属取决于它的行为性质和本国的立法传统以及立法价值取向。而且，危害食品安全犯罪与传统的危害公共安全罪并不具有兼容性。当前将其归属于生产销售伪劣商品罪较为贴切，只能等待对危害食品安全犯罪研究的进一步深入和我国刑法体系的不断完善，立法者对此类犯罪的法律归属应审时度势，作出更为理性的安排。[1]

第五，提出了生产、销售不符合安全标准的食品罪应引入"抽象危险犯"立法模式之主张。针对生产、销售不符合安全标准的食品罪，《刑法修正案（八）》对其作了多达4处的修正。但笔者仍然认为对本罪的修正并不完满，并未触动本罪的构罪基础，依然延续了本罪以往"具体危险犯"的立法模式。然而，在风险社会和风险刑法的背景下，生产、销售不符合安全标准的食品罪采"具体危险犯"的立法模式愈发显现出司法实践上的诸多困惑，亦与生产、销售型食品罪的立法模式不相吻合，缺乏与时俱进的立法品格，而"抽象危险犯"以其自身独有的品质逐渐成了风险刑法理论中的"主角"，成了积极预防和应对风险的重要手段，借鉴域外国家或地区有关食品安全的刑事立法经验，生产、销售不符合安全标准的食品罪应引入"抽象危险犯"立法模式。

第六，提出了当前将危害食品安全犯罪死刑适用限定于"产品的生产者"之见解。现阶段我国还不具备全面废除死刑的条件，但逐步减少死刑、严格限制死刑适用，率先废除经济性、非暴力性犯罪死刑是我国死刑发展的必然方向。这在中国领导顶层、法律人以及普通大众之间已基本形成共识。但是，反映在危害食品安全犯罪上，在较长一段时间内保留死刑适用具有一定的必要性和合理性，需要时日的积累以促成死刑废止条件的满足。笔者认为，当前应将危害食品安全犯罪适用死刑的主体限定于"产品的生产者"，以此作为缓冲，逐步走上全面废止

---

[1] 全其宪："食品安全犯罪的法律归属再探讨"，载《北京工业大学学报（社会科学版）》2015年第5期。

死刑的征途。[1]这不仅符合危害食品安全犯罪发展态势的实际情况，并且可以对此类犯罪起到了一定的威慑作用，而且符合我国死刑政策的未来发展方向。

---

[1] 仝其宪："食品安全犯罪的立法分析"，载《理论探索》2014年第3期。

第一章
我国危害食品安全犯罪刑事立法模式的选择

危害食品安全犯罪刑事立法模式的科学构建有利于刑法运行的顺达畅通和刑法体系的协调发展,这些都需要妥善处理好刑法典、单行刑法与附属刑法之间的关系。那么,我国危害食品安全犯罪刑事立法模式的现状如何?是否符合刑事立法的现实需要和未来发展期许?结合域外国家或地区有关危害食品安全犯罪刑事立法模式相对较为成熟的经验,我国食品安全刑事立法模式又该与时俱进地做哪些调整?这些问题均需要进行深入研究。

一、我国危害食品安全犯罪刑事立法的演进与特征

任何社会制度的建构与完善欲取得进步均离不开对以往制度的历史考察,回顾我国危害食品安全犯罪刑事立法的历史沿革,展望未来发展,目的在于从制度的演进趋势中寻求规律,总结其中的得与失,从而达致趋于完善与成熟的目的。

(一) 我国危害食品安全犯罪刑事立法的演进

自1949年新中国成立以来,我国有关危害食品安全犯罪的

刑法规制不断发展变化，经历了一个从无到有、从轻缓到严厉、从"单行刑法"到"刑法典"的复杂变迁过程。[1]起初，在新中国成立以后的很长一段时间里，鉴于我国正处于计划经济时代，危害食品安全犯罪率极低，所以1979年之前（包括1979年）的《刑法》并没有明确规定针对危害食品安全犯罪的任何罪名。这一阶段，我国有关食品安全的刑事立法处于空白状态。当时在司法实践中发生的危及公民生命健康的危害食品安全犯罪一般都按照类推解释予以处理，[2]也即当时的司法实践大都将严重危及食品安全的行为以"投机倒把罪"予以规制，而对于涉及公共安全的危害食品安全犯罪，则以"以危险方法危害公共安全罪"论处。真正利用刑法规制危害食品安全犯罪肇始于1982年颁布的《食品卫生法（试行）》。其第41条规定："违反本法，造成严重食物中毒事故或者其他严重食源性疾患，致人死亡或者致人残疾因而丧失劳动能力的，根据不同情节，对直接责任人员分别依照中华人民共和国刑法第一百八十七条、第一百一十四条或者第一百六十四条的规定追究刑事责任。……"这是我国第一部真正意义上的对危害食品安全犯罪进行罪状表述和刑罚设置的法律。其规定的法定最高刑为7年有期徒刑。[3]接着，1985年，最高人民法院和最高人民检察院（下文简称"两高"）联合颁布了《关于当前办理经济犯罪案件中具体应用法律的若干问题的解答（试行）》，以应对当时的危害食品安全犯罪。其中规定在生产、流通中以次顶好、以少顶好、以假

---

[1] 仝其宪："食品安全犯罪的立法分析"，载《理论探索》2014年第3期。
[2] 由于新中国成立以来第一部刑法典——1979年《刑法》——没有明文规定罪刑法定原则，因此在当时适用类推解释是合乎法律的。
[3] 邵彦铭："我国食品安全犯罪治理刑事政策的反思与重构"，载《河北法学》2015年第8期。

充真、掺杂掺假,情节严重的,以"投机倒把罪"定性,其法定最高刑为死刑。不难发现,危害食品安全犯罪的刑罚设置从以前的有期徒刑7年一跃升至死刑,体现出了我国对危害食品安全犯罪的惩罚力度不断攀升至顶峰。

改革开放后的几十年里,我国法制建设(尤其是食品安全刑事立法领域)取得了巨大进步,经济的快速发展使得各种严重危害食品安全生产、销售秩序的事件不断涌现。为应对日益增多而危害后果愈发严重的危害食品安全犯罪,1993年,全国人大常委会通过了《关于惩治生产、销售伪劣商品犯罪的决定》,规定了"生产、销售不符合卫生标准的食品罪"和"生产、销售有毒、有害食品罪",法定最高刑为死刑,初步确立了危害食品安全犯罪体系。1997年《刑法》进行全面修订后,除延续上述规定外,还增设了"生产、销售伪劣产品罪",进一步扩展了危害食品安全犯罪体系。为提升危害食品安全犯罪刑事司法实践的可操作性,2001年,两高颁布了《关于办理生产、销售伪劣商品刑事案件具体应用法律若干问题的解释》,较为详尽地描述了危害食品安全犯罪的客观方面,在一定程度上解决了危害食品安全犯罪的认定难题。针对市场上爆发的"瘦肉精"事件,2002年,两高又颁布了《关于办理非法生产、销售、使用禁止在饲料和动物饮水中使用的药品等刑事案件具体应用法律若干问题的解释》,对动物养殖领域的犯罪行为进一步作了严密规制。

由于以前的《食品卫生法》难以应对日渐突出的食品安全问题,2009年,全国人大常委会通过了《食品安全法》,这不仅体现了立法理念的变化,而且扩大了法律调整范围。接着,2011年《刑法修正案(八)》颁布,对危害食品安全犯罪作了重大修改,将"生产、销售不符合卫生标准的食品罪"修正为"生产、销售不符合安全标准的食品罪",不仅扩宽了此类犯罪的处罚范围,而且提升了其法定刑力度,将自由刑的起刑点从拘役提升为有期徒刑,取消了单处罚金刑,首次增设了"食品监管渎职罪",以追究食品监管领域工作人员的刑事责任。自此,我国有关食品安全的刑事立法集中表现为"生产、销售不符合安全标准的食品罪""生产、销售有毒、有害食品罪"和"食品监管渎职罪"这三个基本罪名,建构了更为完善的危害食品安全犯罪体系。[1]鉴于食品安全的严峻态势,两高又陆续发布了几部有关食品安全的刑事司法解释,使危害食品安全犯罪的定罪处罚更具有可操作性。更值得关注的是,2015年,号称史上最严厉的《食品安全法》隆重推出,该法不仅大大提高了行政罚款的额度,增设了行政拘留的处罚,而且强化了食品安全的刑事责任追究。

从刑事立法实践观之,我国危害食品安全犯罪立法基本上经历了从轻缓到严厉、从单行刑法到刑法典的沿革,最终促成了食品安全刑事立法统一法典化模式。

(二)我国危害食品安全犯罪刑事立法呈现的特征

回顾我国二十余年的食品安全刑事立法历程,其呈现出的变化特征主要有以下几个方面:

1. 立法模式从单行刑法转向统一法典化模式

如上所述,我国危害食品安全犯罪刑事立法经历了从单行刑法到统一法典化的演进历程。之所以形成统一法典化的立法

---

[1] 利子平、石聚航:"我国食品安全犯罪刑法规制之瑕疵及其完善路径",载《南昌大学学报(人文社会科学版)》2012年第4期。

第一章 我国危害食品安全犯罪刑事立法模式的选择

模式,一方面主要是由我国长期以来形成的历史传统和本国国情所决定的。眺望中华民族生生不息的发展轨迹,我国的历史长河横贯五千年,源远流长,自古以来总体上是一个大一统的集权制政体国家,奉行成文法典一统天下,从《法经》到《唐律》,再到《明律》和《清律》,大一统的法典化倾向昭然若揭。另一方面是立法模式的转变与我国的经济体制改革不无关系。瞻望新中国肇始以来的刑事立法发展史,在1979年《刑法》实施期间,我国所采取的是计划经济模式,危害食品安全犯罪较为鲜见,即使偶有发生也大多表现为生产、销售伪劣商品的行为。1978年之后,我国开启了改革开放的基本国策,着手进行经济体制改革,计划经济逐步过渡到市场经济。此时,危害食品安全的犯罪有所上升,类推定罪的方式已经不适应司法实践中涌现的食品安全领域的突出问题,于是单行刑法和附属刑法的修正模式应运而生。我国在1997年之前,先后颁布了二十多部单行刑法和散见于行政法规中的大量附属刑法条款。这一时期,单行刑法和附属刑法是我国主要的刑法修正模式。尽管有关规制危害食品安全犯罪的单行刑法在1993年就颁布过,但仍然没有专门规制危害食品安全犯罪的独立罪名,这样的立法模式显然不能制止当时危害食品安全犯罪的发展态势。1997年《刑法》全面修订时专设生产、销售伪劣商品罪一节,规定了生产、销售型危害食品安全的两个罪名以作为打击此类犯罪的重要利器。然而,在这之后,我国一改昔日修法的风格,单行刑法和附属刑法日渐式微,单行刑法的修法形式只适用了一次就被扔进了历史的垃圾堆,幸存的附属刑法亦将有关刑事责任的规定统一定格为"构成犯罪的,依照刑法有关规定"的宣示性提示条款,并不具有实际的修法意义。而修正案模式却一路风光无限,至今先后通过了10部刑法修正案,逐步发展为刑法修正案几乎可以"通吃"所有刑事立法模式的格局。[1]不难发现,我国危害食品安全犯罪统一法典化模式已经雏形渐丰,逐步形成了"一统天下"的局面。那么,这种格局是否是最优的呢?这引发了我们的进一步思考。

2. 刑法修正案是当前我国主要的修法模式

有目共睹,从第一部刑法修正案面世的近二十年来,刑法修订被"打包"成了10个修正案,刑法修正案演变为了我国主要的修法模式。其实,刑法修正案的修法模式自身也存在缺陷,正如有学者所言,刑法修正案模式有时是无法适应刑法立法全部需要的,当出现某一种行为所侵害的法益是一种全新的法益类型而原有刑法典中的罪名体系又无法统摄这一行为时,就难以用刑法修正案模式修订刑法。[2]尤其是一些经济类犯罪和属于法定犯类型的犯罪,由于这些类型的犯罪兼具行政不法和刑事不法两种属性,社会的政治经济状况的不断变化往往会引起经济法和行政法的频繁修正,这必然也会促使经济犯罪或法定犯不断发生变化,而仅仅依靠刑法修正案模式会出现立法供给不足的情形,解决方式也并不限于"华山一条路",或许还需要借助其他的立法模式。

3. 刑法修订频繁

自1997年《刑法》全面修订以来,刑法修订似乎从没有停过。刚刚全面修订好刑法典仅仅两年多就出台了第一部刑法修正案,在此期间还颁布了一个单行刑法。而令人惊讶的是,在2001年间隔不足3个月的时间里,我国一口气通过了2部刑法

---

[1] 全其宪:"食品安全犯罪的立法分析",载《理论探索》2014年第3期。
[2] 柳忠卫:"刑法立法模式的刑事政策考察",载《现代法学》2010年第3期。

修正案。在不足二十年的时间里，我国共通过了10部刑法修正案和1部单行刑法。可见，我国刑事立法的修订频率相当高。虽然立法修订可以使刑法更好地适应社会发展的情势，促进社会的良性发展，但它会不可避免地毁损刑法的稳定性和统一性，不利于广大民众对法律的了解，更不利于对广大民众法律信仰的培育。那么，如何尽量避免刑法频繁修订，保持刑法的安定性便是一个需要探究的问题。

4. 刑法修订大多以经济性犯罪为主

如上所述，我国自1978年改革开放以来至1997年全面修订刑法典为止，刑事立法主要是围绕如何惩治和预防经济性犯罪展开的，危害食品安全犯罪就是在这期间走过了从无到有的发展历程。从1997年《刑法》以来通过的10个刑法修正案和一个单行刑法的修法内容来看，同样也是以经济性犯罪为主。申言之，《刑法修正案（一）》共补充了8个法律条文，其内容全部涉及经济性犯罪。很明显，唯一存在的单行刑法也是对经济性犯罪的补充规定。《刑法修正案（二）》仅涉及一个经济性犯罪——"非法占用农用地罪"。《刑法修正案（四）》修订的8个法律条文全部涉及经济性犯罪。其余5个刑法修正案的修订内容除个别涉及其他领域之外，也是以经济性犯罪为主。其中，《刑法修正案（八）》对危害食品安全犯罪进行了重大修正。这不禁引发了我们的进一步思考：随着社会政治经济的发展，经济性犯罪必然不断涌现，这就要求刑事立法及时跟进，不断刺激刑法的频繁修订。那么，既能够保持刑法典的稳定性，又能够使刑事立法与时俱进的万全之策就是在刑法修正案之外，或许有启动单行刑法或附属刑法作为补充的必要。

二、我国危害食品安全犯罪刑事立法模式的不足及思考

(一) 我国"单一制"刑事立法模式的弊端

刑事立法模式作为一项重要的刑事法律表现形式，它对于犯罪圈的合理划定与刑罚结构的有序调整具有至关重要的作用。通过立法技术来达致科学、合理的刑事立法模式，能够更好地实现刑事立法对罪刑设置的良愿，达到有效治理与预防犯罪的目的。深入考察我国危害食品安全犯罪刑事立法的嬗变发展脉络，分析刑事立法呈现的特征，我们可以清晰地看出，单一法典化正逐步成为我国唯一的刑事立法形式。然而，这种"单一制"的刑事立法模式随着社会情势的发展愈发暴露出这样或那样的弊端：其一，"单一制"刑事立法模式无法承载所有的犯罪类型，尤其是经济性犯罪。随着社会经济的飞速发展，势必会不断涌现千姿百态的法定犯、经济性犯罪，而仅仅凭借单一的刑法典不可能容纳、承载或应对如此浩繁复杂的犯罪。其二，"单一制"刑事立法模式势必会导致刑法典的频繁修订。社会发展情势的变化必然会带来一系列犯罪态势的变化，这就势必会引发刑事立法的修订以适应当前形势的需要，而"单一制"的立法形式别无选择，只能对刑法典作出频繁修订，法典的安定性会大受损害。其三，"单一制"刑事立法模式挤压或排斥了其他立法形式。单一法典化的"唯我独尊"使得单行刑法形式一去不再复返，同时也使得附属刑法丧失了真正的罪刑规范意义，这必然会导致单行刑法和附属刑法本身所具有的无可替代的优势无从发挥。其四，"单一制"刑事立法模式无法适应危害食品安全犯罪的发展情势。危害食品安全犯罪会随着社会发展变化的情势不时地涌现新类型、新问题和新情况，特别是在风险社

会背景下,也可能毫无征兆地爆发食品安全疫情,波及多地。这些突如其来的危害食品安全问题仅靠单一的刑法典难以及时应对,因为对其进行修订并非简单的事情,需要更为严格而繁琐的立法程序,而刑法典修订完毕后可能又会被社会的发展远远地甩在后面。

(二) 分散多元的刑事立法模式引发的思考

我国有关食品安全的立法起步较晚,不过几十年的发展历程。改革开放之后尤其是晚近以来的几年间,令人惊恐的危害食品安全重大事件迭出,为了应对日趋严重的危害食品安全犯罪,我国对刑法做了重大修改,这期间,两高关涉危害食品安全犯罪的多部司法解释也遥相呼应,不断出台。此时,深入考察先行国家或地区有关食品安全刑事保护的立法经验,正确把握食品安全刑事立法的国际趋势,有助于我国危害食品安全犯罪刑事立法的日臻完善。

1. 异彩纷呈的不同法域的立法模式

从世界范围看,有关食品安全刑事立法模式大致有附属刑法类型、刑法典与附属刑法相结合类型、刑法典与单行刑法相结合类型以及单一刑法典类型。笔者将择取若干具有代表性的国家或地区,分别阐述上述食品安全刑事立法模式类型。

(1) 附属刑法类型。附属刑法类型是将危害食品安全犯罪的刑事立法分散于诸多附属刑法,也即附属刑法是某一国家或地区危害食品安全犯罪的主要立法渊源。较为典型的国家或地区有美国和英国。

美国危害食品安全犯罪的成文法历经百年锤炼,得以形成严密的刑事法网。就食品安全的立法渊源来看,美国属于普通法系国家,并没有统一的刑法典,附属刑法在整个刑事立法中占有主导地位,普遍存在于刑事立法之中。除了综合性的《联邦食品药品化妆品法》等基本法之外,美国有关食品安全的立法分散于规制不同的特定食品类型的行政法律,如《联邦肉类检验法》(1907年)、《家禽产品检验法》(1957年)、《卫生食品运输法》(1990年)、《清洁水法》(1972年)、《安全饮用水法》(1974年)、《联邦杀虫剂、杀菌剂、杀鼠剂法》(1996年)、《蛋产品检验法》(1970年)、《包装和标签法》(1966年)等法律,[1]这些法律铸成了相当严密的食品安全刑法保护体系。不难发现,美国采取附属刑法形式的优势是明显的,它不仅大幅度提升了危害食品安全犯罪立法的容量程度,使涉及多个环节、多个方面的严重危害食品安全行为被全面入罪化,而且附属刑法形式提高了食品安全立法保护范围的周延程度,可以针对不同的食品类型作出相应的针对性规定,从而更加严密了危害食品安全犯罪的刑事法网。

英国是典型的不成文法国家,也是最早关注食品安全问题的国家。同样,其对危害食品安全犯罪的刑法规制主要分散于有关附属刑法。例如,1875年第一部得以实施的食品安全法——《食品与药品销售法》——颁布,其中规定的一些原则被许多国家所吸纳、引用,一度在食品安全保护领域产生了深远的影响力。1935年颁布的《食品与药品法》将食品卫生与食品掺假立法有机地融汇在一起,构建了一部真正的食品安全法。1955年,英国又再次制定了《食品与药品法》,实施长达30年之久。1990年颁布的《食品安全法》对"供应有害健康的食品"和"销售不符合食品安全要求的食品"的行为作了详尽规定,并规

---

[1] 左袖阳:"中美食品安全刑事立法特征比较分析",载《中国刑事法杂志》2012年第1期。

定了相应的罚则。[1]为完善食品安全立法体系,英国还制定了《食品卫生法》《食品添加剂规定》《甜品规定》《肉类制品规定》等专门规定。[2]这些法律法规几乎囊括了所有食品类型和整个食品链条中的各个环节。

(2) 刑法典与附属刑法相结合类型。刑法典与附属刑法相结合类型是对有关危害食品安全犯罪采刑法典与附属刑法相结合的立法模式。大陆法系的德国和日本较为典型。

德国对危害食品安全犯罪的刑法规制同样采取刑法典与附属刑法相结合的方式。不仅在德国刑法典中,而且在《食品与日用品法》《食品法》等行政法律中规定了一些有关危害食品安全的犯罪行为,并设置了内在衔接的惩处。

日本是十分注重食品安全立法的国家,对危害食品安全犯罪主要采刑法典与附属刑法相结合的立法模式,形成了完备的食品安全法律法规体系。日本有关食品安全的刑法规制主要体现三个立法层次:一是基本法律,法律效力最高,如《刑法典》《食品安全基本法》《牛肉生产履历法》《农药取缔法》《植物防疫法》《家畜传染病预防法》等;二是依照法律制定并由内阁批准通过的政令,如《食品安全委员会令》;三是依照法律和政令并由各地方制定的法律性文件,如《食品卫生法实施规则》《饮食品添加剂取缔规则》《饮食品防腐剂、漂白剂取缔规则》等。[3]

(3) 统一刑法典类型。统一刑法典类型是将有关危害食品

---

[1] 柳忠卫、常德宝:"论食品安全犯罪构成模式的理性建构",载赵秉志、张军主编:《刑法与宪法之协调发展》(下卷),中国人民公安大学出版社2012年版,第1150页。
[2] 孙涛:"英国食品安全立法及监管问题评述",载《中国检察官》2011年第12期。
[3] 徐尉:"日本食品安全管理及对我国的启示",载《中国检察官》2011年第12期。

安全犯罪的立法主要规定在统一的刑法典中。较为典型的国家有俄罗斯、意大利等。

俄罗斯有关危害食品安全犯罪的立法同样经历了较为漫长的演变发展过程，最终形成了统一刑法典的立法模式。危害食品安全犯罪的规定集中体现在《俄罗斯刑法典》第238条中，只是"生产、储存、运输或者销售商品或产品、从事的工作、提供的服务不符合安全标准罪"这一罪名涵盖了对危害食品安全行为进行规制的内容，[1]主要包括生产、储存、运输、销售行为，从事工作、提供服务行为和非法发放或使用证明文件行为。

意大利同样以统一的刑法典形式为危害食品安全犯罪的立法模式。《意大利刑法典》不仅在"以欺诈造成公共危险的犯罪"一章中以大量篇幅设置了对危害食品安全行为的罚则，而且还专设了"造成公共危险的过失犯罪"，并严厉规制了"损害公众健康的过失犯罪"。

2. 对我国的启示与思考

对于危害食品安全犯罪到底应该采取何种立法模式，世界各国的做法不同，理论界在认识上也仁智互见。但不可否认的是，历经几个世纪的发展，一些国家或地区针对食品安全保护的法律已相当完备，大都采分散多元的刑事立法模式。在此，我国可以总结上述国家或地区危害食品安全犯罪刑事立法实践中值得借鉴的经验。

（1）适应实践需要。发达国家或地区危害食品安全犯罪的刑事保护基本上经历了较长的发展过程才逐步成熟和完善起来，并形成了现今的保护状态，主要是因为这些规定适应当地的经

---

[1] 吴占英："中俄刑法典有关危害食品安全犯罪的规定之比较"，载《政法论丛》2013年第1期。

济、科技与社会发展水平，同时也与其传统与政治、文化等方面相适应。所以，在对不同的食品安全刑事立法模式进行比较时，亦不能脱逸开立法环境，也要立足于实际，以适应社会发展的情势，实现借鉴与创新兼顾。

（2）立法形式多样。考察上述内容不难发现，就危害食品安全犯罪立法模式而言，发达国家或地区一般不单独采取某一种立法形式，而是刑法典、单行刑法和附属刑法三种融合适用，相得益彰。其中，单行刑法和附属刑法在刑事立法模式中占有主导地位，采分散多元化的立法模式，其法律渊源更为丰富。

（3）重视食品安全的预防治理。发达国家或地区对食品安全提供刑法保护是出于保护人身安全和维护公共利益的需要。相比较而言，发达国家或地区的刑事立法更注重对人身权的保护。同时，从发达国家或地区有关食品安全刑事立法模式的多样化与分散化也可以看出，多数国家在立法上大都勾勒出了一幅周密的有关食品安全刑事法网，其立法目的则是更加重视对食品安全的预防治理。

三、我国危害食品安全犯罪刑事立法模式的发展趋势

围绕中外国家或地区危害食品安全犯罪之立法模式的比较可知，由于政治制度、立法惯例以及经济发展状况等不同的缘故，各国采取的刑事立法模式亦相差甚大，这不得不引起我们的一些思考：其一，我国危害食品安全犯罪统一刑法典模式有何优势？同时又有哪些缺陷与不足？这关系到对相关食品安全罪名的安排，更关系到刑法规范的规制效应。其二，发达国家或地区对食品安全立法模式有何优势？有哪些值得我们借鉴的地方，并能够适应我国立法环境的需要。其三，我国就危害食

品安全犯罪立法体例是继续坚持统一刑法典形式，抑或在刑法典之外有附属刑法或单行刑法及其组合等存在的必要。尽管统一刑法典形式有一定优势，但刑法规制实像的复杂化取决于社会生活领域的多样化、专业化或应时化，我国统一刑法典形式恐怕难以完全满足这种现代社会生活的需求。[1]在统一法典化形式之外，或许有必要考虑多元化的刑事立法形式。

（一）统一法典化立法模式的优与劣

由于我国长期受大一统的传统文化影响，立法者过于相信理性的力量、过度崇尚统一法典化的完美性，力图打造一部完备自足的刑法典，将我国社会生活中所有发生的犯罪类型都纳入刑事法治的麾下，以此来应对复杂多变的社会生活。[2]因此，法典化倾向是我国刑事立法长期以来坚持的一个突出特点，这一突出特点集中表现为：一是1997年全面修订刑法时就力图锻造一部统一、完整的刑法典；二是1999年后彻底放弃了单行刑法形式；三是2009年以来将附属刑法有关刑事责任的条款统一修改为"依照刑法有关规定"的宣示条款。[3]显而易见，自1997年《刑法》颁行以来，我国刑事立法模式法典化"一统天下"的格局就已经形成。不可否认，采大一统的法典化立法形式，凭借一部刑法典囊括所有的犯罪类型及其相应罚则有其自身的优势。它可以克服刑法规范分散、不统一等缺陷，丰富刑法典的内容，使刑法具有强大的威慑力，从而体现国家的权威

---

[1] 张伟："两岸食品安全犯罪刑事立法比较研究"，载《当代法学》2015年第2期。

[2] 吴情树："《食品安全法》中刑事责任条款的设定——以附属刑法为研究视角"，载《重庆工商大学学报（社会科学版）》2008年第6期。

[3] 利子平："风险社会中传统刑法立法的困境与出路"，载《法学论坛》2011年第4期。

第一章 我国危害食品安全犯罪刑事立法模式的选择

性,有利于保持法律的稳定性与统一性。同时,便于广大民众了解和学习法律,预测和指导自己的行为,也便于进行学术研究。申言之,法典化立法模式的价值在于崇尚法治精神,追求形式理性,[1]能够有效地维护刑法的权威与统一,不仅有助于司法机关适用刑法,而且有利于预防犯罪。然而,法典万能的神话随着时间的推移终将会破灭,以现代人的眼光看来,统一的法典化立法模式可以基本满足社会关系较为简单的自然经济时代的需要,却与当今风险社会背景下国家基于风险管控之需要而在各种附属刑法中设置大量法定犯之现实相背离。[2]具体言之,将大量的行政犯罪、经济犯罪规定在刑法典中,不仅有损法律之间的协调统一,[3]而且使刑法典添增了大量的空白罪状,影响了刑法的适用。[4]尤其是在我国风险社会渐进和犯罪类型趋于多样化、复杂化的今天,这一立法缺陷将愈发凸显。具体阐释如下:

1. 单一的刑法典难以包含形形色色的犯罪类型,不可能囊括所有的犯罪及其相应罚则

任何时候都是"罪无穷而法有度",变化不居的社会生活必然不断催生新的犯罪,当某种或某几种犯罪激增时,刑事政策势必会要求对这些犯罪予以打击和规制,需要刑事立法积极跟进并及时做出反应,从而引发刑法典的局部修正乃至大范围修改。即便如此,也极有可能出现刚刚修订完毕的刑法典就落后

---

[1] 柳忠卫:"刑法立法模式的刑事政策考察",载《现代法学》2010年第3期。
[2] 储槐植:"要正视法定犯时代的到来",载《检察日报》2007年6月1日。
[3] 此种情形主要是由于行政犯罪、经济犯罪都是以违反行政法、经济法为前提条件的,行政法、经济法的修改必然带动上述行政犯罪、经济犯罪的变化,并且刑法典要保持一定的稳定性,远不如行政法和经济法修订得那么频繁与及时。参见张明楷:"刑事立法的发展方向",载《中国法学》2006年第4期。
[4] 张明楷:"刑事立法的发展方向",载《中国法学》2006年第4期。

于社会的政治经济发展状况的情况。此时，传统犯罪的样态可能会发生突变或变异，新型犯罪又立刻冒了出来，单一的刑法典实难招架这种瞬息万变的复杂情势。所以，刑法总是不可避免地具有一定的滞后性，难以统摄日益涌现的犯罪形式，现代社会的变化之急、之大，使刑法即使经常修改也赶不上它的速度。[1]

2. 单一的刑法典缺乏应有的灵活性，难以适应变幻莫测的社会发展

刑法典模式本身具有的特点决定了刑法一经颁行就需要具有一定的稳定性，保持静态立法的特性，不可能朝令夕改。而社会的政治经济状况时刻处于动态的发展变化之中，由此导致犯罪样态不断变化，新型犯罪不断滋生，当需要刑法典对此做出应对之时，其已无法适应打击犯罪的需要。即使对刑法典及时进行废、改、立，对其适时地进行"瘦身"或"增肥"也并非轻而易举的事情，[2]修法的难度比较大，立法难以紧跟现实需要而往往具有滞后性。

3. 单一的刑法典无法满足不同类型的犯罪对刑事立法模式的复杂要求

有些传统类型犯罪因为变化较小，因而适用法典化模式未尝不可，但对于不断涌现的新型犯罪，由于其繁杂多变，单一的法典化难以适应其复杂的犯罪状况。就危害食品安全犯罪而言，在风险社会背景的催生下，该类犯罪日益增多，不仅犯罪形式日趋复杂，而且犯罪的发生亦具有难以预料的不确定性，

---

[1] [意]恩里科·菲利：《犯罪社会学》，郭建安译，陈中天校，中国公安大学出版社 1990 年版，第 125 页。

[2] 仝其宪："食品安全犯罪的立法分析"，载《理论探索》2014 年第 3 期。

不同的食品领域所呈现的食品安全问题也差异甚大。特别是危害食品安全犯罪是涉及食用农产品或原料的种植、研发、生产、加工、储存、运输、销售等诸多环节的综合性问题,无处不在的网络和四通八达的现代物流合力架设了一条跨越地域乃至国界的产销"装配线",于是,原料和成品均可沿着这条"装配线"顷刻间抵达千家万户的餐桌。统一的成文性法典虽然可以无所不包,但针对环节复杂、过程冗长以及涉及面广的危害食品安全犯罪实难作出一劳永逸的规定。因此,仅仅借助一部刑法典来应对千变万化的危害食品安全犯罪是不切实际的。实际上,将同属于一个部门法的所有法律规范统统包揽到一部法典中,以应付不断发展变化、层出不穷的社会问题的期望在任何社会都没有实现过,[1]这必然会引发一系列的自身无法解决的问题。

(二) 附属刑法立法模式的弊与利

附属刑法模式在我国刑法规范中表现为一种宣示性条款,并无明确的罪状描述及其相应法定刑,其实际意义也无从发挥。不仅如此,附属刑法模式大多分散在诸多的行政法和经济法中,专业性较强,而广大民众较少接触这些专门性法律,因而难以了解相应的法律规定,这将有损刑法的通晓性。但是,不可否认,附属刑法形式具有其他立法模式所不可替代的诸多优势:

1. 附属刑法形式具有严密刑事法网的功能

在风险社会背景下,工业社会获得了飞速发展,科技不断

---

[1] 利子平:"风险社会中传统刑法立法的困境与出路",载《法学论坛》2011年第4期。

革新，新型犯罪现象不断涌现，为有效应对风险社会带来的新情况、新问题，经济、行政等相关法律势必要对此作出与之相应的新规定。刑法典如果要保持与其他部门法的协调一致，就必须积极跟进，及时作出修正。然而，基于刑法典的安定性考虑，它不能高频率地修正，这就会使刑法典中的罪刑规范（尤其是经济刑法规范）总是不可避免地具有一定的滞后性。因此，刑法典必须处理好适应社会形势的变化与维护其权威性之间的平衡关系，也即"应变"与"不变"之间的关系。[1]附属刑法正是凭借其立法程序简便且具有较大灵活性等优势起到了一定的调节作用。申言之，附属刑法可以在不违背刑法基本规则的基础上根据社会形势的发展，适时、灵活地针对某一类型的犯罪作出较为具体、明确的规定，从而为刑法注入新的血液。这样，不仅可以避免刑法的滞后性和保持刑法典的安定性，而且可以进一步严密刑事法网。

2. 以附属刑法形式规制危害食品安全犯罪有利于法律之间的协调统一

如上所述，危害食品安全犯罪必须同时具备行政不法和刑事不法的双重违法性，要使食品安全违法行为入罪必须以违反其前置法（即《食品安全法》）为必要前提。然而，具有浓厚经济性质和行政性质的《食品安全法》需要基于社会发展情势及时修正，变动较大，这在实践应用中就足以证明。2009年颁布的《食品安全法》取《食品卫生法》而代之，仅仅几年后，我国于2015年又对之作了重大修改，颁布了新的《食品安全法》。而统一的刑法典则不同，修改的频率和次数不宜太多，它需要保持一定的稳定性和权威性。由于《食品安全法》从未规

---

[1] 刘树德：《罪状建构论》，中国方正出版社2002年版，第362页。

第一章 我国危害食品安全犯罪刑事立法模式的选择

定具体的罪状与法定刑,如果修改行政法律就会导致刑法典的修改。反之,在修改刑法典时也必然伴随着行政法规的修改,这便导致立法负担沉重,稍不经意就会引发法律之间的矛盾与冲突。事实上,刑法只采取修正案的修法模式,很可能会出现刑法还未修改或即使修正也仍滞后于《食品安全法》的情况,导致法律之间的脱节或断层。实际上,现行刑法与新的《食品安全法》之间一致存在不协调之处。有学者早就指出应当在刑法中增设"生产、销售伪劣食品罪""非法生产、销售食品罪""生产、销售不符合食品安全标准的相关产品罪""出具虚假食品检验证明罪""食品安全事故不报罪"等罪名。[1]如果以如此繁多的罪名对危害食品安全犯罪进行立法修正,需要对刑法典"大动手术",变动过大,并不具有可行性。反之,如果在《食品安全法》等相应行政法律中增设真正意义上的附属刑法规定,问题将会迎刃而解,不仅可以避免刑法典的大范围调整,而且可以有效地弥补刑法典的不足,促进刑事法治的合理发展。

3. 附属刑法形式往往具有针对性,在解决经济犯罪、行政犯罪等问题上优势明显

附属刑法通常依附于某一行政法、经济法规范,将相应的罪刑规范规定在这些专业性较强的法律法规中,有利于从事相关专业的人员学习和了解这些规定,从而有助于预防犯罪。试想,如果危害食品安全犯罪采取附属刑法的立法形式,我们就可以对危害食品安全犯罪存在的多个环节、多个方面的严重危害社会的不法行为适时地予以犯罪化或刑罚化,也可以针对不同的食品类型作出相应的调适,从而大幅度提升危害食品安全

---

[1] 卢建平:"加强对民生的刑法保护——民生刑法之提倡",载《法学杂志》2010年第12期。

犯罪的横向或纵向的容量度或周延度。[1]附属刑法条款被不断修正,不但不会削减刑法典的权威性,反而能够成为维持刑法典稳定性的有效补充,以此作为立法补足的"远水"恰恰能够及时解决现实案件的"近火"。[2]由于统一的刑法典毕竟容量有限,因此我国对危害食品安全犯罪的调整范围与程度都过于狭窄。目前,我国在《食品安全法》等行政法规中并没有具体个罪的罪状描述和相应的法定刑配置,不过是一种宣示式条款规定。至于如何确定具体罪名和如何处断刑罚仍然需要依据刑法典的规定。倘若刑法典针对此种行为无相应规定,那么这种宣示式条款就会被架空或搁浅。[3]对此,有学者认为,这些规定并非真正意义的附属刑法,只有当非刑事法律中设立了真正的罪刑规范时,"附属刑法"才是刑法的渊源。[4]因为一个完整的刑法规范需要由罪状和法定刑两部分组成,而我国现行的附属刑法则恰恰欠缺相应的罪状和法定刑。运用逆向思维便可知,如果在《食品安全法》等经济法律和行政法规中直接规定有关危害食品安全犯罪的具体罪刑规范,那么,对于司法者来说,由于《食品安全法》等直接规定了危害食品安全犯罪的构成要件和法定刑,直接借助该法律便能够认定是否构成犯罪以及应给予何种处罚,而无需像现在那样,不仅需要了解刑法典中有关危害食品安全犯罪的规定,而且还需要援引《食品安全法》的相关规定。不仅如此,对于食品领域的从业者来说,这样做可以更好地发挥刑法预防此类犯罪的功效,因为有关食品

---

[1] 仝其宪:"食品安全犯罪的立法分析",载《理论探索》2014年第3期。

[2] 黄星:"食品安全刑事规制路径的重构——反思以唯法益损害论为判断标准规制食品安全关系",载《政治与法律》2011年第2期。

[3] 柳忠卫:"刑法立法模式的刑事政策考察",载《现代法学》2010年第3期。

[4] 张明楷:《刑法学》(第3版),法律出版社2007年版,第21页。

第一章 我国危害食品安全犯罪刑事立法模式的选择

安全领域的从业者大都是一些特定行业人员，其中不乏掌握特定技能和拥有工作经验且从业多年的人员，他们对《食品安全法》等相关法律的知悉要远甚于对普通刑法典的了解，采附属刑法模式直接设置罪刑规范更有利于对经济犯罪这种特殊犯罪类型的预防。[1]

（三）单行刑法立法模式的失与得

在 1997 年《刑法》之前的十几年里，我国的最高立法机关曾经颁布过一系列的特别刑法，在这一阶段，单行刑法发挥过举足轻重的作用，可以有效地发挥弥补刑法典缺陷的功能。可惜的是，1993 年全国人大常委会通过了《关于惩治生产、销售伪劣商品犯罪的决定》这一在食品安全领域具有开拓性的单行刑法之后，有关危害食品安全犯罪的单行刑法基本上就销声匿迹了。值得庆幸的是，1997 年全面修改《刑法》之后，全国人大常委会于 1998 年通过了关于惩治外汇犯罪的单行刑法，再次启用了这一立法形式。耐人寻味的是，我国在此之后就无情地抛弃了单行刑法形式，使得单行刑法本身所具有的优势无法展示。尽管单行刑法模式本身也具有难以回避的缺陷，即它可能在一定程度上侵蚀刑法典的稳定性，影响刑法典的权威性，并且单行刑法之间也很难形成一个内部协调一致的体系。[2]但瑕不掩瑜，实际上，单行刑法仍然具有无比独特的功能和作用。

其一，单行刑法模式通常具有及时性。由于单行刑法模式所涉及的内容较为单一，立法程序也较为简单，因而可以及时出台，以适应打击犯罪的需要。其二，单行刑法模式通常具有

---

[1] 吴情树：《食品安全法》中刑事责任条款的设定——以附属刑法为研究视角，载《重庆工商大学学报（哲学社会科学版）》2008 年第 6 期。

[2] 柳忠卫："刑法立法模式的刑事政策考察"，载《现代法学》2010 年第 3 期。

针对性。它可以针对某一种犯罪或者某几种犯罪进行规制，并且针对某一类犯罪成立要件采叙明罪状的模式予以规定，以彰显罪刑法定原则的明确性要求。其三，单行刑法模式通常具有灵活性和直接性。单行刑法模式通常是针对某一历史时期或某一类型犯罪抑或某一类型犯罪人在刑法典之外作出的特别规定，不仅具有较强的针对性和及时性，而且具有较强的灵活性和直接性。[1]它可以根据犯罪态势的发展变化而灵活地做出反应，尤其是在风险社会背景下，新型犯罪现象和特别危险领域的犯罪日益增多，对社会造成的威胁日渐紧迫而严峻。为及时、有效地回应这种情势，与社会生活联系紧密的经济法、行政法等相关部门法势必要作出频繁的、大量的新调整，我国秉持的统一刑法典要与之保持协调一致就必须也及时地作出相应的修改。然而，大一统的刑法典并不能进行高频率的修正，因为这势必会影响它的稳定性、贬损它的权威性。那么，既能保持刑法典的稳定性，又能使刑法及时应对新型犯罪的重要举措就是重新激活我国的单行刑法，它可以发挥无法替代的及时、灵活、针对性强的优势。

相反，放弃单行刑法立法，崇尚统一的刑法典，则必然会时时处处显得被动、滞后。[2]一方面，在犯罪种类日渐增多、犯罪形式愈发复杂和犯罪发生具有不确定性的风险社会情势下，凭借一部刑法典来应对变化万千的犯罪现象是不合实际的；另一方面，放弃单行刑法立法，必然使其应有的优势无从发挥，也会引发一系列不合时宜的后遗症，这在司法实践中也得到了

---

[1] 郝兴旺："我国单行刑法的若干基本理论问题研析"，载《法学家》1994年第4期。

[2] 利子平："风险社会中传统刑法立法的困境与出路"，载《法学论坛》2011年第4期。

第一章 我国危害食品安全犯罪刑事立法模式的选择

印证。1997年修订后的《刑法》刚实行不到1年亚洲金融危机就爆发了。一些投机分子想方设法骗购外汇,非法转移、截留或买卖外汇,发案率一时猛增,涉案金额也不断飙升。这严重扰乱了国家的金融安全和经济秩序。然而,刚修订的《刑法》对非法买卖、骗购外汇或逃汇等严重危害社会的行为并没有作出相关规定,对刑法典再作修改又显得过于频繁和不合时宜。但为惩治此类严重违法行为,保障国家外汇管理秩序,国家立法机关很巧妙地重新启用了单行刑法,以解燃眉之急。于是,1998年全国人大常委会颁布了有关惩治外汇犯罪的单行刑法,较好地解决了这一问题。这足以表明单行刑法具有弥补刑法典不足的功能,因为单行刑法针对特定的某类犯罪,形式简便、灵活,且立法程序简单,行之有效,有助于保持刑事法律的统一和完整。[1]不仅如此,从世界范围来看,许多国家或地区在完善刑法典的同时也十分重视单行刑法立法。以美国为例,美国食品安全法体系较为分散,除了《联邦食品药品化妆品法》这一基本法之外,还包括一些单行法律与之遥相呼应,例如《食用奶法》《蛋产品检验法》《清洁水法》《包装和标签法》等。近些年来,日本除了完备的刑法典之外,也制定了一些单行刑法,如《关于规制基因克隆技术的法律》《关于防止儿童虐待等法律》等。显而易见,无论是我国的立法实践,还是不同法域国家或地区的立法经验,都可以证实单行刑法具有奇特功效。不管怎样,单行刑法都可以作为刑法典的有益补充,发挥不可或缺的补充功能和无可替代的刑事政策作用。

---

[1] 赵秉志主编:《刑法修改研究综述》,中国人民公安大学出版社1990年版,第44页。

值得注意的是，单行刑法比较适宜规定何种类型犯罪？[1]由于危害食品安全犯罪归属于经济性犯罪，此类犯罪在认定时往往以相关的经济法、行政法规为参照系。而且，危害食品安全犯罪又属于法定犯，随着社会经济的发展，此类犯罪有可能会急剧扩张。因此，危害食品安全犯罪除了适宜在附属刑法中予以规定之外，还可以适用单行刑法形式。

(四)"单一制"向"多元制"的回归

在人类社会逐步迈向工业化、专业化和科技化的同时，相应的犯罪形势与样态也必然会作相应的嬗变或异化，原来在数量上占绝对优势的传统自然犯将会日渐式微，而法定犯随着社会的发展将急剧增多。自然犯终将被法定犯所僭越，[2]法定犯时代即将到来。相较于自然犯，法定犯不仅涉及领域广泛，而且所表现的行为关系浩繁复杂。因此，在法定犯时代，刑事立法模式需要由单一制逐步走向多元制。也就是说，在自然犯时代可以实行单轨制，将所有犯罪都规定在刑法典和少数的特别刑法中。而在法定犯时代，刑事立法模式要转换为多元制，即自然犯被规定在刑法典中，而法定犯则被规定在大量的其他法

---

[1] 对此，张明楷教授有较经典的论述。他认为，以下三种情形宜制定单行刑法：一是这类犯罪较严重，不适合规定在附属刑法中；二是这类犯罪较复杂，而且具体犯罪类型较多，在刑法典中作冗长的规定有违刑法典的简约性；三是这类犯罪不一定以违反行政法、经济法为前提，不仅需要给予刑罚处罚，还需要规定保安措施、预防策略或其他特殊对策。参见张明楷："刑事立法的发展方向"，载《中国法学》2006年第4期。

[2] 自然犯和法定犯的区分最早见于意大利犯罪学家加罗法洛的《犯罪学》。一般认为，自然犯是一种本体恶，而法定犯是一种禁止恶。但随着社会的发展，自然犯和法定犯的区分在实质上越发难以界定。故储槐植教授尝试从形式上对自然犯和法定犯作出区分，即凡是适宜规定在刑法典和单行刑法中的犯罪都是自然犯，凡是规定在刑法典和和单行刑法之外的其他法律中的犯罪都是法定犯。参见储槐植："要正视法定犯时代的到来"，载《检察日报》2007年6月1日。

律中。[1]这种刑事立法模式设计是对社会发展和犯罪态势变化的合理反应,不仅有利于对自然犯和法定犯在罪刑配置上的区分,[2]而且有利于法定犯的司法适用,同时有益于保持刑法的稳定性,从而收获预防犯罪的良好效应。

基于此,我国危害食品安全犯罪应该逐步打破刑法修正案包揽一切的立法修正模式,适时地发挥不同立法形式的优势。为适应风险社会的发展情势,刑法规制应顺着世界各国食品安全刑事立法模式的风向,扬帆前行,逐步形成以刑法典为主、以附属刑法和单行刑法为辅的危害食品安全犯罪立法模式。就危害食品安全犯罪而言,在今后的立法修订过程中,可以尝试在《食品安全法》等行政法规中规定真正意义的罪刑规范,适时地颁布有关危害食品安全等经济性犯罪的单行刑法以及时应对社会的发展变化。也就是说,在某一特定时期,当有关危害食品安全犯罪激增,刑事政策要求对之实行特别的手段和措施时,何不及时、快捷地启动单行刑法做出反应呢?如此一来,建构多元制立法模式不仅可以有效地避免单一制带来的弊病,而且能够促进刑事法治的良性发展。

---

[1] 储槐植:《刑事一体化论要》,北京大学出版社2007年版,第23页。
[2] 一般而论,对法定犯的处刑要比自然犯轻缓,法定犯一般不配置死刑。

第二章
我国食品安全刑事立法"零容忍"政策之倡导

风险社会即将降临,近些年来,危害食品安全违法犯罪在我国呈多发、高发态势,一桩桩食品安全事件不时见诸报端,食品安全问题已积聚成全国性热议话题。从2011年的《刑法修正案(八)》到2015年号称史上最为严厉的《食品安全法》和两高有关危害食品安全犯罪的司法解释,这些立法及司法解释都对食品安全问题作了重大调整,食品安全刑事立法呈现法网趋严的实像。然而,这些立法的实际效果却并未达到预期,食品安全问题仍有增无减,危害食品安全犯罪危害程度之重、影响范围之大几乎无与伦比。可以说,危害食品安全违法犯罪的急剧爆发正是风险社会逼近的集中反映。传统刑法向风险刑法的立法转型,不仅需要立法理念的更新,更需要以刑事立法政策的革新作为先导。因此,如何消除危害食品安全违法犯罪存量和遏制其增量需要站在刑事政策的高度予以考虑。食品安全是一门政治,食品安全的政治内涵是主题。[1]刑事政策是刑

---

[1] 转引自李莎莎:"非传统安全视角下食品安全犯罪的刑事政策及立法",载《河南大学学报(社会科学版)》2014年第2期。

第二章 我国食品安全刑事立法"零容忍"政策之倡导

法的先导,食品安全所处的政治高度促使我们从刑事政策的战略高度来审视危害食品安全违法犯罪问题,以探寻应对危害食品安全违法犯罪的宏观策略。

一、我国食品安全刑事立法政策的现状与不足

(一)当前我国食品安全刑事立法政策的现状

刑事政策与刑事立法往往保持着一种亦步亦趋的跟随状态,刑事政策作为刑事立法的引导性力量,直接推动刑事立法的不断完善。[1]然而,我国并无明确表述有关危害食品安全犯罪的刑事立法政策的规范性文件。"刑法是刑事政策不可逾越的屏障",[2]探知当前我国危害食品安全犯罪刑事的立法政策,离不开对刑事法律规范、有关打击危害食品安全犯罪的规范性文件及其立法实践活动的分析。从 1993 年单行刑法《关于惩治生产、销售伪劣商品的犯罪的决定》开启危害食品安全犯罪立法的先河,到 1997 年《刑法》的全面修订,危害食品安全犯罪立法体系初步形成。2011 年《刑法修正(八)》对危害食品安全犯罪作了重大调整,两高也于 2013 年颁布了《关于办理危害食品安全刑事案件适用法律若干问题的解释》。这期间还伴随着其前置法从《食品卫生法》到《食品安全法》的转型。这些立法轨迹可以较为清晰地勾勒出我国危害食品安全犯罪刑事立法政策呈现出以下变化特征:

1. 危害食品安全犯罪圈较为粗疏

就行为性质而言,仅仅将具有严重社会危害性的行为归入

---

[1] 陈伟:"刑事立法的政策导向与技术制衡",载《中国法学》2013 年第 3 期。
[2] [德]克劳斯·罗克辛:《刑事政策与刑法体系》(第 2 版),蔡桂生译,中国人民大学出版社 2011 年版,第 3 页。

刑法视域予以犯罪化，对于具有一般危害性的食品安全行为则分流到行政法领域予以调整。就行为类型而言，仅规制食品的生产、销售两个环节，而对其他环节（提供贷款、资金、证明、许可证件或者运输、包装、储存等行为）则依照帮助共犯论处。[1] 但是，产品召回、进出口、相关记录维持等环节并未进入刑法规制范围。[2]

2. 危害食品安全犯罪设罪模式趋于从严收紧

从"生产、销售不符合安全标准的食品罪"的立法变化轨迹可以看出，本罪设罪模式有从严收紧的趋势。1993年首次增设的"生产、销售不符合卫生标准的食品罪"以结果犯的形式规定，1997年《刑法》又将本罪设置为危险犯，2011年《刑法修正案（八）》将本罪修正为"生产、销售不符合安全标准的食品罪"。同时，《刑法修正案（八）》增设了"食品安全监管渎职罪"。显而易见，食品安全犯罪表现为增设新罪名、降低入罪门槛的从严收紧态势。

3. 危害食品安全犯罪刑罚配置趋重

2011年颁行的《刑法修正案（八）》提升了对危害食品安全犯罪的惩治力度，呈现重刑化倾向。一是取消了单处罚金，以前的危害食品安全犯罪可以单纯适用非监禁刑，而现在无一例外地都要适用监禁刑；二是增设了无限额罚金制，取消了罚金数额上的限制，这意味着罚金从此不再有最高限额；三是取消了"生产、销售有毒、有害食品罪"的拘役刑，本罪的起刑点被提升为有期徒刑；四是危害食品安全犯罪处罚可严厉到

---

[1] 参见最高人民法院、最高人民检察院于2013年颁布的《关于办理危害食品安全刑事案件适用法律若干问题的解释》第14条。

[2] 左袖阳："关于当前食品安全刑事立法政策的反思"，载《中国人民公安大学学报（社会科学版）》2015年第3期。

死刑。

食品安全犯罪刑事立法反映在刑事司法层面表现为重刑化刑事政策,主要体现为法网更为严密、处罚更为严厉、专项严打食品安全犯罪以及公布食品安全典型案例,威慑食品安全犯罪分子。[1]

通过梳理我国食品安全刑事立法的嬗变特点我们可以看出,当前我国危害食品安全犯罪基本形成了倚重刑法、"厉而不严"的刑事政策。

(二) 当前我国食品安全刑事立法政策的不足

当前,我国食品安全"厉而不严"的刑事政策偏重"厉"的单一化,彰显的是国家本位的犯罪控制理念,并不能有效地治理危害食品安全犯罪。进一步检视形成如上特征的食品安全刑事立法政策,其背后隐藏着一些值得反思的问题。

1. 国家本位的一元刑事政策忽视了其他食品安全防控力量

我国当前危害食品安全犯罪率之所以居高不下,现有的刑事政策不能达到预期的社会效果,其中主要的缺陷之一就是过于倚重国家层面的事后预防而忽视了其他食品安全防控手段。在刑事法益保护上,历来存在着国家权力与社会权力、公共利益与个人权利的博弈与平衡。我国在刑事法益保护上长期以来一直秉持"国家权力主导,公共利益优先"的价值观,偏重保护社会公共利益。然而,在改革开放和市场经济趋于完善的现代社会,国家不再是公共权力的唯一主体,并逐步从一些具有社会管理性质、服务性质或自治性质的公共权力中退出,由各

---

[1] 舒洪水:"食品安全犯罪刑事政策:梳理、反思与重构",载《法学评论》2017年第1期。

种社会主体代替掌管。自此，公共权力由国家权力与社会权力分庭而治，公共权力主体便由单一转向多元。[1]相应地，刑事法律对法益的保护也必然会从过去的单纯国家层面扩展到社会层面。诚然，发挥刑法"二次法"的作用，强调国家层面的食品监管固然重要，但这只是庞大治理体系中的一部分。须知，"食品安全是生产出来的，而不是监管出来的"，欲想有效地实现食品安全的全方位监控，还必须要充分发挥其他社会治理手段。首先，必须依靠广大民众和消费者，让他们积极行使监督、检举或举报等权利。广大民众和消费者是食品安全的直接受益者或受害者，最关心日常的饮食安全，同时对于现实中存在的食品安全违法犯罪行为也有自发、自愿予以抗制的主观诉求。实际上，绝大多数的食品安全违法犯罪的查处都离不开广大消费者的举报、检举、揭发，或提供线索、证据。其次，必须充分发挥消费者协会、食品行业协会等行业组织的作用。消费者协会、食品行业协会等行业自律组织对于助推行业管理、加强行业自律、提升诚实守信观念、增强社会责任意识具有举足轻重的作用。最后，必须发挥社会综合治理手段。食品安全是关系到国泰民安的大事情，不能仅仅诉诸国家层面的治理，而是要集国家、社会、组织、团体、个人等于一体，充分发挥社会综合治理食品安全的手段。

2. 前置性的食品安全行政法规没有得到很好的发挥

当前，我国现有的食品安全刑事政策的缺陷还在于作为食品安全前置法的行政法规没有得到很好的发挥。众所周知，我国违法制裁体系是典型的"二元化"分流处罚模式，以社会危

---

[1] 夏勇、刘伟琦："职务侵占罪双重犯罪客体之提倡"，载《人民检察》2014年第15期。

第二章 我国食品安全刑事立法"零容忍"政策之倡导

害性为基准,违法行为根据社会危害程度分属于行政处罚和刑法两个不同领域。其中,一般的违法行为归入行政法范畴,而具有严重社会危害性的行为归入刑法规制视域。危害食品安全犯罪作为逐利性经济犯罪,同时又是典型的行政犯,这就决定了它具有行政不法与刑事不法两种属性,而且刑事不法必须以行政不法为前提和基础。那么,我国在食品安全治理的刑事政策上也必须遵循先以行政法规作为堵截或制止食品安全的第一道防线,而刑法防线只能作为"二次性"手段。也即我国在食品安全治理上一贯施行"行政-刑事"二元执法模式,大量食品安全违法行为由行政执法部门先行处置,只有涉嫌犯罪的方才移交公安机关。[1]然而,作为前置性的行政法规并没有得到很好的发挥,值得我们深刻检讨。虽然我国《食品安全法》修订的频率很高,但仍然存在完善的空间:其一,食品安全标准制度仍未统一。现代食品工业社会大批量地生产品种繁多的食品供人享用,而食品安全问题需要国家强有力的监管。然而,政出多门、各自为政的监管体制使得监管机构各自负责制定本部门范围内的食品安全标准,直接造成食品安全标准极不统一。其二,食品安全风险评估体系和预警机制亟待健全。食品安全无小事,攸关国计民生,将其上升到政治高度实不为过,因此,健全食品安全风险评估体系和预警机制是降低食品安全风险、避免食品安全事故发生的有效路径之一。可惜,当前我国缺乏较为完备的食品安全风险评估体系,食品风险的预警机制阙如,这些问题均亟待改善。其三,食品安全行政监管执法紊乱。食品安全行政执法是遏制食品安全违法犯罪的第一道防线,这道

---

[1] 李春雷、任韧:"我国食品药品犯罪防治回顾与前瞻",载《中国人民公安大学学报(社会科学版)》2015年第4期。

防线在食品安全监管上仍然存在监管体制滞后、监管职能交叉和存在监管漏洞等问题，在食品安全行政执法上仍然存在着执法擅权、执法乏力、执法徇私或执法舞弊等现象，这些问题如不彻底铲除，势必会严重影响打击食品安全违法犯罪的实际效果。

3. "厉而不严"的刑事法网放纵了危害食品安全犯罪

"厉而不严"为我国著名刑法学家储槐植先生总结归纳出的刑事政策类型，所谓"厉"就是指刑罚严厉，而"不严"是指刑事法网不严密。[1]当前，我国食品安全刑事立法政策"厉而不严"的问题主要体现两个方面：

其一，不甚严密的犯罪圈无法有效发挥惩治危害食品安全犯罪的功能。当前，刑事法网对危害食品安全犯罪的规制在主体范围、主观罪过、行为方式、行为对象等方面均存在"不严"之现象，危害食品安全犯罪的主体范围仅涉及食品的生产者、销售者和监管者，其主观罪过仅限于故意犯，行为方式仅涉及食品的生产、销售和监管领域，行为对象仅囿于食品。这就使得食品安全规制过程环节存在诸多遗漏，过失犯、不作为犯或持有犯等均无法被纳入刑法规制。当前，危害食品安全犯罪的刑罚配置虽然种类多样，死刑、自由刑和财产刑交相呼应，但缺乏剥夺犯罪能力的资格刑。规制危害食品安全犯罪的刑法介入过于滞后，大多采结果本位的设罪模式，使得本类罪入罪门槛过高而不当地放纵了违法犯罪者，像"生产、销售伪劣产品罪"和"食品监管渎职罪"等均是结果犯，而"生产、销售不符合安全标准的食品罪"则为具体危险犯。[2]尤其是在风险社

---

〔1〕 储槐植：《刑事一体化论要》，北京大学出版社2007年版，第54~59页。
〔2〕 储槐植、李莎莎："论我国食品安全犯罪刑事政策"，载《湖南师范大学社会科学学报》2012年第2期。

会背景下,社会中涌现的问题进一步复杂化、危险化,而刑法的守备范围的疏漏和刑法的介入时间的迟缓,使得我国对危害食品安全犯罪打击范围过窄,有相当数量的食品安全违法犯罪行为被排除在刑法规制范围之外,极不利于打击和制止此类犯罪的发生。

其二,刑罚重刑化对危害食品安全犯罪的治理作用有限。从我国食品安全刑事立法嬗变历程和现实实践上看,我国危害食品安全犯罪的重刑化倾向昭然若揭。《刑法修正案(八)》将危害食品安全犯罪的起刑点提升为拘役或有期徒刑,最高刑仍然保留了死刑,并将罚金刑设置为无限额,惩治力度显然加大了。司法实践中也不时有几起重大案件(像"三鹿奶粉案"和"河南瘦肉精案")的主要犯罪分子被判死刑或死缓,这些都彰显了治乱用重典的立法实像。但是,这种重刑化倾向对危害食品安全犯罪的作用很有限,近几年食品安全事件仍然居高不下的形势就足以证实。自"三鹿奶粉案"爆发以来,食品安全问题受到了中央领导层的高度重视,"三鹿奶粉案"的几名主犯均被判处重刑乃至死刑。但是,重刑的威慑效应并不能取得预期效果,危害食品安全犯罪态势仍然不容乐观。《刑法修正案(八)》修订之际又接连爆发了"瘦肉精案""地沟油案""毒胶囊案",2015年前后又发生了"黑心榨油""毒腊肉""毒面条""上色肉""假盐""假酒"等事件。

二、我国食品安全刑事立法"零容忍"政策之基础

"厉而不严"的刑事政策是对当前我国食品安全刑事立法政策最生动、概括的描述。[1]无论是从我国食品安全刑事的立法

---

[1] 张磊:"我国食品安全犯罪刑事立法政策反思",载《学术探索》2014年第10期。

演进上来看，还是从打击食品安全犯罪的现实实践来看，食品安全犯罪的打击力度可以说是在不断提升，但其社会效果却并不尽如人意。这就有必要深刻反思当前我国食品安全"厉而不严"的刑事政策，促使我们转变工作思路，创新工作方法，确立专门的食品安全刑事立法政策，在"宽严相济"基本刑事政策的基础上倡导食品安全立法"零容忍"之具体刑事政策。

（一）我国食品安全刑事立法"零容忍"政策之理论基础

"容忍"指的是人们对某些过分行为和现象持一种宽容、默许的态度。而"零容忍"就是容忍程度的一种表征，表现为一种对某些过分行为和现象所持的既不忍受也不宽容的状态。申言之，"零容忍"就是指对那些违反道德、社会规范甚至是违法犯罪之类的行为绝不容忍，即便是轻微违法或犯罪行为，也要秉持毫不宽容的态度严格查处，实现惩罚和防治并重。[1]追根溯源，"零容忍"政策最初是美国在20世纪80年代控制毒品犯罪活动中提出来的。这一概念能够引发全球范围的普遍关注应该归功于当时的纽约警察局。20世纪80年代末到90年代初的纽约素有"犯罪之都"之称。但自1994年以后的几年里，纽约的犯罪率降低了37%，其中，凶杀案件的犯罪率更是下降了50%以上，这是纽约近三十年来犯罪率的最低点。[2]究其原因，纽约治安状况的峰回路转主要得益于警察局大力推行的"零容忍"政策。自此，"零容忍"政策漂洋过海被世界很多国家引进

---

[1] 廖晓明、罗文剑：" '零容忍' 反腐败：内涵、特征与进路"，载《中国行政管理》2012年第1期。

[2] William J. Bratton, "Crime is Down in New Yok City: Blame the Police", in Norman Dennis (ed.), *Zero Tolerance: Policing a Free Society*, IEA Health and Welfare Unit, Enlarged and Revised Second Edition, 1998, p.29.

第二章 我国食品安全刑事立法"零容忍"政策之倡导

并发扬光大。如今,"零容忍"不仅是一个言简意赅的时髦词汇,而且被人们应用于许多领域,"零容忍"政策已成为人们争相关注和讨论的问题。

一般认为,"零容忍"理论基础源自美国犯罪学家乔治·凯琳和政治学家詹姆斯·威尔逊提出的"破窗理论"。其基本思想大致为,如果社区内有人首次打破某建筑物的一扇窗户而且该窗户没有得到及时修复,更无及时查处的迹象,该栋建筑物的其他窗户也会很快被破坏,因为坏的窗户会暗示整栋建筑物无人管理,损坏其他更多的窗户也不会有什么不良后果。[1]长此以往,这些破窗户就会传递一种暗示性的纵容信号,给人一种社会无序的感觉,在社会公众麻木不仁的氛围下,犯罪滋生与蔓延便不可避免。[2]"破窗理论"有力地告诫人们,在轻微违法行为与严重犯罪之间并无不可逾越的鸿沟,而是存在着重要联系。其实,无论是不道德行为,还是轻微违法行为,抑或是严重犯罪行为,都会造成社会民众对不法侵害的不安感甚至恐惧感,而轻微违法犯罪行为恰恰是社会民众最为关注和感受最深切的部分。倘若容忍或不及时干预这些轻微违法犯罪行为,就会给人传递一种社会治安失控和混乱的信息,社区居民就会对政府和警察产生不满或失去信心,尤其是一些潜在的犯罪人可能会受到感染甚至鼓舞,相应地,那些轻微违法犯罪行为就会蔓延发展为严重犯罪,进而使得犯罪的数量和恶性程度持续升级。因此,社会治安的最根本措施就是首先从那些轻微违法

---

[1] 李本森:"破窗理论与美国的犯罪控制",载《中国社会科学》2010年第5期。
[2] 王世洲、刘淑珺:"零容忍政策探析",载《中国人民公安大学学报(社会科学版)》2005年第4期。

犯罪行为抓起，切断其发展为严重犯罪的机会。[1]可见，"破窗理论"的目的在于防微杜渐，强调打击轻微违法犯罪进而预防严重犯罪的重要性，这正好支持了"零容忍"政策。

当前，食品安全问题之所以频发、高发，原因十分复杂，但与食品安全领域存在的"破窗效应"在社会发展的各个环节的交互作用不无关系。如果将目前居高不下的危害食品安全犯罪问题看作是一扇"破窗"，如果这扇严重危及民生安全的"破窗"得不到及时修复或制止，就会在容忍与漠视的环境中暗流涌动。[2]那么，食品安全问题的"破窗效应"就会扩散或蔓延，从而渐成"燎原之势"而无法控制。"破窗理论"引发的"破窗效应"启迪我们实施危害食品安全犯罪"零容忍"政策是一个可行的策略选择，不仅需要正确把握好"防"与"治"的内涵，更需要实现"防"与"治"的有效统一，既要对各种食品安全违法犯罪行为进行严厉打击，又要在食品违法行为出现苗头之际便将其扼杀在萌芽状态，不仅要防止新"破窗"的潜滋暗长，同时也要及时修复已出现的"破窗"。

（二）我国食品安全刑事立法"零容忍"政策之政策基础

为合理地组织对犯罪的反应，党和国家都会根据某一时期社会治安形势的变化和犯罪发展态势而适时地提出治理犯罪的刑事政策。依据刑事政策学原理，以刑事政策性质视角，可将刑事政策分为基本刑事政策与具体刑事政策。前者是指党和国家制定的、与所有犯罪及其他有关危害行为做斗争的具有普遍

---

[1] J. Q. Wilson and G. L. Kelling, "Police and Neighborhood Safety: Broken Windows", *Atlantic Monthly*, New Yor: Iss. 3, 1982, p.29~38.

[2] 邵彦铭："我国食品安全犯罪治理刑事政策的反思与重构"，载《河北法学》2015年第8期。

第二章 我国食品安全刑事立法"零容忍"政策之倡导

指导意义的方针和策略。它是指导全部刑事立法、司法及其他有关活动的准则，具有全局性、整体性的引领、指导意义。而后者是指党和国家制定的、与特定的某些犯罪及其他有关危害行为做斗争的具有指导意义的方针和策略。它仅仅对某一类犯罪人或对刑事活动的某一方面适用。[1]食品安全"零容忍"政策是针对危害食品安全犯罪这一特定类型犯罪提出的，对其他类型的犯罪并不具有指导意义，并且它只在某一时期适用，而在另一时期党和国家根据社会形势有可能提出与之不同的刑事政策。不难看出，食品安全"零容忍"政策应该属于具体刑事政策。

一般而论，基本刑事政策具有四个特征：一是制定主体具有最高权威性；二是适用范围具有广泛性；三是政策的贯彻具有稳定性；四是对具体刑事政策的准据法性。[2]而宽严相济是党中央在新时期为了运用多种手段化解矛盾，促进社会和谐而提出的刑事政策。它是贯穿于我国刑事立法、司法乃至刑事执行全过程的具有主导作用的方针、策略。因而，宽严相济完全符合基本刑事政策的内涵规定性，当然它应该属于基本刑事政策的范畴。

基本刑事政策作为具体刑事政策的上位阶概念，具有准据法的属性。也即是基本刑事政策构成具体刑事政策的政策依据，具体刑事政策都必须根据基本刑事政策确定的基本目标、价值、准则和方法进行。[3]据此，食品安全"零容忍"具体刑事政策是宽严相济基本刑事政策的具体化，是宽严相济基本刑事政策

---

[1] 仝其宪："宽严相济刑事政策基本问题再认识"，载《政法学刊》2010年第5期。

[2] 罗猛："论反腐败的刑事政策体系"，载《中国刑事法杂志》2013年第6期。

[3] 梁根林：《刑事政策：立场与范畴》，法律出版社2005年版，第77页。

的题中之意，不能偏离宽严相济刑事政策的应然航向，应体现宽严相济刑事政策的基本精神。既然宽严相济刑事政策的内涵意蕴包含了"从宽""从严"或"宽中有严""严中有宽"，那么，食品安全"零容忍"政策也要体现宽严相济中的"宽中有严""严中有宽"。事实上，食品安全"零容忍"政策并非意味着对危害食品安全犯罪的重刑化，而是更多地体现宽严相济中的"严密法网"，对犯罪的有效打击与预防不是刑罚的严酷性而是刑罚的确定性和不可避免性。

（三）我国食品安全刑事立法"零容忍"政策之实践基础

刑事政策作为公共政策的一部分，是刑事治理理念和策略的规范化和体系化的集中表现。它往往是根据某一历史时期内犯罪发展态势和社会形势由执政党和国家提出、倡导并贯彻落实的用以抗制犯罪的方针、策略。因此，刑事政策的重要来源就是执政党和国家领导层的远见慧识，或者是公安司法机关应对相应犯罪的规范性文件。[1]并且，刑事政策不是自始便有，也不是一成不变的。新中国成立以来，一般认为，我国的基本刑事政策经历了从"惩办与宽大相结合"到"宽严相济"的演变过程。我国危害食品安全犯罪"零容忍"具体刑事政策的提出也是来自于国家领导层的诸多发言和公安司法机关的规范性文件。[2]中央多次强调食品安全是最大的民生问题，而食品安全刑事立法"零容忍"政策正是体现了民生为本的理念。对此，我们从一些国家领导层的发言或讲话就可以直接感知到。2017年1月3日，习近平总书记在全国食品安全会议上对食品安全

---

[1] 曲新久：《刑事政策的权力分析》，中国政法大学出版社2002年版，第5页。
[2] 邵彦铭："我国食品安全犯罪治理刑事政策的反思与重构"，载《河北法学》2015年第8期。

第二章 我国食品安全刑事立法"零容忍"政策之倡导

工作提出了要求,强调坚持最严谨的标准、最严格的监管、最严厉的处罚、最严肃的问责,增强食品安全监管的统一性和专业性,加强从农田到餐桌全过程食品安全工作,严防、严管、严控食品安全风险,确保人民群众"舌尖上的安全"。国务院总理李克强在全国加强食品安全工作电视电话会议上也强调,要坚持源头控制、产管并重、重典治乱,依法严把从农田到餐桌的每一道防线,以"零容忍"的举措惩治食品安全违法犯罪,以持续的努力确保群众"舌尖上的安全"。[1]李克强总理还在食品安全委员会的公开讲话中指出,食品安全治理在思想上要做好长期准备,在方法上要坚持综合治理,在政府职能上要加强监管,在企业责任上要加强约束,一定要对食品安全犯罪"零容忍"。全国人大法工委在食品安全新闻发布会上指出,食品安全必须是"零容忍",必须是法制和监管"两手抓"。公安部副部长在全国食品安全宣传周也有类似发言,公安部要加大打击力度,从源头上治理,对食品安全犯罪坚持"零容忍"。与此同时,最高人民检察院在发布的《关于依法严惩危害食品安全犯罪和相关职务犯罪活动的通知》中也提出了对食品安全职务犯罪的"零容忍"。[2]还有两高、公安部和司法部联合发布的《关于依法严惩危害食品安全犯罪活动的通知》强调要坚决依法严惩危害食品安全犯罪的惯犯、累犯、共同犯罪中的主犯以及对人体健康造成严重危害和销售金额巨大的犯罪分子,加大财产刑适用力度,从严控制适用缓刑和免于刑事处罚。这些

---

[1] 转引自于浩、董军:"食品安全治理行刑衔接制度之构建——以近年来北京市T区行政执法与刑事司法衔接工作为蓝本",载《河南工程学院学报(社会科学版)》2018年第2期。

[2] 邵彦铭:"我国食品安全犯罪治理刑事政策的反思与重构",载《河北法学》2015年第8期。

国家领导层以及国家机关在不同场合均对食品安全"零容忍"作了具有相似意蕴的表述,并将其运用到实践中。这充分显示我国已经将"零容忍"作为食品安全的具体刑事政策,并付诸实践。

三、我国食品安全刑事立法"零容忍"政策之设想

针对风险社会和风险刑法的背景,尤其是食品安全事件仍然层出不穷且发展态势依旧严峻的情势,反思当前我国食品安全刑事立法"厉而不严"的刑事政策,不免引发我们的进一步思考:基于刑事立法政策层面,如何进行调适以科学、有效地防止、减少危害食品安全犯罪?由于促发危害食品安全犯罪的因素多元而复杂,因此食品安全治理必然千头万绪,无疑是一项复杂的多元化体系工程。基于宽严相济的理念,欲想倡导食品安全刑事立法"零容忍"政策收获预期的社会效果,需要国家和社会"二元"结合,需要刑法内外联动,共筑社会综合治理体系。

(一)"综合防控"是食品安全刑事立法"零容忍"政策的基本支点

当前,我国食品安全刑事立法"厉而不严"的刑事政策的突出问题主要体现在以国家为本位的犯罪控制理念的偏颇性、控制手段的局限性与治理能力的有限性。因为危害食品安全犯罪的有效治理不仅需要我们转向以国家与社会为本位的犯罪控制理念,而且需要确立食品安全"零容忍"刑事政策。[1]其中,"综合防控"是未来食品安全刑事立法的基本支点。

---

[1] 储槐植、李莎莎:"论我国食品安全犯罪刑事政策",载《湖南师范大学社会科学学报》2012年第2期。

1. 完善前置性民事、经济、行政等法律法规，与刑法合力控制危害食品安全犯罪

运用刑法手段打击、制止危害食品安全犯罪或许具有一定的威慑力和治理效果，但刑法所蕴含的谦抑精神决定了刑法必须是其他法律的后盾法，也即刑法的最后手段性。不仅如此，危害食品安全犯罪所具有的法定犯、经济犯性质也决定了先以民事、经济或行政等前置法体系防控食品安全的必要性，刑法只具有"二次法"的性质。这就意味着治理食品安全犯罪需要"一次法"和"二次法"的合力防控，也即建立以行政严管为基础、以刑法为保障的行刑防控体系。其中，行政严管有着远胜于"严打"的实体效用，因此努力建构不留任何责任空隙的精细规则，进行科学管理、严格执法是治理食品安全问题的关键。

2. 健全市场经济体制，加强食品安全全方位监管

虽然从一定程度上说"食品安全是生产出来的，而不是监管出来的"，但对于食品安全的外在制约不可或缺。当前，我国食品安全问题高发、多发的态势与政府食品监管不力或许有一定的关联，因为我国目前按照食物链条的环节实行"划江而治"的监管模式，这就必然涉及农业、工商、质检、商务、卫生、食品药品等诸多监管部门，因此责任划分不清晰、职能相互交叉以及存在监管漏洞等弊端难以避免。令人欣慰的是，党的十八大之后，随着行政权力的不断"瘦身"，我国食品监管体制改革逐步深化，贯彻"关口前移"和"预防为主"的执法理念，在中央基本形成了食药总局、农业部和卫计委"三位一体"的食品安全监管体制，在地方逐步推进跨部门、跨行业的综合执法。然而，由于我国各地发展极不平衡，食品安全行政执法仍

存在诸多制约瓶颈，而且"顶层设计"过于宏观，微观方案并未形成共识，导致"基层创新"方向难辨，步履维艰。〔1〕因此，需要不断完善食品安全监管机制，理顺食品监管机构的关系，逐步建立经济调节、市场监管、社会管理与公共服务的"四位一体"模式，〔2〕使食品安全的外在制约不留死角。

3. 理顺市场经济体制，健全食品行业质量安全市场准入制度〔3〕

健康、良好的市场机制离不开事前预防、事中调节和事后惩戒的综合干预。为制止恶性竞争，还餐桌上以安全，保护广大消费者的合法权益，必须健全食品行业质量安全市场准入制度，严格食品市场的许可制度，将不合格或不安全的食品扼杀在摇篮里，并通过优胜劣汰的市场机制淘汰落后的食品生产经营者，充分发挥市场机制优化配置资源的基础性作用。

4. 发挥社会和广大民众的积极性，实现对食品安全问题的综合治理

对食品安全违法犯罪的防控体系需要从国家本位的一元防控模式转向国家与社会双本位的综合治理模式，正确处理好政府、行业协会、食品企业、消费者之间的关系，充分发挥、动员社会和广大民众的力量，实现对食品安全的综合治理：一是充分发挥食品行业协会的作用，通过行规行约强化行业自律，提升行业自我约束、自我管理和自我监督的能力，协调行业关

---

〔1〕 李春雷、任韧："我国食品药品犯罪防治回顾与前瞻"，载《中国人民公安大学学报（社会科学版）》2015年第4期。

〔2〕 易培强："改善民生要着力解决的几个问题"，载《湖南师范大学社会科学学报》2010年第3期。

〔3〕 李莎莎："非传统安全视角下食品安全犯罪的刑事政策及立法"，载《河南大学学报（社会科学版）》2014年第2期。

系，激发行业正能量，引领行业健康良性发展；二是充分发挥广大消费者和民众的作用，增强广大消费者和民众的维权意识，鼓励打假、举报等维权行为，设立食品安全违法犯罪举报电话，大力倡导拒绝一切伪劣食品；三是充分发挥新闻媒体的监督作用，大力支持新闻媒体对食品安全违法犯罪行为的采访报道，形成弘扬正气的舆论宣传，扩大其社会影响，努力打造抗制食品安全违法犯罪的社会屏障。

5. 增强市场主体的法律意识和道德自律意识，强化对食品安全的主体责任感

市场经济既是平等经济，同时又是法治经济，一切市场经济主体都必须在法律的框架下开展经济活动。食品生产经营者为食品安全问题的第一责任人，不仅需要树立强烈的法治观念、契约意识、权利义务统一意识和公平竞争意识，而且更需要遵法守矩，坚守食品安全生产经营的底线，拒绝实施一切食品安全违法犯罪行为。为此，应该将伦理教育与法制教育看作食品生产经营者和食品企业思想政治教育的重中之重，使食品安全相关法律法规的学习成为食品生产经营企业上至领导下至员工的常态。这些重要举措都需要良好的市场经济伦理基础作为核心支撑点，因为市场经济良好道德伦理的养成，市场经济主体良好的诚信认同感，是治理与预防危害食品安全违法犯罪的第一道防线。

(二) 严密刑事法网是食品安全刑事立法"零容忍"政策的坚强后盾

实现食品安全"零容忍"的有效路径是严密刑事法网，恰恰相反，我国刑法在食品安全规制范围上呈现出了刑事法网疏漏之弊病，因而当前食品安全刑事立法的重心在于严密刑事法

网,合理、适度地扩容刑法规制危害食品安全犯罪的调控范围。

其一,首先基于风险社会和风险刑法的理论,针对各种社会问题的复杂性、危险性,使刑法的守备范围适度扩张或使刑法的防线适度提前,通过预备行为犯罪化、帮助行为正犯化或抽象危险犯的扩大化等方式完成从非罪化到犯罪化、从结果犯到具体危险犯、从具体危险犯到抽象危险犯、从消极的一般预防到积极的规范预防、从结果无价值到行为无价值的立法转变,以达至刑法有效保护法益的立法目的。

其二,完善危害食品安全犯罪的刑事责任制度,实现与《食品安全法》中的行政责任的有效衔接,追究食品安全严重不作为者的刑事责任,对问题食品不召回且造成严重后果的行为追究刑事责任,对进口不安全食品犯罪进行刑事处罚,对食品安全过失犯罪进行刑事处罚等。[1]

其三,进一步严密对食品安全各个环节的刑事法网规制,涵盖从农产品的种植、饲养到食品的生产、加工、存储再到运输、销售、消费等整个食物链条,增设食品安全不作为犯罪和持有型犯罪等。

其四,进一步严密食品安全行为对象的规制范围,囊括农产品、食品以及食品相关产品等整个食物对象,并进一步明晰危害食品安全犯罪中的"食品""食品添加剂"以及"食品安全标准"的范围。

---

[1] 邵彦铭:"我国食品安全犯罪治理刑事政策的反思与重构",载《河北法学》2015年第8期。

（三）"严而不厉"是食品安全刑事立法"零容忍"政策的主要方向

可以说，我国对危害食品安全犯罪的处罚已经达到"厉"的程度，呈现出"厉而不严"的刑罚结构状态。对危害食品安全犯罪最有力的惩罚与其说是刑罚的严苛性，不如说是刑罚的确定性和不可避免性。因此，我国食品安全刑事立法政策应从"厉而不严"转向"严而不厉"，因为"严而不厉"是刑罚结构的最优组合，其中的"严"就是刑事法网的严密，而"不厉"指的是刑罚不严厉。显而易见，当前我国危害食品安全犯罪的刑罚设置可谓重刑有余而轻缓不足，存在诸多不合理之处，对危害食品安全犯罪的刑罚设定难以达到一般预防与特殊预防的刑罚目的。因此，危害食品安全犯罪的刑罚设定应该朝着宽严有度、科学合理的方向发展。为使我国危害食品安全犯罪的刑罚结构达到"严而不厉"的良性状态，我们应该做到以下几点：一是逐步废除死刑。过于倚重死刑并不会达到预期目标，其效果往往会适得其反，因为一些利欲熏心的违法犯罪分子对刑罚轻重与犯罪收益大小的权衡往往无视前者而偏重后者。[1]"生产、销售有毒、有害食品罪"尽管也附随致人伤亡的严重后果，但它仍属于经济类犯罪范畴，犯罪分子大都是受到了高额利益的诱惑，对其适用死刑未必能够实现惩罚与预防犯罪的目的。如果说当前废除死刑的条件尚未成熟的话，可以在司法上将危害食品安全犯罪的适用死刑限定于"产品的生产者"，这样不仅符合现行刑法的立法政策，而且与当前严格限制死刑的刑事政策相吻合，同时也可在一定程度上满足民众的报应心理；二是

---

[1] 左袖阳："关于当前食品安全刑事立法政策的反思"，载《中国人民公安大学学报（社会科学版）》2015年第3期。

降低危害食品安全犯罪的起刑点。当前,危害食品安全犯罪的起刑点限定在徒刑以上,未免过于严厉,基于罪责刑相适应原则,可以设置单处罚金或管制、拘役,这样可以使刑罚结构趋于轻缓;三是刑种多样化,增设资格刑。在一定期限内禁止从事食品相关职业;四是优化刑罚结构,调适刑种与刑度的设置,使制刑政策趋于科学化、合理化,既符合"严而不厉"的刑罚结构趋向,同时也契合宽严相济刑事政策的基本精神。

最后,需要进一步澄清的是,笔者所倡导的食品安全刑事立法"零容忍"政策并非意味着赞同食品安全犯罪的重刑化政策。随着食品安全事件的频发、多发,食品安全犯罪的重刑化政策无论在刑事立法上,还是在刑事司法上都体现得较为明显,但多年来的社会实践证明,重刑化不是也不应是预防犯罪的政策选择。[1]笔者在反思当前食品安全犯罪的重刑化政策的基础上呼吁食品安全犯罪刑事政策回归科学化的规范机制。如上所述,笔者所倡导的食品安全刑事立法"零容忍"政策是从"严而不厉"视角来说的,也即是食品安全未来刑事立法应朝着"严密法网、刑罚不严苛"的科学化方向发展。

---

[1] 陈伟、霍俊阁:"食品安全犯罪重刑化政策的法社会学反思——以食品安全焦虑为视角",载《学术研究》2018年第12期。

第三章
当前我国危害食品安全犯罪体系存在的不足

众所周知,刑法由犯罪与刑罚两部分组合而成,犯罪是前因,而刑罚是后果,它体现了罪刑之间不可或缺的质的因果性联系和量的相适应性关系。倘若刑法中有关某类犯罪罪名的规制不甚严密,漏洞百出,那么其不可能起到堵截和预防此类犯罪的作用。倘若刑法分则某具体条款只规定犯罪,而不规定相应的刑罚,就属于"没有刑罚的犯罪",该条款将形同虚设,其背后隐藏的行为规范也会因缺乏刑罚的保障而难以为人们所遵守和执行,[1]必将寿终正寝。同理,倘若刑法为某一具体犯罪配置的法定刑不合理或不科学,也不可能起到有效遏制犯罪的预期效果。所以,治理与预防危害食品安全犯罪不仅需要注重罪名体系的设置,而且需要注重对刑罚体系的合理建构,唯有实现这两者的相依相随才能达到刑法保护法益与保障权利的协调发展。尤其是在风险社会和风险刑法的背景下,刑法需要作与时俱进的立法转型。因此,我们有必要审视当前我国危害食

---

[1] 魏在军:"我国食品安全刑法规制体系的完善",载《西南石油大学学报(社会科学版)》2015年第1期。

品安全犯罪体系的缺陷与不足，以便构建更为全面的保护食品安全的刑法平台，有效地发挥刑法的保护与保障功能。

一、我国危害食品安全犯罪罪名体系之不足

罪名体系在整个刑法理论体系中占据中心地位，它是对犯罪所做的科学抽象、概括和规范展开。尽管不同法系所建构的罪名体系大体相似，其内部构造无外乎涵盖犯罪行为和结果、犯罪行为侵害的法益、行为的主体以及行为时的有罪心态。然而，人们长期积累的认识经验表明，即使事物的结构或成分相似，但如果其结构或成分的有机组合不同，事物呈现的状态和性质也必然有异。从1993年我国首次增设危害食品安全犯罪以来，经过几十年的立法嬗变，最终形成了如今的危害食品安全犯罪罪名体系。那么，我国当前危害食品安全犯罪的罪名体系在行为样态、行为对象和主观罪过等方面自有其不同的属性，通过梳理这些呈现出来的特性从中发现其存在的不足，并结合有益经验，或许能够找寻出予以完善的依据和理由，以便达致完善的研究目的。

（一）我国危害食品安全犯罪行为样态的疏漏

"无行为则无犯罪"，这一古老谚语集中诠释着行为样态在犯罪中的重要程度，行为被作为犯罪对待的根据就在于该行为所具有的社会危害性，刑法所规制的犯罪首先表现为人的一种危害社会的行为，而且行为样态是一切犯罪构成在客观方面都必须具备的要件。由于不同行为样态对社会的危害程度总是存在差异，立法者对其采取的惩治和预防的策略与方法也"因行而异"和"因罪而异"，进而针对不同类型犯罪"因地制宜"地设置不同的犯罪模式。

第三章　当前我国危害食品安全犯罪体系存在的不足

1. 我国危害食品安全犯罪行为样态疏漏之表现

危害行为决定着犯罪成立的罪质与罪量，所以刑法介入的可能性取决于一定行为的社会危害性程度。[1]那么，就我国危害食品安全犯罪的基本罪名而言，从刑法规制的行为样态上说，我国对食品安全行为方式规制范围较为狭小，仅限于生产、销售、非法掺入和监管行为。实际上，在现代工业化技术和发达的现代物流业的催动下，食品作为人类赖以生存的必需品，不仅仅种类繁多，既包括直接食用的农产品，也涵盖经过复杂工艺而生产的精致或高端食品；既包括从田野直接进入市场的粗粮食品，也涵盖经过长途跋涉或网络营销的食品。而且，这些食品无论在种植、养殖环节，还是在生产、加工环节，抑或是在贮藏、销售环节，都有可能受到侵蚀，稍有不慎，便会爆发食品安全问题。最为常见的表现形式有在农产品的培育与种植过程中过度使用农药化肥、植物激素，在动物饲养过程中滥用添加剂和激素，生产加工、贮藏运输、销售伪劣食品，更改食品保质期，销售过期食品，在食品加工过程中使用不符合安全标准的包装物或不合格的回收废料，食品添加剂超标违规使用，添加非食品添加剂，无证生产经营食品，食品加工环境脏乱差，食品卫生标准不达标、食品不合格、向食品喷洒、浸泡药物或食品农药残留超标等，整个食品链条存在的不安全因素使得民众对问题食品防不胜防。[2]可见，我国现行刑法对食品安全行为样态的规定不仅与现代工业化分工愈发细密化和层次化的特点不相符合，而且与新修订的《食品安全法》极不衔接。《食品

---

[1] 张德军："中国食品安全刑法改革的系统性思路与进路"，载《理论学刊》2015年第2期。

[2] 陈涛、潘宁："食品安全犯罪现状与治理"，载《中国人民公安大学学报（社会科学版）》2015年第4期。

安全法》对危害食品安全犯罪的行为所做的细分涵盖了农产品的种植、养殖、供应和食品的生产、加工、包装、运输、贮藏、销售等一系列与食品安全相关的活动，这就必然会使得许多生产、销售以外的危害食品安全行为游离于《刑法》的规制范围之外，出现了刑法管控的真空，从而导致了刑事法与行政法的严重脱节。实际上，随着社会产业化的发展，每一领域的分工都越来越精细化，食品安全问题覆盖了从农田、养殖场、工作间到餐桌的全方位的过程，被分割成各个不同的环节，除了典型的生产、销售和监管行为外，还包括食用农产品的种植、养殖环节以及食品的加工、制作、储备、运输、消费等环节，其中每一细微环节或过程都有可能隐藏食品安全隐患，这些不安全因素都会酿成食品安全事件。

针对上述严重危害食品安全的行为，现行刑法在有些时候会因缺乏明确的规制而难以定罪处刑，只得寻求其他解决路径。尽管立法者也意识到对食品安全的保护应该涉及各个环节和诸多行为方式，但法律不能朝令夕改，只得将规制危害食品安全犯罪不完善的问题留给司法解释来解决。譬如，2013年两高发布的刑事司法解释针对刑法规制危害食品安全犯罪存在明显不足的问题给出了诸多修正措施。较为典型的是该司法解释将在食品运输、贮藏等过程中违反食品安全标准，超限量或超范围滥用食品添加剂，足以造成严重食物中毒事故或其他严重食源性疾病的行为以"生产、销售不符合安全标准的食品罪"定性，对生产、销售不符合食品安全标准的食品添加剂的行为按照"生产、销售伪劣产品罪"处罚，将运输、贮存等行为扩大解释为生产、销售食品行为。虽然该司法解释解决了一些危及食品安全的行为无法被定性的问题，但是也存在值得质疑的地方：

一是该司法解释以简单列举的方式无法穷尽危及食品安全且应受刑罚处罚的行为；二是该司法解释对一些行为的认定明显超出了对罪名的扩张解释，造成了对刑法其他罪名适用的极大干扰。

针对上述不法行为，还有人提出可以通过共犯理论予以认定，以弥补立法漏洞。事实上，司法实践中一般也是这样做的，将明知情况下为危害食品安全行为提供加工、包装、邮寄、运输、贮藏等便利条件的行为以共犯论处。并且，对于这些帮助行为以共犯论处并非空穴来风，而是有法律依据的。例如，2001年最高人民法院出台的《关于办理生产、销售伪劣商品刑事案件具体应用法律若干问题的解释》规定，将知道或者应当知道他人实施生产、销售伪劣商品犯罪，而为其提供运输、仓储、保管、邮寄等便利条件的，以生产、销售伪劣商品犯罪的共犯论处。再如，2012年两高和公安部联合颁布的《关于依法严惩"地沟油"犯罪活动的通知》同样采取了以共犯处理模式，即知道或应当知道他人实施以上第1、2、3款犯罪行为，而为其掏捞、加工、贩运"地沟油"，或者提供贷款、资金、账号、发票、证明、许可证，或者提供技术、生产、经营场所、运输、仓储、保管等便利条件的，依照本条第1、2、3款犯罪的共犯论处。但是，这种以共犯论处的做法无疑也会带来些许不周延性甚至困境：一是将上述帮助行为作为共犯处理，并未考虑到这些行为的差异性，不利于对危害食品安全犯罪行为的区别对待；[1]二是如果上述帮助行为在明知或应知情况下，行为人辩称不知情而又欠缺有关证据予以证明，则难以将其认定为犯罪；

---

[1] 左袖阳："关于当前食品安全刑事立法政策的反思"，载《中国人民公安大学学报（社会科学版）》2015年第3期。

三是当生产者或销售者不知情或不构成犯罪时，由于正犯的缺位而对上述帮助行为予以犯罪化，或以片面帮助犯或以间接正犯处罚，[1]于情于理均不相符合；四是如果对上述帮助行为以共犯行为正犯化处理，由于存在不同程度的情节，造成危害食品安全的严重后果的毕竟并非是上述帮助行为，以共犯行为正犯化处理会出现罪刑不均衡之情形，有扩大处罚力度之嫌；[2]五是我国危害食品安全犯罪立法始终没有走出仅规制生产、销售行为的窠臼，尽管前述司法解释将一些危及食品安全的帮助行为犯罪化，但其仅是基于共犯理论的当然解释，刑法并没有对生产、销售前的预备行为（研制行为、购买行为或储备行为等）进行明确规制，此类行为如果不能定罪处刑，则只能等到进入生产销售阶段再予以处罚，由于此类行为得不到及时打击而导致犯罪进一步升级或扩散，这样的刑事保护方式明显过于迟缓。

行为样态与设罪模式紧密相连，在一定程度上决定着该罪设罪模式的趋向。"生产、销售不符合安全标准的食品罪"之基本犯属于具体危险犯，其行为必须具有"足以"的危险才能构成犯罪。根据两高于2001年发布的《关于办理生产、销售伪劣商品刑事案件具体应用法律若干问题的解释》的规定，对这一"足以"的危险程度的认定需要经省级以上卫生行政部门确定的机构鉴定。也即只有某种行为不符合食品安全标准仍不能成立本罪，还需要作出发生严重食物中毒或严重食源性疾病危险的鉴

---

[1] 这一问题涉及正犯、共犯以及间接正犯三者错综复杂的问题，其中有一点值得思考：如果根据共犯从属性学说，本犯没有犯罪故意或不以犯罪论处，则共犯或间接正犯没有存在的必要。

[2] 全其宪："食品安全犯罪的立法分析"，载《理论探索》2014年第3期。

定。[1]如此要求，会直接导致刑法保护不力的问题。司法实践中，"生产、销售不符合安全标准的食品罪"的犯罪数量和比例远大于"生产、销售有毒、有害食品罪"。这样的设罪模式使得现实中对于触犯"生产、销售不符合安全标准的食品罪"的犯罪分子，要么无法打击，要么打击不力，这无疑会在很大程度上放纵此类犯罪。

与此不同，"生产、销售有毒、有害食品罪"之基本犯系抽象危险犯，只要实施了非法掺入或销售行为就可以成立本罪之基本犯，并不需要考虑是否"足以"引起某种危险。相比较生产、销售型食品罪，显而易见，前者不易操作，会引发诸多司法问题，而后者更利于操作，且立法严密。

2. 周延我国危害食品安全犯罪行为样态的退思

（1）对一些国家或地区危害食品安全犯罪行为样态的考察。仔细考察一些国家或地区危害食品安全犯罪的行为样态，其中有一个共同特点，就是行为样态丰富多样、种类繁多，大都以抽象危险犯为其设罪模式。譬如，美国危害食品安全犯罪立法不仅将典型的生产与销售等行为作为常态的犯罪行为，而且将诸如加工、包装、储藏、保管、邮寄、运输、派送、引进、记录、接收、持有、公示、召回、记录、进出口、虚假保证、拒绝检查等许多行为均规定为实行行为，纳入刑事立法的调控范围。不仅如此，美国食品安全立法基本上以抽象危险犯为统一设罪模式，即行为人一旦实施了相应的行为，无需导致任何结果便可以成立相应的食品犯罪。[2]不难发现，美国规定的危害

---

〔1〕 左袖阳：“食品安全刑法立法的回顾与展望”，载《湖北社会科学》2012年第5期。

〔2〕 左袖阳：“中美食品安全刑事立法特征比较分析”，载《中国刑事法杂志》2012年第1期。

食品安全犯罪的入罪门槛较低，刑事法网极为严密。

日本刑法典中涉及的危害食品安全犯罪主要是有关饮用水的犯罪，而其他食品药品安全犯罪则主要集中在1948年制定的《食品卫生法》中。其立法调控范围不仅包括生产、销售行为，而且涵盖采集、制造、使用、进口、调制、加工、储藏或陈列等行为方式，是规制了食品"从农田到餐桌"全过程的刑事监管体系。而《食品卫生法》也大多采取抽象危险犯的立法模式对危害食品安全犯罪进行处罚。

针对危害食品安全犯罪，在行为方式的立法调控上，德国不仅规定了典型的生产、销售行为，而且还规定了陈列、处理、试验、寄放、提供、照射、公示以及欺骗性公告等行为。并且，德国食品安全立法大量设置抽象危险犯，对生产、销售不安全食品药品行为课以刑罚。

《俄罗斯刑法典》对食品安全的规制行为涵盖了生产、销售、存储、运输行为；从事工作、提供服务行为；非法发放或使用证明文件行为。在设罪模式的问题上，《俄罗斯刑法典》针对危害食品安全的设罪模式包括结果犯和行为犯。[1]

（2）对我国的启示与思考。行为样态及其犯罪构成模式在刑法中发挥着极其重要的作用，它不仅直接影响犯罪圈的大小和某一类犯罪的法网疏密程度，而且也可体现出国家对不同行为样态的刑事政策态度和刑事政策的价值取向。[2]基于此，我们将细致分析我国危害食品安全犯罪行为样态及其设罪模式，

---

[1] 吴占英："中俄刑法典有关危害食品安全犯罪的规定之比较"，载《政法论丛》2013年第1期。

[2] 柳忠卫、常德宝："论食品安全犯罪犯罪构成模式的理性建构"，载赵秉志、张军主编：《刑法与宪法之协调发展》（下卷），中国公安大学出版社2012年版，第1144～1145页。

第三章 当前我国危害食品安全犯罪体系存在的不足

并深入考察一些国家或地区危害食品安全犯罪的行为样态及设罪模式，从中作一比较，并悟出可资借鉴的经验。

其一，规制行为样态范围更广。中外危害食品安全犯罪的行为样态差别较大，食品安全刑事立法比较完善的国家或地区，往往将各个环节的行为都融入刑法的调控范围。因此，基于严密刑事法网的考虑，我国危害食品安全犯罪行为方式是否应扩容？如何扩容？是否有必要增设新罪名？这些问题需要做进一步探寻。

其二，帮助行为正犯化。不管是英美法系国家或地区还是大陆法系国家或地区，尽管对危害食品安全犯罪规制的行为样态所作的具体规定各不相同，但都呈现出一个共同的问题：对于许多危害食品安全犯罪的帮助行为（如食品或原材料的提供、运送、贮藏等行为），往往通过刑事立法明确规定为实行行为。如此，不仅避免了认定危害食品安全犯罪帮助犯的操作困境与尴尬，而且也避免了与罪刑法定相抵触。相比之下，我国危害食品安全犯罪刑法规制行为样态还较为粗疏，有必要延展危害食品安全犯罪的打击环节，严密法网。

其三，入罪门槛较低。就危害食品安全犯罪之基本犯而言，我国危害食品安全基本犯罪构成模式是具体危险犯与抽象危险犯平分秋色，将"生产、销售不符合安全标准的食品罪"设置为具体危险犯，其入罪门槛较高。而先进经验是将有关危害食品安全犯罪的构成模式设定为抽象危险犯，即只要实施了相应的危害食品安全行为便构成犯罪。可见，从危害食品安全犯罪之基本犯成立条件上看，我国有关危害食品安全犯罪的入罪门槛较高。因此，基于风险社会与风险刑法的考量，我国有关危害食品安全犯罪的设罪模式是继续坚持具体危险犯，等待危害结果发生或扩大后再加重惩罚。对此，我们应该做出改变。

(二) 我国危害食品安全犯罪行为对象的狭窄

任何一种具体的犯罪行为都要直接或间接作用于一定的具体人或具体物，这就是我们所说的行为对象，犯罪行为就是作用于一定的行为对象（即具体人或具体物）来侵害一定社会关系的。因而，某一具体犯罪的行为对象的厘定预示着侵害法益的性质与方向，同时也决定着某种具体犯罪的犯罪圈的大小。

1. 我国危害食品安全犯罪行为对象狭窄之表现

从我国《刑法》第143条和第144条的规定可知，危害食品安全犯罪之基本犯的行为对象分别为不符合安全标准的食品与有毒、有害食品，仅限于食品的内涵范畴。因为危害食品安全犯罪兼具行政违法和刑事违法的双重属性，在界定食品范围的问题上应当以我国《食品安全法》的立法旨意为标准，但现行刑法规定的危害食品安全犯罪的行为对象与新的《食品安全法》极不协调。新修订的《食品安全法》不仅采用明确列举和模糊兜底的方式归纳了不符合安全标准的食品的范围（其中第28条较为详尽地列举了11种禁止生产经营的食品），而且将食品扩容到食用农产品、食品添加剂、食品的包装材料、容器、洗涤剂、消毒剂以及食品相关产品即用于食品生产经营的工具、设备等。那么，如果刑法严格援引作为前置法的《食品安全法》所厘定的有关食品概念的内涵与外延，刑法所规定的行为对象显然并不能涵盖上述诸多相关对象，从而使这些对象无法被纳入刑法规制的射程范围，这就必然会导致规制危害食品安全犯罪的刑事法网存在严重疏漏，致使与食品安全相关的行为对象得不到应有的保护。

2. 扩展我国危害食品安全犯罪行为对象的思考

（1）对域外国家或地区危害食品安全犯罪行为对象的考察。深入考察域外一些国家或地区危害食品安全犯罪的行为对象，其涉及的范围十分宽泛，有关危害食品安全犯罪的规制行为对象不仅涉及食品、食品包装或有关食品器具，而且涵盖清洁水、饮用奶、肉制品、蛋产品等诸多事项，形成了极为严密的食品安全保护法网。譬如，美国的食品安全法涵盖了食品安全犯罪的成品、原料与生产条件三个环节。[1]

德国的食品安全立法体系庞杂，其中以《食品与日用品法》最为重要。其将食品、添加剂或离子交换剂以及原材料等均纳入了规制范围，形成了较为完整的保护食品安全链条。

《日本刑法典》主要规定了有关饮用水的犯罪，而其他危害食品安全犯罪主要集中在《食品卫生法》中，规制了食品、添加剂、病死动物、化合用品等，形成了从"农田到餐桌"的全过程刑事监管体系。

总之，域外国家或地区对危害食品安全犯罪的行为对象的规制存在不同的表述。如西班牙、土耳其、保加利亚、喀麦隆等很多国家都将食品与饮料予以区分，共同作为本罪的对象；《挪威一般公民刑法典》将人类食品、兴奋饮料和动物食料并列为危害食品安全犯罪的规制对象；《蒙古国刑法典》将食品和使用法律禁止的原材料配制含酒精的饮料作为食品安全的规制对象。

（2）对我国的启示与思考。我国危害食品安全犯罪的行为对象仅包括不符合安全标准和有毒有害的食品，而域外国家或

---

[1] 张智聪、蒋颖：“由美国沙门氏菌鸡蛋召回事件看食品安全的司法实践发展”，载《中国检察官》2015年第10期。

地区危害食品安全之规制对象不仅包括饮食意义上的食品，而且涵盖非食品用途性质的其他物品，囊括了与食品生产、经营等密切相关的食品添加剂、食品包装器具等其他物品。可见，我国的刑法规制对象较域外国家或地区的刑法规制对象要狭窄得多。行为对象与行为样态紧密相连，犯罪对象内涵与外延的宽泛预示了刑法在更宽广的层面规制食品安全的严重违法行为。值得令人深入思考的问题是，基于严密刑事法网的需要，在刑事立法上是否有必要扩展危害食品安全犯罪的行为对象？我国刑法确定的危害食品安全犯罪的行为对象确实过于狭窄，并且与2015年颁布的《食品安全法》的规制对象严重脱节，这必须引起我们的高度重视。因为刑法规制的危害食品安全犯罪应当属于法定犯，必须同时具备行政不法性和刑事不法性。行政不法性是刑事不法性的前提与基础，而且"没有任何一个现行法的制度仅仅由自己来理解，它应当追溯到现行法之前的或者超越现行法此前已存在的规则，而后者之中也包含正义的规则"。[1] 所以，刑法中的危害食品安全犯罪的规制对象必须以《食品安全法》等法律法规为其前置法，其行为要素的规范判断需要参照《食品安全法》的相关规定。正因如此，刑法对危害食品安全犯罪的修正要紧跟进其前置法，并与前置法协调一致，这种刑法修正形式可以达到一劳永逸之功效。还有一种无须兴师动众就能基本达到同样效果的立法模式，那就是通过刑法解释将相关对象囊括进去，尽可能地扩展现有危害食品安全犯罪的规制范围。

---

[1] [德] H. 科殷：《法哲学》，林荣远译，华夏出版社2003年版，第165页。

(三) 我国危害食品安全犯罪主观罪过的偏颇

"无罪过则无犯罪",奉行过错责任已成为现代刑法处理犯罪的最基本归责要求,这是基于长期以来人们对犯罪现象中行为人所涵摄的不同罪过心理情状的认识。一般而论,故意犯罪比过失犯罪要严重得多。因此,现代刑法均贯彻了以处罚故意犯为原则、以处罚过失犯为例外的归责基础,我国亦不例外。由此可知,从主观恶性角度来说,主观罪过的有无是规范判断罪与非罪的分水岭,而主观罪过的程度是决定重罪与轻罪的重要指数。因此,对我国危害食品安全犯罪主观罪过进行比较分析,或许能使我们悟出一些值得借鉴的经验。

1. 我国危害食品安全犯罪主观罪过偏颇之表现

众所周知,我国危害食品安全犯罪立法遵循的是主观罪过责任原则,即行为人必须存在主观罪过才有可能被认定为犯罪。具体说来,我国危害食品安全犯罪之基本犯的主观罪过形式,通说认为均为故意,过失不构成本类罪。而过失犯的规定仅适用于食品监管渎职罪,且只有食品监管领域的工作人员这一特殊主体才能构成本罪。显而易见,本类犯罪仅处罚故意犯,而过失犯则基本排除了刑法规制,这就意味着对主观故意的认定成了构成本类犯罪的关键。刑法理论通说认为,主观故意是认识因素与意志因素的统一,认识因素是意志因素的前提和基础,它表现为对行为发生危害社会的结果或行为的危险性质的一种明知,[1]而意志因素在主观故意构造中起着决定性的作用,可归结为希望和放任两种心理态度。因此,对于本类罪之故意犯

---

[1] 逄晓枫、刘晓莉:"我国食品安全犯罪中严格责任制度的立法考量",载《理论月刊》2015年第3期。

的认定，首先必须要求行为人对其所生产、销售的"不符合安全标准的食品"和"有毒、有害的食品"的状况有明确认识，即明知，这里所说的明知不仅包括确定的明知，而且也包括推定的明知。因为，当前的司法解释通常将明知解释为知道或者应当知道。然而，在生产销售型的危害食品安全犯罪中，对食品明知的认定问题在现实的司法实践中颇为棘手。同时，我们也应该意识到，我国危害食品安全犯罪之基本犯只处罚故意犯而排除过失犯的做法会不可避免地带来诸多困境。

2. 延展我国危害食品安全犯罪主观罪过的思考

（1）对域外国家或地区危害食品安全犯罪主观罪过的考察。纵观域外国家或地区有关危害食品安全犯罪的主观罪过形式，除了以处罚故意犯为主要原则之外，还存在其他主观罪过形式。

其一，英美国家食品安全立法普遍遵循严格责任原则。美国危害食品安全犯罪立法普遍遵循的是严格责任原则，广泛适用于"公共福利犯罪"和"道德犯罪"，而在立法上惯常将故意或过失的情形作为情节加重犯。不过，虽然严格责任在美国危害食品安全犯罪立法中占据主导地位，但严格责任并非绝对的严格，立法者在少数情况下会给出一些辩护理由，例如"基于合理相信等的例外规定"。美国之所以为危害食品安全犯罪设置特定的辩护理由，是因为在飞速发展的食品生产经营领域，食品安全的标准化指数越来越专业化，不仅一般民众不甚了解，就连代表国家公权力的司法人员也难以把握。而熟谙一定技术的食品生产者、经营者对食品的生产工艺和指标参数等更为了解，因此实行举证责任倒置，让其承担适合食品安全要求的证

第三章　当前我国危害食品安全犯罪体系存在的不足

明责任在证据的提出与论证上更为适宜。[1]

其二，处罚过失危险犯。处罚过失危险犯的典型国家为德国，这也是德国食品安全立法的一大特色。譬如，《食品与日用品法》第51条规定过失违反本法第8条、第9条或第15条之规定，以足以危害健康的方式生产、加工食品，将对健康有害的物质当作食品投入流通的应当处以1年以下监禁或罚金。[2]

总的来说，大多数国家或地区都在规定故意可以成立危害食品安全犯罪以外规定了过失危害食品安全的行为，意大利、希腊、保加利亚、丹麦、土耳其、泰国、马其顿以及科索沃地区等国家或地区均采此模式。其中，少数国家将主观罪过的故意和过失规定在同一个条款中。譬如，《挪威一般公民刑法典》第359条规定："故意或过失提供下列物品予以销售的，处罚金或者三个月以下监禁……"[3]《芬兰刑法典》对故意或重大过失也有类似的规定。

（2）对我国的启示与思考。从中外有关危害食品安全犯罪的主观罪过的比较中我们可以看出，我国刑法仅处罚故意犯，而一些国家或地区不仅处罚故意犯，而且也在较为广泛的层面处罚过失犯。这就不得不使我们进一步思考以下几个问题：

其一，在现代刑法奉行以处罚故意犯为原则，以处罚过失犯为例外的归责基底下，有相当一些国家或地区将危害食品安全犯罪的过失行为纳入刑法规制视阈。其符合过失犯罪的构成机理，行为人主观上并无明确的规范违反意识，往往是对注意

---

〔1〕 左袖阳："中美食品安全刑事立法特征比较分析"，载《中国刑事法杂志》2012年第1期。

〔2〕 [德] 许乃曼："传统过失刑事责任观念在现代社会中的弊病——新的趋势与展望"，王秀梅译，载《法学家》2001年第3期。

〔3〕 《挪威一般公民刑法典》，马松建译，北京大学出版社2005年版，第69页。

义务的疏忽，其主观恶性与人身危险性明显较低，这是刑法处罚过失犯较故意犯轻缓的主要缘故。事实上，过失行为完全可以引发与故意行为相当的法益侵害，有些危害食品安全的过失犯罪所引起的危害后果甚至较故意犯更为严重。尤其是在风险社会背景下，风险无处不在，也无时不有，风险的远程效应和结果的不可预测性日趋突出，大量的过失犯罪正悄无声息地从幕后缓缓迈向前台。在食品安全领域一味坚持以处罚故意犯为原则，好像很好地保持了刑法的矜持性，殊不知，却偏离了刑法保护法益的基本任务。[1]所以，将过失行为纳入食品安全犯罪的规制视阈，不仅有助于引导和规范食品从业人员及相关人员的行为，而且可以实现故意犯与过失犯一并处罚，进而严密法网的目的。

其二，我国在食品安全领域以处罚故意犯为原则，而排除过失行为的做法，不可避免地招致了诸多问题：一方面，现实中确实存在一些食品经营者由于责任意识不强或严重不负责任等以疏忽大意或过于自信的主观心态导致的食品安全悲剧。有时，这种过失心态导致的危害后果比故意犯有过之而无不及。然而，危害食品安全犯罪的主观罪过形态只能是故意，这就使得食品安全事故责任人因过失而未尽查验和注意义务所导致的严重危害社会行为难以入罪，而只能承担民事责任或行政责任，这无疑放纵甚至纵容了食品安全的违法者，根本起不到对食品经营者的威慑和规范作用。[2]实际上，食品的生产经营者往往对食品安全负有必要的查验和注意义务，这种注意义务不仅是

---

[1] 张伟：“两岸食品安全犯罪刑事立法比较研究”，载《当代法学》2015年第2期。

[2] 刘宇萍、顾文达：“食品安全犯罪刑法规制问题及对策”，载《中国人民公安大学学报（社会科学版）》2015年第4期。

第三章　当前我国危害食品安全犯罪体系存在的不足

确保食品安全的必要保障，同时也是承担过失责任的必要条件。食品经营者只要未尽注意义务并导致了严重危害结果，迫使其承担过失责任便具有刑法的正当性。

另一方面，囿于食品安全领域只处罚故意犯，对行为人的主观故意的认定便成了其承担刑事责任的关键。因此，这就要求行为人对诸如"不符合安全标准的食品"或"有毒有害的食品"有明确认识，"是否明知"不仅在理论界存在激烈的争议，而且在司法实践中也为司法人员的举证制造了困难，加之危害食品安全犯罪行为的因果关系具有复杂性、长期性和不可预测性，如果对行为人的主观故意心态举证不能，则意味着行为人无罪，即使实施了严重危害社会的行为或造成了严重的危害后果，刑法也不能予以规制，因为刑法在食品安全领域不处罚过失犯。这就会出现刑法保护法益严重不力的局面，会背离"民众的法感情"。为追求实质正义，顺意"民众的法感情"，司法实践中有时会出现这样一种诡异现象：原本是过失犯罪，最终却被认定为故意犯罪；而原本构成此罪，最终却被认定为彼罪。[1] 种种迹象表明，或许有必要将食品安全领域的严重过失行为纳入刑法规制的视域。

总之，围绕中外危害食品安全犯罪罪名体系之比较分析，不免会引发我们进一步思考：

第一，我国与域外一些国家或地区规定的危害食品安全犯罪的侵害法益差别较大，而且域外国家或地区危害食品安全犯罪的侵害法益也不尽相同。那么，我国危害食品安全犯罪的侵害法益该何去何从？这直接关乎我国危害食品安全犯罪在刑法

---

〔1〕 高艳东："身份、责任与可罚性——三鹿案判决的规范错误与立场偏失"，载陈兴良主编：《刑事法评论》（第27卷），北京大学出版社2010年版，第408~411页。

分则体系中的归属。结合域外一些国家或地区的做法，刑法学界掀起了一股强劲的主张：将危害食品安全犯罪纳入刑法分则中的危害公共安全罪的范畴之中。那么，这种做法是否合乎刑法分则依据同类客体划分具体犯罪罪名归属的理论规则？是否符合危害食品安全犯罪的性质？将危害食品安全犯罪划归危害公共安全罪之后是否与其兼容？这些问题需要作进一步的探讨与研究。

第二，在行为样态、行为对象以及主观罪过等方面，我国危害食品安全犯罪的刑法调控范围十分有限，而域外一些国家或地区刑法规制危害食品安全犯罪的范围极为宽泛，调控周密。因此，完善我国危害食品安全犯罪刑事立法体系，拓展调控范围及调整对象，将涉及食品安全的各个环节和过程均纳入刑法规制，逐步形成严密的刑事立法体系，是当前我国解决食品安全问题的关键。那么，我国应如何扩展我国危害食品安全犯罪的刑法规制范围？增设何种危害食品安全犯罪类型？是否设置抽象危险犯，使刑法保护提前化？诸如此类的问题仍然需要进一步的思考与研究。

第三，我国刑法针对危害食品安全犯罪的规制条款比较少，而且规制的主体、对象、行为样态等都较为狭窄，这种局限性或许与我国对该类犯罪采取的单一的立法模式不无关系，对此如何进行调整也是一个值得研究的问题。

第四，我国危害食品安全犯罪罪名体系存在疏漏已成为不争之事实，亟须予以完善。法网不严密有两层含意：一方面表现为整体刑事法网或整个犯罪圈不严密，另一方面表现为个罪法网或罪状不严密，但无论怎样，两者的共同点均在于该入罪的没有入罪或未能入罪。[1]种种现象表明，我国危害食品安全

---

[1] 储槐植：“再说刑事一体化”，载《法学》2004年第3期。

犯罪的刑法法网不仅不甚严密，而且也与作为其前置性的食品安全行政法规并不衔接。因为法律不是简单拼凑的游戏，而是一项复杂的规则体系，使其良性高效运行的必要前提就是法律体系具有内在协调一致性。这正如恩格斯所言："在现代国家中，法不仅必须适应于总的经济状况，不仅必须是它的表现，而且还必须是不因内在矛盾而自己推翻自己的内部和谐一致性的表现。"〔1〕所以，努力实现《刑法》与《食品安全法》的深度对接，细密立法的目的不仅仅是保护法益，同时也是限制国家权力、保障公民权利，因而逐步编织一张严密的刑法之网，构筑一个完备的食品安全刑法保护体系至关重要，以便充分发挥刑法对食品安全领域的最后保障功能。

二、我国危害食品安全犯罪刑罚体系的不足及思考

刑罚制度是刑法威慑力的集中反映，同时也是刑法价值的实质性体现。纵观当前我国危害食品安全犯罪的刑罚制度，重刑主义倾向较为突出。生命刑与自由刑亘古至今一直占统治地位的传统刑罚惯性、当前食品领域"重典治乱"的公共舆情导向合力造成了刑法强力干预食品安全领域的重刑主义倾向。〔2〕在此社会情势下出台的《刑法修正案（八）》针对危害食品安全犯罪的修改难免会被打上重刑主义的烙印。总的来说，《刑法修正案（八）》继续保持了"生产、销售有毒、有害食品罪"抽象危险犯的设罪模式，扩展了死刑适用条件；将"生产、销售不符合卫生标准的食品罪"修改为"生产、销售不符合安全标

---

〔1〕《马克思恩格斯选集》（第4卷），人民出版社1972年版，第483页。
〔2〕张德军："中国食品安全刑法改革的系统性思路与进路"，载《理论学刊》2015年第2期。

准的食品罪",设罪条件也转换为了"生产、销售不符合安全标准",从而扩展了此罪的适用条件和范围;将危害食品安全犯罪之基本犯的罚金刑由原来的倍比制、比例制或选并制修改为无限额制和必并制;增设了"食品监管渎职罪"。这些对危害食品安全犯罪的保留与修改均体现了从重打击的刑事政策倾向。通过阐释我国危害食品安全犯罪刑罚体系存在的不足,结合域外一些国家或地区有关危害食品安全犯罪刑罚体系的安排并进行比较分析,找出中外之差距,有选择地吸纳相对先进或成熟的经验,或许对我国危害食品安全犯罪刑罚体系的完善有所裨益。

(一) 我国危害食品安全犯罪刑罚体系之不足

1. 死刑适用条件过于原则

《刑法修正案(八)》不仅使刑法介入范围呈扩展之势,而且介入力度呈趋严之势。[1]"生产、销售有毒、有害食品罪"与"生产、销售假药罪"均配置有死刑,并将两罪的死刑适用条件进一步修改为"致人死亡或者有其他特别严重情节"。可以说,这在当前或许具有一定的合理性。一方面,"生产、销售有毒、有害食品罪"作为危害食品安全犯罪中最为严重犯罪之一,是 1993 年通过的单行刑法增设的罪名,与"生产、销售假药罪"一样配置有死刑,适用于"致人死亡或者对人体健康造成其他特别严重危害"的情形。1997 年《刑法》基本吸纳并沿袭了上述规定,只是在死刑适用条件的表述上稍有改动,也即"致人死亡或者对人体健康造成特别严重危害"。而我国《刑法修正案(八)》又将两罪的死刑适用条件修改为"致人死亡或

---

[1] 刘仁文:"中国食品安全的刑法规制",载《吉林大学社会科学学报》2012 年第 4 期。

者有其他特别严重情节"。从刑适用条件的立法嬗变可以看出,该罪从设立至今延续配置了死刑,体现了立法者对该罪一贯从严惩处的立法倾向,其适用条件的描述越发严谨,并且将本罪死刑适用的条件限定于"致人死亡或其他特别严重情节",基本体现了罪责刑相适应原则,能够做到罚当其罪。

另一方面,有关食品安全问题层出不穷,像最近出现的"僵尸肉""黑心榨油"以及"毒腊肉"等,诸如此类的案例往往会成为喧嚣一时的人为性公共事件,引发公众对此类犯罪的高度关注和愤慨,要求严厉惩处危害食品安全犯罪的诉求日趋高涨,也给司法机关带来了无形的压力,此时,如何对危害食品安全的犯罪分子从严惩处便成了公众倾心关注的焦点。立法者对"生产、销售有毒、有害食品罪"配置死刑,司法机关适用死刑判处案件一定程度地迎合了民众报应主义的刑罚观,能够达到较好的法律效果与社会效果。

然而,仔细咀嚼,《刑法修正案(八)》规定的有关危害食品安全犯罪的死刑适用条件也存在诸多问题:第一,《刑法修正案(八)》对危害食品安全犯罪的死刑条件的修改有进一步扩大适用之倾向。《刑法修正案(八)》一次性取消了33种经济性、非暴力性犯罪的死刑罪名,使我国刑法的死刑条文从68个骤然降至55个,这在我国死刑立法史上具有前所未有的里程碑意义,标志着我国死刑改革迈向严格限制、减少死刑的良性发展轨道。然而,《刑法修正案(八)》对危害食品安全犯罪的死刑适用条件的规定并非完满,将其死刑条件限定于"致人死亡"固然合理,契合了与广大民众"杀人偿命"这一传统的报应惩罚观。但不无遗憾的是,《刑法修正案(八)》将死刑适用条件限定于"有其他特别严重情节"这一内涵与外延极度模糊的弹性条款，为司法机关追求实质合理、扩张适用死刑预留了较大的自由裁量权的空间。有学者就曾指出，除人身伤亡以外的其他情节，诸如销售金额是否特别巨大、犯罪动机是否特别恶劣、犯罪手段是否特别卑劣、犯罪人的主观恶性和人身危险性是否特别深重等，都可以成为能否对危害食品安全犯罪适用死刑的判断标准。[1]这就预示着司法机关在犯罪行为没有"致人死亡"的情形下，可以凭借"有其他特别严重情节"这一谁都说不清（也无需说清）的弹性条款判处犯罪人死刑，将死刑适用条款设计成如此开放的情节因素，实在与罪刑法定主义中的实质侧面——明确性原则——相背离。

2. 法定刑幅度过于宽泛

我国危害食品安全犯罪的法定刑配置基本采取了相对确定的法定刑模式，涵盖了财产刑、自由刑和死刑，而且设置了六大档法定刑幅度与区间，区别有度、轻重有别，基本符合罪刑法定与罪责刑相适应原则的总体要求。然而，仔细分析立法者对危害食品安全犯罪法定刑的设计，我们可以发现诸多问题：

其一，法定刑幅度过于宽泛，给法官预留了过大的自由裁量空间。较为明显的有"处七年以上有期徒刑或无期徒刑""处十年以上有期徒刑、无期徒刑或死刑"等，譬如，"七年以上有期徒刑"预示着法官可以在7年~15年这么大的区间确定宣告刑，显然给法官预留了过大的法定刑幅度。由于我国正式步入法制轨道的时间不是很长，法制建设仍需要进一步加强，司法人员的知识结构和专业素质均需要进一步提升。不仅如此，客

---

[1] 阴建峰、付丽凌、姜勇："制售伪劣商品犯罪之死刑究问"，载《法学杂志》2012年第11期。

第三章 当前我国危害食品安全犯罪体系存在的不足

观上作为办案的司法人员往往在法律观念、法律意识、法律思维、家庭背景、成长经历、性别年龄、经济状况、学历学识、个人喜好、个人性格、做事态度等诸多方面存在千差万别。这极有可能会导致同罪异罚、量刑畸轻畸重的情形发生，即使是犯罪性质、犯罪情节极为相似的案件，也可能会出现量刑差别较大之现象，而且法定刑幅度越大，这种不良实像就越突出。因而，如何防止量刑的畸轻畸重，实现量刑规范化是目前乃至今后司法实践亟待解决的现实问题。

其二，法定刑幅度过大，往往会造成司法实践中对危害食品安全犯罪的量刑畸轻或畸重。对于引发强烈民愤或社会影响较大的食品安全案件，司法机关往往迫于公共舆情的压力与追求实质的正义，而以法定刑的上限判处被告人刑罚，或者绕开以此罪处理的常规方式，而转定彼罪来科处重刑，以警示他人并安抚民众；对于民意反响不大或社会影响一般的食品安全案件，司法机关则往往以法定刑的下限判处被告人刑罚。可见，由于立法上的重刑倾向与司法上的畸轻畸重的双层裹挟，危害食品安全犯罪的刑罚制度被推向了极为尴尬的境遇，而法定刑幅度的过于宽泛则加剧了这一情形。我们知道，法律得以有效付诸实施的前提与其说是强制力的保障，更不如说是对法律的认同感和崇尚"法律至上"的民众信仰。要想使食品安全刑事立法得到真正的贯彻，就必须依赖于受到社会普遍道德影响的司法实践的支持，培育民众的刑罚认同感。危害食品安全犯罪从根本上说是一种超越市场规范的界限而追求高额利益的行为，行为人往往通过商业上的利弊博弈与理性权衡方才实施犯罪行为，对于高额利益的追逐欲望也远胜于对刑罚威慑力的恐惧。[1]因而，食品安全刑罚制度的设计不能无视市场经济的自身规律，需要考虑危害食品安全犯罪与市场经济存在的共生性，理性设计食品安全刑罚制度。

3. 非监禁刑缺损

目前，危害食品安全犯罪的法定刑中并没有非监禁刑，我国只规定了管制这一种非监禁的主刑，可惜远没有发挥其应有的作用。长期以来，由于社会的变迁和缺乏足够的司法资源作保障，管制刑在执行方式和执行效果上都难以达到预期的效果，这使得管制刑在适用上存在这样或那样的问题。但是，管制刑作为我国唯一的非监禁刑符合刑罚轻缓化发展趋势，对于避免监禁刑的诸多致命弊端从而实现刑罚目的具有重要意义。随着《刑法修正案（八）》增设了刑法禁止令制度，并将社区矫正制度首次写入刑法典，规定被判处管制的犯罪分子依法实行社区矫正，管制刑不再像以往那样流于形式，管制刑的春天即将到来。从危害食品安全犯罪的特质来看，这类犯罪的主要目的是牟取非法利益，其主观恶性并非深重，被判处管制的犯罪分子都要依法实行社区矫正，法官根据其犯罪情况可以同时宣告对其实行禁止令，这样更有利于遏制此类犯罪的滋生。因而，对于犯罪性质、情节较轻的犯罪人完全可以判处管制刑，无需监禁刑同样可以达到良好的法律效果和社会效果。

4. 罚金刑过于笼统

出于从严惩治危害食品安全犯罪的立法目的，《刑法修正案（八）》对此类犯罪的罚金刑设置由原来的倍比罚金制回归到无限额罚金制。虽然无限额罚金制在一定程度上具有适用上的灵

---

[1] 苏惠渔、单长宗：《市场经济与刑法——1993年刑法学术讨论会论文集》，人民法院出版社1994年版，第136页。

第三章 当前我国危害食品安全犯罪体系存在的不足

活性,能够保持刑法的稳定性,实现预防再犯的目的。但无限额罚金制的更大责难在于,它会使法官的自由裁量权具有极大滥用的风险,导致司法的随意和专横,不仅违背了罪刑法定原则,而且背离了刑法谦抑主义。[1]一般而言,罚金刑数额的大小与个罪的性质、违法所得及危害后果等密切相关,在无限额罚金制下,法官何以确定具体犯罪的罚金数额?其判断罚金的基准如何确定?立法及司法解释并无明确界定。这种无限额罚金刑,由于规定得过于笼统而使之丧失了应然的可操作性,极有可能出现刑罚不均衡之情形,尤其是不同地区、不同时期对同一种犯罪的罚金易出现畸轻畸重或罚不当罪之现象。[2]因此,立法机关或司法机关应根据不同区域的经济水平、不同食品类型、不同生产经营数额以及不同程度的危害后果,制定具体的而又可操作的罚金标准。

5. 没收财产刑未得到充分利用

众所周知,没收财产是没收犯罪者所有财产的一部分或全部,可谓是最为严厉的财产刑,它不仅可以破灭行为人以此牟利的妄想,而且可以较为彻底地剥夺其再犯能力。[3]尽管当前罚金刑倍受青睐,其判定数额可能超出犯罪者的实际承受能力,其执行效果也可能与没收财产无异,但没收财产刑的社会效果仍大于罚金刑,因为在广大民众看来,罚金刑可以一次或数次缴纳,还可以缓交甚至于减免,较为缓和,而没收财产刑往往

---

[1] 刘晓莉:"无限额罚金刑的司法适用及其未来展望——以生产、销售假药罪为视角",载《当代法学》2013年第5期。

[2] 李梁:"食品安全刑法保护的现状、问题及完善",载《法学杂志》2012年第9期。

[3] 舒洪水:"关于我国食品安全犯罪刑法规制的思考",载《河南财经政法大学学报》2012年第2期。

意味着"倾家荡产"。因此,没收财产刑无疑具有更为有效的一般预防的社会效果。然而,在打击危害食品安全犯罪中没收财产刑未能得到应有的重视和充分利用,因为在危害食品安全犯罪的刑罚设置中对于基本犯并未规定没收财产刑,而对于结果加重犯规定了"并处罚金或没收财产"。这种立法模式不仅直接导致危害食品安全犯罪之基本犯无法适用没收财产刑,而且对于危害食品安全犯罪之结果加重犯因法官会优先选择适用罚金刑而忽视对没收财产刑的适用,这就不可避免地会出现没收财产刑在此类犯罪中被架空、搁置或旁落之现象。其实,近几年的危害食品安全犯罪之所以屡禁不止、前赴后继,从一定程度上说,与此类犯罪的不良商家几乎没有因为没收财产刑而"倾家荡产"不无关系。既然因犯罪行为所带来的收益远甚于预想的风险,不闯红灯就会落后的"红灯效应"就会急剧放大,这对以逐利为导向的商家诱惑极大,[1]屡次以身试法的冲动便不可阻挡。

6. 资格刑阙如

资格刑亦称名誉刑,虽然它是刑罚体系中最为轻缓的一种,但它对于某些类型的犯罪可以起到有效预防的作用,对此不可忽视。当前,我国对资格刑的设置过于简单,除对外国人实施的驱逐出境之外,只剩下剥夺政治权利一种资格刑。尽管2015年颁布的《刑法修正案(九)》首次增设了职业禁止制度,进一步丰富了我国资格刑的内涵,但职业禁止制度的设计仍具有一定的局限性,存在针对性不强、禁止期限较短、范围较窄等弊端。实际上享有权利主体的人具有的资格丰富而广泛,不仅

---

[1] 胡成胜、盛宏文:"危害食品安全犯罪刑法规制的困境及出路",载《重庆工商大学学报(社会科学版)》2015年第5期。

有诸多人之为人的政治资格,还有驾驶机动车的资格、财务管理的资格、从事教育活动的资格、从事特定生产经营活动的资格等,不一而足。由于危害食品安全犯罪往往凭借自身特定的资格、技术或优势条件进行非法生产、经营活动,肆无忌惮地牟取非法利益。如果对危害食品安全犯罪的行为人同时附加资格刑,或剥夺某种生产经营资格,或在一定时期、一定区域禁止从事某种特定活动,使危害食品安全的犯罪行为无法延续下去,从源头到过程有效地遏制此类犯罪的滋生,能够起到特别预防的作用。

(二) 配置科学合理的刑罚体系之思考

放眼国际视阈,历经百年的文化砥砺,无论是英美法系国家或地区,抑或大陆法系的国家或地区大都形成了"罪密刑缓"的食品安全刑事保护体系。深入考察部分发达国家或地区有关食品安全刑事立法相对成熟的立法实践,洞察危害食品安全犯罪刑事立法的国际发展趋势,或许会得到诸多启示与思考,这无疑有助于我国危害食品安全犯罪刑事立法的完善。

1. 对域外国家或地区危害食品安全犯罪刑罚体系的考察

(1) 英美法系国家或地区危害食品安全犯罪的刑罚体系。美国危害食品安全犯罪立法总体上说刑罚较轻。之所以其刑罚轻缓,与其食品安全刑事立法以抽象危险犯为统一模式密不可分,行为人只要实施相应行为,无需危害结果发生,即可构成相应食品犯罪。

英国对违反《食品安全法》的制裁大致分三种情形:一是对于一般违法行为根据具体情节处以 5000 英镑的罚款或 3 个月以内的监禁;二是销售不符合质量标准要求的食品或提供食品致人健康损害的,处以最高 2 万英镑的罚款或 6 个月监禁;三是违法情节和造成后果十分严重的，对违法者最高处以无上限罚款或2年监禁。[1]

（2）大陆法系国家或地区危害食品安全犯罪的刑罚体系。

《德国刑法典》第314条规定："在被用于公共销售或消费的物品中，掺入危害健康的有毒有害物质，或销售、陈列待售或以其他方式将第2项被投毒或掺入危害健康的有毒物质的物品投入使用的，处一年以上十年以下自由刑。"[2]

《俄罗斯刑法典》将危害食品安全犯罪划分为"基本""严重"和"最严重"三个量刑档次，与我国基本一致，但其配置的刑种与刑度相差很大。具体而言，俄罗斯对危害食品安全犯罪适用的刑种只有限制自由刑与剥夺自由刑，而我国适用的刑种有拘役、有期徒刑、无期徒刑、死刑；俄罗斯对其只适用罚金刑一种，且设置的是"具体罚金制"，而我国不仅适用了罚金刑，还有没收财产，且设置的是"抽象罚金制"。俄罗斯对其规定的法定最低刑为罚金刑，法定最高刑为10年剥夺自由刑，而我国对其规定的法定最低刑为拘役，法定最高刑为死刑。[3]同时，《俄罗斯刑法典》也规定了"剥夺担任一定职务或从事某种活动的权利"这一资格刑。

《意大利刑法典》第448条规定："在5年至10年的期限内禁止从事有关职业、技艺、产业、贸易或行业，并在同样的期限内禁止担任法人和企业的领导职务。上述处罚还意味着在至

---

[1] 转引自彭玉伟："论我国食品安全犯罪刑法规制的缺陷和完善"，载《内蒙古社会科学（汉文版）》2009年第4期。

[2] 《德国刑法典》，徐久生、庄敬华译，中国方正出版社2004年版，第152页。

[3] 吴占英："中俄刑法典有关危害食品安全犯罪的规定之比较"，载《政法论丛》2013年第1期。

少两种全国发行的报纸上公布处罚判决。"〔1〕

2. 对我国的启示与思考

虽然我国有关危害食品安全犯罪之刑罚制度存在一定的缺陷与不足，但应该值得肯定，我国刑法规定的有关危害食品安全犯罪刑罚体系的安排同样也具有一定的优势：一方面是刑种的选择呈现多元化。其法定刑之配置不仅主刑包括拘役、有期徒刑、无期徒刑和死刑，而且附加刑也涵盖罚金和没收财产，这样可以应对具有不同社会危害性程度的犯罪类型；另一方面是法定刑的设置有一定的梯度。我国刑法规定的危害食品安全犯罪之基本犯的法定刑均设置为三个档次，而食品监督渎职罪的法定刑也设置为两个档次，这样可以较准确地对行为人定罪量刑，做到罪责刑相适应。

尽管我国有关食品安全犯罪刑罚体系呈现多样性和层次性等优势，但在中外食品安全犯罪刑罚制度的比较过程中，值得关注的是：其一，我国在食品安全刑事立法上重刑化倾向较为严重，几乎只有我国对此类犯罪配置有死刑或无期徒刑，而西方国家或地区却呈现刑罚轻缓之势；其二，我国食品安全刑事立法呈"厉而不严"之势，而西方国家或地区刑事立法则有"严而不厉"之状；其三，我国食品安全刑事立法刑罚制度过于宽泛，欠缺可操作性，而西方国家或地区相关刑事立法刑罚制度则具有较强的可操作性。因此，我们有必要借鉴相对成熟的经验，结合我国实际情况，以期科学、合理地完善我国危害食品安全犯罪刑罚体系。从中外有关危害食品安全犯罪的刑罚制度的比较来看，我们可以得到如下启示：

---

〔1〕 转引自杜菊、刘红：《食品安全刑事保护研究》，法律出版社2012年版，第96页。

（1）刑罚轻缓是主流。一方面表现为法定最高刑趋轻。从刑罚设置的轻重区分，大部分国家或地区将危害食品安全犯罪视为轻罪，对其规定了较低的基本法定刑。譬如，《尼日利亚刑法典》对其明文规定属于轻罪范围，新加坡、印度、挪威、芬兰、俄罗斯等国家对危害食品安全犯罪均规定了不超过2年有期徒刑或监禁。少数一些国家或地区正是因为将危害食品安全犯罪归属于危害公共安全罪而被视为重罪，所以这些国家或地区为之规定了上限较高的基本法定刑，像意大利、丹麦、冰岛等国家均配置了10年监禁或有期徒刑的最高刑期。另有一些国家如泰国、越南、希腊、西班牙、保加利亚等规定了2年以上5年以下的处于"中间地带"的刑期。

但不管怎样，世界各国刑法对危害食品安全犯罪都很少配置死刑。这是因为全面废止死刑或严格限制死刑的适用已成为世界大多数国家或地区的理性选择，全面废止死刑的国家或地区自不待言，即使是保留死刑的国家或地区也仅仅将死刑限制于很是狭小的范围内，或仅在立法上保留而在司法上搁置不用。美国保留死刑的各州通常将死刑适用对象主要限定于谋杀罪中的一级谋杀。[1]日本虽然也是保留死刑的国家，刑法中规定的死刑罪名高达17个（刑法典中12个罪名，单行刑法中5个），但实质上，日本除国事犯之外已经将死刑罪名局限于直接危及生命的杀人罪中。反观我国危害食品安全立法仍然继续坚持死刑适用，这是因为我国传统观念对死刑的威慑效果仍然有较大程度的依赖，民众对死刑的预期和民意对死刑的引导仍然存在一定的空间，我国社会的现实状况和犯罪发展态势预示着废止死刑的条件尚未成熟。因此，在现阶段，保留死刑、严格限制

---

[1] 贾宇："中国死刑必将走向废止"，载《法学》2003年第4期。

第三章 当前我国危害食品安全犯罪体系存在的不足

死刑政策已经成了共识,在此情势下,我国对危害食品安全犯罪的死刑适用该何去何从?经济犯罪领域是否确有必要适用死刑?其犯罪预防作用是否确有成效?这些问题均是一个理论与实践上亟待研究的重大命题。

另一方面的表现为起刑点更轻。就一些国家和地区危害食品安全犯罪的起刑点来说,危害食品安全犯罪之基本犯,即未达到致人伤亡的加重情节时,法定刑多为1年以内的监禁或6级以内的罚款,如其监禁刑与罚金刑为选科时,起刑点为罚金。然而,我国2011年《刑法修正案(八)》反而加重了对危害食品安全犯罪的惩治力度,将"生产、销售不符合安全标准的食品罪"之基本犯的起刑点从单处罚金提高到拘役,将"生产、销售有毒、有害食品罪"之基本犯的起刑点从拘役提升为有期徒刑,并且将单处或并处罚金的适用方式一律改为并处罚金,同时将倍比制罚金改为无限额罚金。自此,我国危害食品安全犯罪之基本犯的法定刑为3年以下有期徒刑、拘役并处罚金和5年以下有期徒刑并处罚金,其起刑点为拘役并处罚金。显然前者比后者更轻。

(2)刑罚适用多样。世界各国对危害食品安全犯罪立法不仅规定了轻重不等的自由刑,而且也规定了财产刑,即普遍设有罚金刑。一方面是对罚金刑规定的标准较为多样。如《土耳其刑法》规定以日数罚金制来计算,意大利、新加坡、泰国、俄罗斯等国家刑法规定了罚金刑的上限或下限,《蒙古国刑法》以最低工资额为罚金刑的标准,还有一些国家只是概括规定了判处罚金的要求。另一方面是对罚金刑的适用方式大致有三种:一是与自由刑选择适用,如意大利、挪威、芬兰、冰岛、蒙古等国家;二是与自由刑并科处罚,如西班牙、土耳其、泰国、喀麦隆等国家；三是与自由刑既可以选择适用，也可以并科适用，如印度与新加坡等国家。反观我国对危害食品安全犯罪罚金刑只有无限额罚金制和并处适用，其标准极为笼统，适用也极为单一。因此，我国该如何改革罚金刑的配置也是一个亟待探讨的问题。

很多国家或地区还对危害食品安全犯罪规定了各种资格刑。其主要内容包括两个方面：一是对因危害食品安全犯罪受到处罚的行为人在一定期限内禁止其从事相关职业或贸易，禁止担任相关企业或单位的领导职务；单位犯危害食品安全犯罪的，则课以一定期限的停业整顿或关闭。对此，各国的规定也不相同，有的国家规定必须剥夺相应的从业资格，而有的国家则由法官视具体情况决定是否剥夺其从业资格。二是一些国家规定对于犯罪行为所产生的有害食品予以没收，马其顿、意大利和科索沃地区等均有相似规定。因此，我国是否有必要吸收这些国家或地区的经验值得思考。

第四章
我国危害食品安全犯罪体系完善的具体建言

屡禁不止的食品安全事故促使人们深切感知到了风险不再仅仅属于他者的世界,而是日渐渗透到我们的日常生活当中,而且这种风险日常化促使被风险恐惧支配下的社会舆论不断高涨,将之从公共政策一路推进到作为最后保障法的刑法领域。[1]面对风险社会带来的挑战,风险刑法促进刑事立法适时调整,以有效弥补现行刑法应对食品安全领域犯罪体系的立法不足。鉴于此,在转变现行刑事立法模式的立场和刑事立法政策方向的基础上,将刑法防线适度前置,在刑事责任的追究上适当扩容归责的广度和深度显得尤为重要。

一、我国危害食品安全犯罪罪名体系之完善

针对我国危害食品安全犯罪刑事立法中罪名体系存在的诸多问题,在笔者看来,应当从以下几个方面对我国危害食品安全犯罪进行完善。

---

[1] 程岩:"风险规制的刑法理性重构——以风险社会理论为基础",载《中外法学》2011年第1期。

（一）我国危害食品安全犯罪在刑法分则中的归属

从"三聚氰胺"到"瘦肉精",从"地沟油"到"毒胶囊",从"毒腊肉"到"僵尸肉",令人发指的食品安全事件迭出。与此同时,学界对危害食品安全犯罪的研究也热情高涨,研究成果不断面世。其中,危害食品安全犯罪的法律归属问题一度成为很多学者论及的话题,学者们几乎异口同声地建议将危害食品安全犯罪归入危害公共安全罪一章,至今少见不同声音出现。这一立法建言随之也得到了部分司法官员的热烈响应。早在2011年的"两会"期间,河南省最高法院院长张立勇就提交议案,呼吁将生产、销售型食品罪和生产、销售假劣药品罪等五个罪名调整到危害公共安全罪中。那么,危害食品安全犯罪是否应该离开它多年来的"故土"而"移情别恋",转归危害公共安全罪一章?危害食品安全犯罪的法律归属究竟何去何从?经济秩序抑或公共安全?这尽管算不上非常宏大的问题,但其背后也蕴含着诸多值得研究的问题,关涉到刑法分则犯罪体系的调整,同时也关乎危害食品安全犯罪与其他具体个罪的协调与融合,且不能想当然地给出结论,有必要对此做审慎的理论逻辑论证。

1. "危害后果严重"不是评判主要客体的依据[1]

不可否认,危害食品安全犯罪不仅扰乱了社会主义市场经济,更是对广大民众的身体健康乃至生命造成了严重的损害或威胁。[2]正因为危害食品安全犯罪侵害法益具有双重性,因此

---

[1] 仝其宪:"食品安全犯罪的法律归属再探讨",载《北京工业大学学报(社会科学版)》2015年第5期。

[2] 许晓冰:"大陆地区食品安全犯罪立法的完善——对台湾地区规制食品安全犯罪的借鉴",载《河南司法警官职业学院学报》2015年第2期。

第四章 我国危害食品安全犯罪体系完善的具体建言

将其归入危害公共安全罪最重要的论据是,危害食品安全犯罪的最大社会危害性是它侵害了不特定多数人的健康权利和生命安全,即侵害的是公共安全。不难看出,"危害后果严重"等情节提升了危害食品安全犯罪的危害公共安全性质。其实,上述主张的致命症结就在于将"危害后果严重"作为评判主要客体的依据,也即是将"危害后果严重"等同于犯罪的主要客体。那么,欲破解这一问题,便只有从犯罪客体的基本理论作为逻辑起点,进一步理清这一问题的脉络。

刑法通说认为,危害食品安全犯罪所侵犯的客体为复杂客体,即侵犯了国家对食品安全的管理制度和不特定多数人的健康生命权。[1]显然,立法者之所以将危害食品安全犯罪归入破坏社会主义市场秩序罪一章,就是因为危害食品安全犯罪的主要客体为前者,而将危害食品安全犯罪归属于危害公共安全罪的观点则认为,危害食品安全犯罪所侵犯的主要客体应为后者。论者之所以会得出与立法者截然相反的结论,原因在于对主要客体的评判标准不同。论者将危害食品安全犯罪往往造成不特定多数人的健康及生命危害这一严重后果评判为主要客体,从中可以看出论者对主要客体认定的简单化和表面化,实际上"危害后果严重"不是评判主要客体的依据,深入研判我国犯罪客体的理论与实践就足以证伪。

我国刑法分则体系是以行为所侵犯的同类客体为依据而建立的严密、有序的有机统一体,对所规定的各种具体犯罪也是以犯罪侵犯的"次层次"同类客体排序的。也即是说,我国刑法分则是以犯罪的同类客体和各种犯罪的社会危害性程度为标

---

[1] 高铭暄、马克昌主编:《刑法学》(第5版),北京大学出版社、高等教育出版社2011年版,第380页。

准来对犯罪进行分类的。然而，犯罪现象繁杂多样，某些犯罪并不只是侵犯某一种法益，而是表现为同时侵犯两个以上的法益。对这类犯罪，立法者是以该具体犯罪所侵犯的主要客体为标准进行归类排序。需要知道，犯罪客体在理论上有简单客体与复杂客体之分，其中复杂客体是指某一犯罪同时侵犯两个以上的法益。但在复杂客体中，各个客体并不是等量齐观，又有主要客体与次要客体之分。通说认为，所谓主要客体，是指某一具体犯罪所侵害的复杂客体中程度较严重的，刑法予以重点保护的法益。它决定着该具体犯罪的性质，同时还决定着该犯罪在刑法分则中的归属。[1]很明显，分清主要客体与次要客体就成了危害食品安全犯罪归属的关键所在。虽然理论上将次要客体描述为"刑法附带保护"的法益，而主要客体界定为"刑法予以重点保护"的法益，[2]然而，主要客体与次要客体的界分并不在于法益自身的重要性，次要客体或许具有较高的价值。

第一，主要客体和次要客体在刑法分则体系中的位置，由诸多因素相互作用而定，并不仅仅在于它们自身的价值，其更多地是由该行为的性质、立法价值取向或本国立法传统等多种因素确定的。[3]就危害食品安全犯罪的行为性质而言，它更多地呈现的是对食品安全生产、销售秩序的侵犯，正如行文所论证的那样，危害食品安全犯罪兼具行政犯与经济犯的双重属性。就其立法取向而言，刑法规制危害食品安全犯罪的立法取向在于维护广大民众的饮食安全和生活秩序，并非囊括叙事宏大的公共安全的所有内容。

---

[1] 高铭暄、马克昌主编：《刑法学》（第5版），北京大学出版社、高等教育出版社2011年版，第56~57页。
[2] 马克昌主编：《犯罪通论》，武汉大学出版社1999年版，第116页。
[3] 薛瑞麟："犯罪客体的分类"，载《政法论坛》2007年第2期。

第四章 我国危害食品安全犯罪体系完善的具体建言

从我国的立法传统来说，由于受传统文化和历史惯性的影响，我国立法传统注重秩序的维护与社会的和谐，以国家为本位。反映在刑法上，犯罪的主要客体往往定位于对国家秩序和社会安宁的维护。故我国的刑法分则体系将危害国家安全罪置于篇首，而其他类型犯罪次之。然而，西方国家则不同，它们往往将侵犯个人法益的犯罪置于篇首，而将侵害国家法益的犯罪则放于篇后。中西方刑法分则体系作如此截然不同的排序，难道能说明侵害国家法益的犯罪、侵害社会法益的犯罪抑或侵害个人法益的犯罪，这三者谁最有价值？"升格"篇首就有助于刑法的保护力度，而"降格"篇尾就不利于刑法的有力保护？答案显然是否定的。在笔者看来，刑法分则体系内容庞杂，囊括个罪罪名繁多，每个国家都应该根据本国的文化传统、立法习惯以及立法者的偏好等情形，将场面宏大的个罪罪名以一定的标准进行体系化排序，形成各具特色的刑法分则体系。这样，不仅有利于广大国民的了解、学习和掌握，而且也有利于司法机关的适用，这就基本达到了立法之目的。不论哪类罪名排序在先，只要纳入了刑法保护体系，任何犯罪都平等地适用刑法的规定。至于哪类罪名置于某类罪名中是否妥帖，不仅取决于以何种标准对罪名进行排序，而且也取决于本国的国情和立法者的偏好。只要将这个罪名归入这一类罪不显得杂乱无章，并与之协调，就没有调整的必要。至于有论者所言的"升格"就意味着提高刑法的保护力度，而"降格"就是被"低估"刑法的保护力度，这完全是子虚乌有，根本不会对食品安全所承载的法益保护有丝毫的影响。刑法不仅是善良人的大宪章，而且也是犯罪人的大宪章，任何犯罪行为只要在刑法的调控射程之内，便都将受到刑法的平等保护。

第二，主要客体的确立还在于它与同类客体具有某种同质性，它是同类客体中的具体法益，即是同类客体的表现形式。[1]危害食品安全犯罪发生在生产经营过程中，因而首先违反的是市场经济秩序，与"生产、销售伪劣商品罪"这一亚类罪的侵害客体——国家对产品质量的监督管理制度——相一致。然而，食品安全问题的司法实践不断挑战着危害食品安全犯罪的法律归属问题，这一问题直接影响着该类犯罪罪名体系的根基。例如，震惊全国的2007年河北"三鹿奶粉案"和2011年河南"瘦肉精案"等案件早已尘埃落定，但给人印象最为深刻的是该类案件的判决均适用了"以危险方法危害公共安全罪"。随之有观点认为，应将生产、销售型食品罪归入危害公共安全犯罪，以更有力地保护公民的生命健康权。[2]更有学者认为，河南"瘦肉精案"的判决认定被告人将其研制、生产或销售的"瘦肉精"添加在饲料中用于生猪饲养，此行为无疑对公众的生命及健康具有现实危害性或极大危险性，这与现行刑法规定的放火、爆炸、投放危险物质等危险方法具有相当性，特别是与投放危险物质行为具有明显的相近性，具备危及不特定多数人的人身安全和财产安全的特性。[3]相应将该类犯罪纳入危害公共安全罪就是基于这个道理。笔者对此并不认同，不可否认，河南"瘦肉精"等类案件虽然具有严重的社会危害性，但个案的危害程度无法决定其所属的这类罪名就必须归属于更严重的犯罪类型。恰恰相反，我国刑法个罪罪名的归属主要取决于犯罪同类客体

---

[1] 薛瑞麟："犯罪客体的分类"，载《政法论坛》2007年第2期。
[2] "食品安全犯罪应纳入危害公共安全罪"，载《羊城晚报》2012年3月8日；张立勇："危害食品安全就是危害'公共安全'"，载《新京报》2013年3月12日。
[3] 赵秉志："简析河南'瘦肉精'案的定罪量刑"，载《法制日报》2011年8月10日。

的一致性和该类犯罪整体的社会危害性，同时也有必要考虑与其他罪名的关系及其立法技术问题。[1]单纯出于从严惩治的旨趣，就将危害食品安全犯罪提升为危害公共安全的犯罪并不是合适之举，反而可能引发刑法规定的罪名体系之间的冲突。

2. 危害食品安全犯罪的特性决定其法律归属

一件事物之所以能区别于其他事物，就在于其有自身的规定性。尽管事物总是发展变化的，但决定其质的规定性不会因之而改变，否则事物就会失去其存在的意义而质变为他物。就危害食品安全犯罪而言，社会的发展也赋予了其新的特性，但危害食品安全犯罪的行政犯和经济犯特性并未随时光的流逝而消减或改变。

（1）危害食品安全犯罪为典型的行政犯。从刑事犯与行政犯的传统分类来看，危害食品安全犯罪当属于行政犯。刑事犯与行政犯的分类最初肇始于意大利犯罪学家加罗法洛，前者是指违反人类最善良的怜悯与道德情感的那类犯罪，而后者与人类的伦理道德的联系并不紧密，国家只是基于行政管理的需要而将其规定为犯罪。显而易见，刑事犯是一种自体恶，而行政犯是一种禁止恶，也即法定恶。危害食品安全犯罪正是基于行政取缔的目的而设置的，从其设立之初就与社会伦理道德无勾连，而是国家公权力出于有效履行行政管理职能的需要而设置的犯罪类型，可谓是典型的行政犯。[2]不可否认，随着社会的演进，有些犯罪也逐渐沾染了社会伦理道德的色彩而成了道德责难的对象。正如有论者认为，虽然危害食品安全犯罪破坏的

---

[1] 金泽刚：“危害食品安全犯罪的刑法规制——以危害食品安全犯罪的罪名体系为视角”，载《法治研究》2013年第5期。
[2] 何柏松："论危害食品安全犯罪的刑法适用理念"，载《中国刑事法杂志》2012年第6期。

是市场的经济秩序,但从根本上违反了人类最基本的道德伦理,是对人类健康生命权的漠视和践踏,已经具有了强烈的反伦理性。[1]但这不过是生活在现代社会的人们对于与其生活息息相关的危害食品安全犯罪进行普遍谴责而呈现的一种表象。食品安全犯罪的本质特性并没有消减,不管是在刑事立法上抑或是在刑事司法上,危害食品安全犯罪都被深切打上了行政犯的烙印,始终遵循行政犯的理念和基本规则。

其一,鉴于刑法理论中空白罪状的特性,对危害食品安全犯罪的认定就需要参照相关行政法律法规的诸多规定。即使刑法规范对危害食品安全犯罪的构成要件作了明确规定,但仍离不开将行政法规作为法律适用的前提条件。[2]换言之,危害食品安全犯罪的刑事违法性是以行政违法性且具有严重的社会危害性为前提的,而食品安全的行政违法性又是以相关食品安全法规的确定为前提的。[3]首先,危害食品安全犯罪与《食品安全法》具有天然的亲缘关系,其最基本的概念"食品"的栖身之地则在于《食品安全法》,由此可知,食品的范围应当包括三类,其中之一就是按照传统既是食品又是药品的物品。而区分既是食品又是药品的物品需要依照国务院卫生行政部门制定、公布的相关目录。只有在卫生行政部门的这个目录中的物质才能被添加到食品中,目录之外的物质属于药品,依据药品管理法的规定进行管理。[4]其次,食品安全通常涉及检验、化验、

---

〔1〕 李莎莎:"非传统安全视角下食品安全犯罪的刑事政策及立法",载《河南大学学报(社会科学版)》2014年第2期。

〔2〕 李海良:"风险社会下的刑法沉思——兼评食品安全刑法保护的严刑峻法",载《重庆理工大学学报(社会科学版)》2013年第12期。

〔3〕 邵彦铭:"我国食品安全犯罪治理刑事政策的反思与重构",载《河北法学》2015年第8期。

〔4〕 陈烨:"食品安全犯罪的对象研究",载《西南政法大学学报》2012年第4期。

检测、评估或鉴定等专业性事项，首当其冲的是更需要采用行政手段进行规制。就危害食品安全犯罪之基本犯来说，认定的关键在于如何判断"安全标准"，以及何为"有毒、有害食品"，这就要以《食品安全法》等行政法规范及行政部门制定的相关标准为判断依据。否则，这些决定危害食品安全犯罪定性的核心术语将会缺失明确统一、可操作的标准，进而摧毁食品安全不法行为的入罪根基。最后，"生产、销售不符合安全标准的食品罪"为具体危险犯，只有在满足"足以"的情形下方能成立本罪。那么，在司法实践中应如何认定呢！2001年两高发布的《关于办理生产、销售伪劣商品刑事案件具体应用法律若干问题的解释》第4条规定："经省级以上卫生行政部门确定的机构鉴定，……"可见，"足以"的判断权归属于省级以上卫生行政部门确定的机构，由此，该机构所作的鉴定意见就成了认定本罪的关键。还如，食品添加剂一度被广泛应用于食品加工业，被誉为现代食品工业的灵魂。[1]然而，如今食品添加剂被滥用的状况令人触目惊心。目前，认定食品添加剂以及超范围使用食品添加剂和超量使用食品添加剂完全依据《食品添加剂使用卫生标准》等行政法规。可见，对于危害食品安全犯罪的认定离不开《食品安全法》《产品质量法》等行政法律法规的规定。这些行政法律法规构筑了相对完备的食品生产和流通领域的安全质量标准、安全质量检测标准等。离开这些行政法律法规，危害食品安全犯罪则无从认定。

其二，危害食品安全犯罪司法程序中行政程序与刑事程序衔

---

[1] 张勇："食品添加剂安全风险的刑法调控"，载《江西社会科学》2013年第5期。

接突出。[1]在司法实践中,办理危害食品安全犯罪案件一般需要刑事程序与行政程序兼顾。由于我国奉行"二元化"立法体系,在应对食品安全风险的法律体系中,一般遵循"先行政后刑事"的处罚位阶模式,对于一般违法行为适用经济的、行政的、民事的法律法规予以制裁,而对于具有严重社会危害性的行为才可以启动刑法予以规制。据此,食品安全案件最初一般是由食品药品监督管理部门或工商行政部门负责查处,如果这种不法行为已满足犯罪构成,则启动刑事司法程序,向公安机关移送,作为刑事案件予以立案侦查。并且,依据《刑事诉讼法》第52条的规定,行政机关在行政执法和查处案件过程中收集到的证据,可以在刑事诉讼中作为证据适用。这就意味着行政机关在办理食品安全案件的过程中获取的证据材料或对涉案食品所作的鉴定意见,可以直接进入刑事司法程序,但这些证据是否可以作为定案的根据,(和其他证据相似)同样要经过司法机关的认证。可见,在危害食品安全犯罪案件中,行政罚与刑事罚以及行政证据与刑事证据密切交织在一起,其行政犯的色彩浓烈。

其三,以行政严管为基础的社会政策是预防危害食品安全犯罪滋生的最好的刑事政策。近几年来,危害食品安全犯罪泛滥成灾,发挥刑法的保障法作用、贯彻"以严优先"的刑事政策固然重要,但其症结主要在于社会环境与制度不健全。因此,有效遏制危害食品安全犯罪的重心还在于社会政策的建设,即不仅在于法律法规的健全与完善,而且在于加强行政严管与堵塞漏洞。针对危害食品安全犯罪,有论者早就指出:必须完善

---

[1] 仝其宪:"食品安全犯罪的法律归属再探讨",载《北京工业大学学报(社会科学版)》2015年第5期。

食品安全监督管理体系，严格行政监管执法；必须理顺市场经济体制，严格食品行业质量安全市场准入制度。[1]这些举措都是控制与预防行政犯的有效路径选择。

（2）危害食品安全犯罪同时也是典型的经济犯罪：

其一，作为危害食品安全犯罪中最基本的对象，"食品"是从商品中分离出来的一个市场因子，它天生注定活跃于市场经济之中，发生在市场经济的生产、经营过程中，凭借市场的生产、经营、交换或消费等环节而流转，当属一种市场行为。无论食品的生产经营行为造成的后果如何严重，其依然是一种市场行为。

其二，尽管危害食品安全犯罪的行为方式千差万别，但其行为本身体现的仍然是食品行业生产经营者的经营行为，本质上都是在经济领域实施的危害市场经济的犯罪行为，侵害的客体也是一定的经济关系。虽然它也侵害到了不特定多数人的身体健康和生命权利，显现出了更大的社会危害性，但这都是间接性的甚或渐进性的，因此，并不是所有的危害食品安全犯罪都会对广大民众的健康生命权利造成实际侵害。

其三，危害食品安全犯罪不同于其他自然犯罪，在社会分工日趋精细化以及自然科学被广泛应用的市场经济中，实施危害食品安全犯罪的行为主体大都具有一定的知识背景、专业技能或某种身份，职业化特征明显。迄今最为典型的案件即河北"三鹿奶粉"和河南"瘦肉精"案件中张某军等人生产、销售三聚氰胺和刘某等人研发、生产、销售瘦肉精。这些犯罪人大都有从事化工行业的知识和技能。一旦这一类型犯罪得逞，它

---

[1] 李莎莎："非传统安全视角下食品安全犯罪的刑事政策及立法"，载《河南大学学报（社会科学版）》2014年第2期。

所造成的损失和引发的恐慌将不可估量，而传播速度惊人的网络媒体更是加剧了这一危害后果。

其四，危害食品安全犯罪在现代社会越来越具有公害犯罪的特性，完全不同于传统社会的简单化食品经营模式。现代社会的食品行业经营链条悠长，囊括了食品原料的提供者、食品加工者、生产者、运输者、保管者、销售者等众多人员，形成了参与人员众多、分工细密的网络经济共同体。

其五，危害食品安全犯罪是一种经济犯罪，还在于它一般具有非法营利的目的，这也是将其划分到经济犯罪一章的重要原因。[1]虽然危害食品安全犯罪不属于目的犯，刑法本身也未规定其具有一定的犯罪目的，但实质上，作为市场经营主体的食品的生产者、销售者以及其他相关主体，其从事食品业务的直接目的就是牟利。一些食品生产、销售企业或个人正是在巨额利润的诱惑下才突破了最基本的社会责任和行业道德底线，进而胆大妄为，置广大消费者的健康生命于不顾，冒险投机经营。假设仅有危害不特定多数人的健康生命安全的情形发生，如果行为人无法从中谋取经济利益，无利可图，那么这类犯罪必然会销声匿迹，不复存在。反之，行为人通过实施危害食品安全犯罪能够获取利益，那么即使有造成公众伤亡的危险，行为人也很有可能放任其危害后果而持续下去。可见，危害食品安全犯罪无论侵害何种法益，不论这种法益有多大，也不论现代人是否给它贴上"科技化"或"非传统化"的标签，其本质仍然在于谋取利益，经济犯罪的本性并无改变。

---

〔1〕 李森、陈烨："食品安全领域泛犯罪化思考"，载《政治与法律》2013年第7期。

第四章 我国危害食品安全犯罪体系完善的具体建言

3. 危害食品安全犯罪与传统的危害公共安全罪并不具有兼容性[1]

当前,学界将危害食品安全犯罪调整到危害公共安全罪的呼声异常强烈,这并不是一个简单的文字上的游戏。退一步说,针对危害食品安全犯罪在危害公共安全罪之中是否"合群",即与传统的危害公共安全罪是否具有兼容性的问题,我们需要深入探寻两类罪的诸多特性。

论者早就列举出了危害食品安全犯罪与传统的危害公共安全罪的共同之处,两者都关系到"安全"问题,而且都可能危害不特定多数人的健康和生命权利。但不可忽视,两者亦存在诸多本质差异。

按照论者的主张,结合危害公共安全罪的罪名体系,危害食品安全犯罪只能归属于用危险方法危害公共安全的犯罪,也即"放火罪""爆炸罪""投放危险物质罪"以及以"危险方法危害公共安全罪"等传统罪名,其余罪名与之相差甚大,明显具有不相兼容性。那么,危害食品安全犯罪与这些传统的危害公共安全罪是否能够协调一致呢?笔者在此将从以下视角予以考量。

(1)危险方法视角考量。从危险方法视角来看,危害食品安全犯罪与传统的危害公共安全罪在行为方式上应具有危险方法的相当性。传统的危害公共安全罪的行为方式表现为放火、决水、爆炸、投放危险物质以及与之相当的其他危险方法。而危害食品安全犯罪的行为方式主要表现为生产、销售不符合安全标准的食品或有毒、有害的食品。不难看出,两者明显不存

---

[1] 全其宪:"食品安全犯罪的法律归属再探讨",载《北京工业大学学报(社会科学版)》2015年第5期。

在危险的相当性。具体在以下几个方面存在重大差异：

其一，在传统的危害公共安全罪中，这些危险方法具有巨大的杀伤性与破坏性，其危险方法一经实施极有可能造成不特定多数人的死伤或重大公私财产的损毁。而危害食品安全犯罪的危险方法表现为一种非暴力状态，明显与传统的危害公共安全罪中的危险方法不具有相当性。虽然也可能酿成不特定多数人的伤亡性灾难性事故，但这种灾难性事故在何时发生、在何地出现往往具有不确定性。

其二，在传统的危害公共安全罪中，其危险方法具有相当的独立性，不需要借助外部的条件，仅凭借行为方式自身即可危害公共安全。而危害食品安全犯罪中的危险方法往往具有依附性，需要借助外部的诸多条件，即生产经营行为多个环节的配合参与方能达到危害公共安全。例如，在最为典型的"三鹿奶粉"案件中，被告人张某军等人研发、生产三聚氰胺，销售给各个网点，再由各网点提供给三鹿厂家。再如，在河南"瘦肉精"案件中，刘某等人研发、生产"瘦肉精"，销售给生猪饲养户，由生猪饲养户将"瘦肉精"拌到饲料中喂猪，再将生猪销售给各个生猪屠宰场，最后由各网点销售给民众，使含有"瘦肉精"的猪肉被端到人们的餐桌上。可见，危害食品安全犯罪是由各个环节组合而成的犯罪，缺失哪一个环节，犯罪都将难以得逞。

其三，在传统的危害公共安全罪中，其危险方法往往具有高感知性。人们基于一般的生活经验或常识就能够感知到放火、爆炸或投放危险物质等行为的危害后果。而危害食品安全犯罪则不同，其危险行为不但不具有高感知性，而且往往具有毫无觉察性、渐进性或潜伏性。即使出现人员中毒或伤亡等事故，仅仅通过感知还是不能断定事故的来源,往往需要通过机构鉴定才能确定。在这两类罪中,"投放危险物质罪"与"生产、销售有毒、有害食品罪"颇为相似,但仍存在本质差别,前者为具体危险犯,而后者为抽象危险犯。

其四,在传统的危害公共安全罪中,其危险方法往往具有难控制性。行为人一旦实施危害行为,该行为本身就具备了难以控制、难以预料的高危险性,其危险一旦成为现实,人身伤亡的惨剧便不可避免。而危害食品安全犯罪行为本身并不具有难以控制、难以预料的高危险性,如果及时发现并作出处理,很可能挽回人员的伤亡。例如,在有问题的食品尚未流入人们的餐桌之前及时发布信息,将产品销毁或召回,便能够避免犯罪的进一步升级。

其五,在传统的危害公共安全罪中,其危险方法一般具有瞬时性,危害后果往往具有强烈感知性。其危险一旦发生,就会立即显现,行为与危险之间在时间和空间上也具有同时性,不存在间隔空隙。而在危害食品安全犯罪中,其行为或后果往往是以比较舒缓的方式渐渐展开的,行为与后果之间在时间和空间上存在较长的间隔,其危害性一般不会很强烈,不同于危害公共安全罪在短时间内即可造成不特定多数人的暴死或严重伤害。

(2)因果关系视角考量。从因果关系视角来看,在传统的危害公共安全罪中,由于其危险行为与其危害结果之间在时间和空间上没有间隔,表现出一种瞬时性,因而这种显性的因果关系较容易判断与认定。而危害食品安全犯罪是典型的"多因一果"的问题,其危险行为与其危害结果之间在时间和空间上往往有一定的间隔,因而这种隐性的因果关系复杂多变,而难以判断与认定，甚至连科学的鉴定都难以证明。例如，在全国范围造成重大影响的"毒胶囊"案件，一经曝光便迅速引起了民众的高度关注。经检测，"毒胶囊"中铬的剂量严重超标，会对人体造成严重危害。虽然目前尚没有发现因服用"毒胶囊"而造成人身伤害的实例，但服用这种胶囊是否会对人体造成隐性的、长期潜伏性的严重伤害，尽管目前科技如此发达也尚无法得出确切的结论。

（3）犯罪主体视角考量。从犯罪主体视角来看，在传统的危害公共安全罪中，实施犯罪的主体或是单独犯罪或是共同犯罪，较为直接明了。而在危害食品安全犯罪中，实施犯罪的主体错综复杂、千头万绪，其犯罪链条涉及产品的研发者、生产者、加工者、存储者或销售者等诸多环节。而引发食品安全的恶性惨剧，往往并不是某一个环节或参与人所为，甚至于缺失哪一个环节的参与人便无法实现犯罪的严重后果，其是由危害食品安全犯罪整个环节的参与者相互分工协作、相互作用的产物。

（4）主观心态视角考量。从主观心态视角来看，在传统的危害公共安全罪中，犯罪人的主观心态基本上都是故意，在司法实践中往往表现为直接故意。而对于危害食品安全犯罪的主观心态，通说认为也是故意，但可以肯定的是，行为人对于食品问题致人伤亡的严重后果不可能持一种积极追求（即希望）的主观心态，充其量算得上是对其危害结果持一种听之任之的态度。从众多的危害食品安全犯罪案件来看，行为人对于食品问题造成多人伤亡的严重后果究竟是出于故意还是过失，一直是一个争论不休的焦点问题。在河南首例"瘦肉精"案件中，其中一被告肖某辩解，"这些食物我们也经常吃"，一语道破，更使这一争论被推到极致。但无论怎样,这一事实都是可以成立的:食品安全犯罪的行为人之所以实施犯罪,无一例外地是为了谋取非法利益,致人伤亡的严重后果只能是附随后果而呈现,行为人不可能持一种直接故意的态度。退一步说,如果行为人通过食品问题以积极追求多人伤亡的严重后果,那么,该行为便可能构成"投放危险物质罪"或"故意杀人罪"或"以危险方法危害公共安全罪",而不可能再以危害食品安全犯罪定性。

(5)犯罪生成机理视角考量。从犯罪的产生机理上来看,传统的危害公共安全罪的滋生大都出于报复、泄愤、仇视、冲突等行为人的扭曲心态,虽然与一定的社会环境有关,但更与行为人自身的素质、异常心理等关系密切。就传统的危害公共安全罪构成事实而言,一般不属于目的犯,不需要额外的目的来满足犯罪构成。而当前危害食品安全犯罪之所以凸显,固然与行为人的利欲熏心有关,但与社会环境和制度不健全等亦不无关系。例如,与市场经济不健全、法律法规不完善、市场管理机制滞后、执法不严、监管不力等诸多社会因素有关,如果上述社会治理问题不留漏洞或空隙,那么,危害食品安全犯罪问题将会大幅度地减少或得到有效控制。从危害食品安全犯罪构成事实来看,一般具有非法营利的目的,尽管刑法没有明文规定此类犯罪为目的犯,但实际上营利目的大都是食品的生产者、销售者及其他相关主体的直接追求。

通过上述几个方面的阐释可知,危害食品安全犯罪与传统的危害公共安全罪不相兼容性明显,无法融合。如果生硬地将两者放在一起,必然会导致刑法体系的逻辑混乱,呈现罪与罪之间的不协调现象,"水土不服"在所难免。刑法中罪名体系的调整不仅关系到刑法分则整个罪名体系的排列协调，而且关系到刑法结构的有机运行，在刑法规定和刑法解释还能够保持逻辑自洽时，再对刑法做重大体系调整并非严肃之举。因为法律并不需要从外在加以填补，它在任何时候都是圆满的，它的内在丰富性、逻辑延展力，在自己的领域中的任何时候都涵盖了法律判决的整体需要。[1]

4. 危害食品安全犯罪的法律归属应体现我国的国情

危害食品安全犯罪在大多数国家或地区的刑法典或附属刑法中均有体现，尽管涉及的条文不是很多，但相关条文规定得较为集中。纵观大多数国家或地区危害食品安全犯罪侵害到何种法益以及归属到哪些具体章节，各个国家或地区的情况不同，规定也不一，大致可以分为以下四类：一是将危害食品安全犯罪归属于危害公共卫生犯罪，以强调公共卫生对社会秩序的作用。较为典型的国家包括印度、新加坡、西班牙、挪威、冰岛、土耳其、喀麦隆、尼日利亚等。二是将危害食品安全犯罪纳入危害公共安全或公共危险犯罪，重视对社会秩序的维护。其中，俄罗斯、意大利、巴西等国家将危害食品安全犯罪划归为危害公共安全罪，希腊、丹麦、阿尔巴尼亚、越南、泰国等国家将其归属于公共危险犯罪。三是将危害食品安全犯罪归属于损害公民健康犯罪，以突出强调公众健康对社会整体的积极意义。较为典型的国家有保加利亚、芬兰、马其顿等。四是将危害食品安全犯罪归属于经济犯罪，重视刑法对于经济秩序的保障作用。以我国和蒙古国为典型国家。[2] 通过对我国和域外国家或

---

[1] [德] 亚图·考夫曼：《类推与"事物本质"——兼论类型理论》，吴从周译，颜厥安校，学林文化事业有限公司1998年版，第7页。

[2] 陈烨、李森："国外刑法典中食品安全犯罪的考察及启示"，载《江南社会学院学报》2012年第1期。

地区危害食品安全犯罪之侵害法益进行比较，有一些值得思考的问题：域外一些国家或地区大都将危害食品安全犯罪限定于危害公共安全或公共危险，而我国则不同，这或许是当前主张将危害食品安全犯罪归属于危害公共安全罪一章的主要缘故。那么，我国危害食品安全犯罪的侵害法益问题究竟是应该积极与"国际接轨"，还是应该"独具匠心"？在笔者看来，国外的立法不能成为我们完全因袭的模板，不能因为有不少国家或地区将危害食品安全犯罪归属于危害公共安全或公共危险犯罪就想当然地认为我国也应该效仿。尊重多样文明、求同存异是国际社会普遍遵循的原则，危害食品安全犯罪的法律归属不可能只存在一个模式，其性质及其归属理应根据本国的国情而定，时刻聚焦、倾力编织适合中国立法情势、展示中国特色的美好画卷。

5. 结论：暂且将危害食品安全犯罪归入生产销售伪劣商品类犯罪并无不妥

综上所述，将危害食品安全犯罪调整到危害公共安全罪的主张，其论据并不能令人信服，其法理正当合理性值得质疑。危害食品安全犯罪的法律归属不仅取决于犯罪客体的一致性和犯罪整体的社会危害性，同时还需要考虑到与其他罪名的关系及其立法技术问题。还需要考虑到该类犯罪的经济属性与逐利目的，它所应有的行政犯和经济犯等本质特性决定了其法律归属的性质与走向，任何人为性的强加都将会导致"南辕北辙"的法律效果。同时，也要考虑到危害食品安全犯罪与生产、销售伪劣商品犯罪的相似关系与相容关系。申言之，将危害食品安全犯罪归入危害公共安全罪之后，其与传统的危害公共安全罪在罪质和罪量等均存在诸多差别，呈现出不相兼容性，无法融为一体。恰恰相反,危害食品安全犯罪与生产销售伪劣商品这一亚类罪有更多的融合性。而且生产、销售伪劣商品犯罪一直以来均被置于破坏社会主义市场经济秩序罪之首。2011年颁布的《刑法修正案(八)》对危害食品安全犯罪作了重大修正,加大了对该类犯罪的惩罚力度。鉴于此,目前将危害食品安全犯罪归入生产销售伪劣商品罪并无不妥。那么,一个必须澄清的事实便是:维持现状并不是"不思进取",也不能被贴上保守或墨守成规的"标签"。随着对危害食品安全犯罪的研究的进一步深入和我国刑法体系的不断完善,笔者相信立法者将会对危害食品安全犯罪的法律归属作出更为理性的安排。

(二)"抽象危险犯"是刑法应对危害食品安全犯罪的路径选择

近些年来,食品安全问题迭出,时常刺激民众脆弱的神经,引发人心的恐慌不安。为严厉、有效地惩治此类犯罪,《刑法修正案(八)》仅针对"生产、销售不符合安全标准的食品罪"就作了四处修改:一是将"卫生标准"修改为"食品安全标准";二是将"食源性疾患"修改为"食源性疾病";三是增加了"其他严重情节"实害发生后的升格条件;四是将倍比制罚金制和单处罚金刑修改为无限额罚金制和并处罚金制。这些修改体现了食品安全犯罪刑法规制理念的转型与更新,进一步提升了对此类犯罪的惩罚力度,也迎合了民众对此类犯罪从严惩治的报应性期许。但《刑法修正案(八)》对"生产、销售不符合安全标准的食品罪"的修正并非完满,只算得上是本罪内部的"微调"。就本罪的立法模式而言,《刑法修正案(八)》并未触动其立法基础,仍然沿袭了本罪以往"具体危险犯"的立法模式。然而,随着风险社会的渐行渐近,"生产、销售不符

第四章 我国危害食品安全犯罪体系完善的具体建言

合安全标准的食品罪"采具体危险犯的立法模式越来越凸显出司法实践上的诸多困惑,缺少与时俱进的立法品格。将"生产、销售不符合安全标准的食品罪"引入"抽象危险犯"的立法模式势在必行。

1. "生产、销售不符合安全标准的食品罪"采"具体危险犯"立法模式的困惑

危险犯是与实害犯相对应的犯罪形态,它有具体危险犯与抽象危险犯之分。就具体危险犯而言,一般认为是指以行为本身对法益侵害的具体危险或现实威胁为要件的犯罪,其设定通常以"发生公共危险"或"致公共危险"等类似术语明文描述,[1]在我国《刑法》的诸条文中,惯常以"足以发生……危险"方式明示的犯罪均为具体危险犯。它指向的危险必须是一种即将发生的真正危险,呈现出具体性、现实性或紧迫性,而且,这种具体的危险需要司法人员就个案进行判断。立法者将"生产、销售不符合安全标准的食品罪"设定为具体危险犯,无需要求实际损害的发生而只要造成现实的危险状态即可构成犯罪。但这种具体危险犯的"足以"模式设定将此罪毁于一旦,因为这种"足以"模式的危险程度的评判在司法实践中存在诸多困惑。

其一,众所周知,认定"生产、销售不符合安全标准的食品罪"成立与否的关键在于对"足以"的认定标准,根据两高于2001年颁布《关于办理生产、销售伪劣商品刑事案件具体应用法律若干问题的解释》规定,需要经省级以上卫生行政部门确定的机构鉴定,对危险的程度要求较高,不具有可操作性。

---

〔1〕 杜文俊、陈洪兵:"质疑'足以'系具体危险犯或危险犯标志之通说",载《中国刑事法杂志》2012年第2期。

虽然两高于 2013 年发布的《关于办理危害食品安全刑事案件适用法律若干问题的解释》将实践中具有高度危险性的典型情形予以类型化，明确具有五种情形即可认定为足以造成刑法规定的具体危险，增强了可操作性。但是，这仍没有从根本上解决司法实践中的具体危险犯认定困境。司法机关可以根据检验报告并结合专家意见等相关材料进行鉴定只是一种美好的浪漫主义期许，"生产、销售不符合安全标准的食品罪"中危害行为造成的危害后果往往具有渐进性、长期性或潜伏性，相关鉴定机构难以作出精确的鉴定意见，导致危害行为与危害结果之间的因果关系模糊不清，进而不能将该行为入罪。

  其二，一些不符合安全标准的食品造成的危险往往具有隐匿性，甚至潜伏很长一段时间方才凸显，即使造成潜在的危险，也很少被人觉察，并且，潜在的危险在转化为现实的危险前也可能无外在的表征。加之食品被害人摄入不符合安全标准的食品后，由于其个人特异体质的差异，可能会呈现出截然不同的危害后果，这都为事实因果关系的认定增加了难度，并给司法人员认定不符合安全食品造成的危险制造了不可避免的难题，导致一些食品安全案件难以进入司法程序，从而影响到了刑事诉讼程序的启动。不仅如此，食品行业进入工业化后，无论是在生产方式上还是在生产规模上都发生了前所未有的巨大变化，食品添加剂如今被广泛应用，食品生产能力大幅度提升，加之现代物流业空前发达，如虎添翼，食品一经出厂，一夜之间就可以被分散到大江南北，甚至漂洋过海，远销海内外。这些变化使得食品行业的潜在危险增大，危险一旦成为现实，顷刻之间便会铺天盖地涌现，其危害程度和危害面会急剧扩大。如前几年爆发的"三鹿奶粉"案件，难以想象在食品前工业时代个体化作坊、食品化学品使用率较低的情况下会出现影响地域如此之广、受害者数量如此之多的恶果。

其三，对于生产、销售不符合安全标准的食品行为，确定危害结果与其危害行为之间存在刑法上的因果关系是其入罪化的关键。此类行为的因果关系具有特殊性，大多数犯罪行为的危害性起初往往并不明显，但待危害性显现出来再正式确定其存在的刑法上因果关系而入罪，其造成的危害程度和波及的范围早已无法控制，酿成大祸已成定局。"三鹿奶粉案"就是一个最好的实例，三鹿集团自2008年3月份就接到消费者反映，婴幼儿在食用三鹿奶粉后出现尿液中有颗粒或尿液变色之现象，到了6月份发展为婴幼儿患肾结石就医治疗，9月份才最终曝光。正是因为在案件之初没有明显的危害性，也未出现特别的紧迫危险性，致使刑事司法程序无法介入，以致严重的危害食品安全的迹象可能被忽视，然而危害性一旦显现，再启动刑罚打击的意义也就仅限于报应。[1]故而，上述食品安全问题的特殊性使得具体危险犯的立法难以起到遏制食品安全的危害性进一步扩大的作用。

其四，相较于生产、销售型食品犯罪，现行《刑法》将"生产、销售不符合安全标准的食品罪"设定为"具体危险犯"并不妥当。学界一般认为，危害食品安全这两个基本罪名与"生产、销售假药罪"联系紧密。但现行《刑法》将"生产、销售有毒、有害食品罪"和"生产、销售假药罪"设定为抽象危险犯，而唯独将"生产、销售不符合安全标准的食品罪"设定为具体危险犯，造成了相近罪名的不协调，颇令人费解。有学者认为，

---

[1] 左袖阳："关于当前食品安全刑事立法政策的反思"，载《中国人民公安大学学报（社会科学版）》2015年第3期。

立法者之所以作上述区分，是因为"生产、销售有毒、有害食品罪"和"生产、销售假药罪"的社会危害性远大于"生产、销售不符合安全标准的食品罪"。其实不然，"生产、销售不符合安全标准的食品罪"的社会危害性并不亚于前者，一旦不符合安全标准的食品进入流通阶段，流向广大民众的餐桌，供人们食用，它也有可能造成不特定多数人的身体健康和生命损害。显然，在生产、销售型食品罪中，将有的罪名设定为抽象危险犯，而将有的罪名设定为具体危险犯，难以实现罪刑均衡。

2. 发达国家或地区法律对食品安全行为规制的经验可资借鉴

如上所述，美国针对食品安全犯罪立法大都以抽象危险犯为统一模式，可以惩治和预防此类犯罪的滋生。英国有关危害食品安全犯罪也是采取抽象危险犯的构罪模式，这符合该国对食品安全严格监管的态度。德国食品安全立法大量设置了抽象危险犯对生产、销售不安全食品行为科以刑罚，还有一特色就是对食品安全犯罪的过失危险犯的处罚。日本在《食品卫生法》中也大多采取抽象危险犯的立法模式对食品安全犯罪进行处罚。

从中我们不难发现，无论是英美法系的英国、美国，还是大陆法系的德国、日本，历经几个世纪的发展，这些国家或地区针对食品安全保护的法律规定不仅刑事法网设置严密，而且对抽象危险犯情有独钟，大都采抽象危险犯的立法模式，无需危害结果或危险结果发生，入罪门槛下沉，法网较为严密。这些先进经验或可为我国打击危害食品安全犯罪提供借鉴。

3. "生产、销售不符合安全标准的食品罪"应引入"抽象危险犯"立法模式

社会的发展与科技的进步在带给人类社会诸多便利的同时，

也将社会的各种风险无情地抛洒到人间,对人类的生存和发展构成了前所未有的潜在危险或严重威胁。自贝克提出"风险社会"理论以来,德日刑法学界便逐步建构了风险社会和风险刑法理论的话语体系,并对刑法如何应对现代社会逐渐猛增的各种风险开展了研究。国内刑法学界也对风险社会及其风险刑法有着浓厚的理论热情,对风险刑法的争论不断升级。但不管怎样,一个不容争论的事实是,当前食品安全事故正以前所未有的、不可预料的势头猛进。那么,刑法如何应对日趋突显的食品安全问题?在此背景下,抽象危险犯以其自身特有的品质不断从幕后走向前台,成为风险社会背景下维护社会稳定、保障食品安全的倚重模式。

抽象危险犯通常是指以一定行为的完成为犯罪构成要件的犯罪。与具体危险犯罪相比,它具有如下特点:一是抽象危险犯的设定仅有一定的行为和对象的表征即可,无需附加其他表征;二是抽象危险犯的行为或对象本身就涵摄了侵害法益的可能性而被法律规范所不容,具有较高的危险性;三是抽象危险犯是对法益侵害的高风险行为的拟制危险,无需现实的、紧迫的危险状态出现。质言之,抽象危险犯不以行为侵害的现实危险出现为归责必要,只要行为人实施了因具有某种高风险而被具体构成要件所禁止的行为,便具有刑法可罚性。[1]抽象危险犯的上述品质使之成了风险社会背景下的"宠儿"。不仅如此,抽象危险犯由罪责刑法走向安全刑法的转型呈扩张之势的主要原因还在于:抽象危险犯使法益保护提前化,适应了控制社会风险的需要。并且,它与积极的一般预防的刑法理念相契合,

---

[1] 陈君:"风险社会下公害犯罪之抽象危险犯",载《北京理工大学学报(社会科学版)》2014年第3期。

有助于唤起或促成民众的规范意识。而且，抽象危险犯的设定一定程度地减轻了司法人员的证明负担。[1]尽管有学者对抽象危险犯的立法扩张状态持谨慎甚至否定的态度，但以下情况基本已形成共识：为了回应日趋增加、增多的各种风险而刑事立法又存在不足的问题，可以将侵犯超个人法益的犯罪设定为抽象危险犯。

鉴于此，"生产、销售不符合安全标准的食品罪"侵害的最大法益为不特定多数人的健康生命权，完全属于超个人法益的犯罪。在风险社会渐行渐近的情势下，采抽象危险犯立法模式能够消解对此罪认定的困惑，有力地惩治和预防此类犯罪的滋生，也和与其联系紧密的"生产、销售有毒、有害食品罪""生产、销售假药罪"同属一节的诸多罪名相契合。建议在未来修改刑法之时，在"生产、销售不符合安全标准的食品罪"中设立"抽象危险犯"，即只要具有符合法定条件的生产、销售不符合安全标准的食品的行为即可成立犯罪，如果出现更为严重的后果则可以加重其法定刑。

（三）我国危害食品安全犯罪罪名要件的扩展

1. 周延食品安全刑法保护环节

就食品安全所涉及的行为领域来说，新修改的《食品安全法》的规制行为方式更为周延，不仅包括食品的生产加工领域，还涵盖食品流通和餐饮服务领域，而且也囊括食品监管领域，涉及农产品的种植、养殖和食品及食品相关产品的生产、加工、包装、储存、运输、销售和监管等诸多环节。目前，我国《刑

---

[1] 苏彩霞："'风险社会'下抽象危险犯的扩张与限缩"，载《法商研究》2011年第4期。

第四章 我国危害食品安全犯罪体系完善的具体建言

法》在危害食品安全犯罪基本罪名中只规定了生产、销售和监管行为，这与《食品安全法》的规制环节并不协调。由于对于食品生产销售以外的许多其他行为环节缺失相应的刑法规制，因此直接导致《刑法》对一些其他行为方式无法进行刑事制裁，刑法规制出现了真空地带。因此，扩容食品安全刑法规制环节，实现食品安全的周延保护在刑法理论界乃至实务界已基本形成共识。

（1）将"生产、销售"行为修改为"生产经营"行为。纵观当前刑法学界对危害食品安全犯罪相关问题的研究，针对刑法规制此类犯罪行为方式过窄的现状，许多学者针对如何进行立法完善大致有以下几种不同主张：一是增设新罪名以弥补我国刑法对此类犯罪的行为规制盲区。例如，有学者认为，应当增设"生产、销售不符合安全标准的食品添加剂罪"。[1] 二是对危害食品安全犯罪的刑法规制进行整合与重构，在原有危害食品安全犯罪之基本罪名的基础上增设"危害食品安全罪"，将目前尚未被纳入刑法规制范围但会对食品安全造成严重危害的行为方式囊括进去。三是比较集中的观点认为应该将《刑法》第143条和第144条中的"生产、销售"行为修改为"生产经营"，也即将刑法原有的危害食品安全犯罪基本罪名修改为生产、经营型食品罪。[2]

关于观点一，增设新罪名确实能够严密法网以有效地弥补刑法规制范围的不足，但是，启动刑法修改程序并非是一项轻

---

[1] 于杨耀："非法添加类食品安全犯罪刑事规制体系及完善——以'两高'《关于办理危害食品安全刑事案件适用法律若干问题的解释》为切入点"，载《政治与法律》2013年第10期。

[2] 利子平、石聚航："我国食品安全犯罪刑法规制之瑕疵及其完善路径"，载《南昌大学学报（人文社会科学版）》2012年第4期。

松的事情,这不仅需要投入较多的司法成本,而且需要及时对刑法规范进行废、改、立,无疑会严重损害刑法的权威性和安定性。如果个别问题可以对刑法规范进行"微调"或通过司法解释的方式进行解决,无需兴师动众,就可以避免上述不利问题的发生。

关于观点二,增设"危害食品安全罪"以规制原有罪名之外的其他危害食品安全的行为,确实能够将所有危害食品安全的行为"一网打尽"。然而,笔者认为,这种"危害食品安全罪"的堵截模式并不妥当。该罪名根本不符合罪名应有的内涵明确的规范质量,因为危害食品安全罪是一类罪,可以囊括包括生产、销售不符合安全标准食品和有毒有害食品在内的所有危害食品安全的行为,极其笼统和抽象。

关于观点三,这是目前大多数学者所主张的见解,也是笔者所赞同的观点。但也有少数学者对此持有不同看法。该学者认为,危害食品安全犯罪的基本罪名隶属于《刑法》分则第三章第一节"生产、销售伪劣商品罪"。该节涉及的所有罪名均是"生产、销售"行为,只是侵犯的行为对象不同而已。如果单独将危害食品安全犯罪之基本犯的行为方式修改为"生产经营",这不仅会对本节中其他犯罪的"生产、销售"行为造成理解上的障碍,而且也不利于立法体系的协调统一,有违体系解释原理。[1]对此,笔者并不认同。虽然将《刑法》第143、144条中的"生产、销售"行为修改为"生产经营"行为不符合本节其他罪名的体系解释。但可以在修改刑法时将本节所有罪名中的"生产、销售"都转化为"生产经营",这样就可以解决上述学

---

[1] 刘鹏、冯卫国:"食品安全犯罪刑法规制:法律归属与要件扩容",载《东南学术》2014年第5期。

第四章 我国危害食品安全犯罪体系完善的具体建言

者所担忧的问题。

将《刑法》分则第三章第一节"生产、销售伪劣商品罪"中的"生产、销售"修改为"生产经营"行为可以周延食品所涉及的行为链条，不仅可以将农产品的种植、养殖纳入刑法规制视域，而且还可以有效规制食品包装、运输、贮藏等食品流通和餐饮服务领域，同时解决《刑法》与《食品安全法》的深度衔接。

（2）将"生产、销售有毒、有害食品罪"中的"掺入"行为扩大解释为"使用"行为。根据《刑法》第144条的规定，食品安全之基本犯罪"生产、销售有毒、有害食品罪"的罪状表述中包括"掺入"行为。然而，在刑法规范中直接运用"掺入"很容易出现理解上的偏差。因为"掺入"作为概括性生活用语，其内涵和外延相对狭窄，不能涵盖成立本罪所应有的行为方式。为了避免现实适用上的困境，进一步完善食品安全犯罪的解释性立法，有必要将"掺入"扩大解释为"使用"。其中的法理根据如下：其一，将"掺入"扩大解释为"使用"可以囊括包括"掺入"在内的其他行为方式。从现代汉语释义上来说，"掺入"的意思是"混合入其中"。譬如，较为常见的"掺入"行为就是以酒精勾兑白酒。不仅如此，现代食品工业不断采取新技术、新工艺，在生产、销售食品的过程中洗涤、涂抹、熏蒸、浸泡有毒、有害非食品原料的行为理当也属于本罪的构罪方式。例如，将非法的食品添加剂涂抹于肉制品或处于成长期的农产品，以便催熟、增色、保鲜或保存，用有毒、有害物质浸泡或洗涤食品等。然而，"掺入"无法涵盖上述行为方式，也即上述行为方式已完全超出了"掺入"的射程范围；其二，将"掺入"扩大解释为"使用"更容易使司法人员乃至广大民众理解"生产、销售有毒、有害食品罪"的真实含义,准确把握此罪的构罪特征,从而有利于司法适用;其三,将"掺入"扩大解释为"使用"也可以解决由"掺入"不周延带来的现实困境。众所周知,并非任何有毒、有害食品都是由"掺入"行为所致,还有渗透、熏蒸、添加、涂抹、洗涤、浸泡等行为手段,而且有些食用物质本身就具有有毒有害性,并不是由人为"掺入"造成的。最为典型的莫过于被作为食品销售的河豚天然具有毒害性,如果不严格按照需要遵守的规程食用,则很容易造成严重危害人体健康的事件。然而以"掺入"观之则难以构成"生产、销售有毒、有害食品罪",只得退而求其次以"生产、销售不符合安全标准的食品罪"论处。就河豚对人体健康的危害程度而言应该甚于一般的不符合安全标准的食品,这样就是仅仅因为"掺入"的问题而无法适用"生产、销售有毒、有害食品罪"为由转而适用其他的罪名,未免有定性不合理或放纵犯罪之嫌。如果将"掺入"扩大解释为"使用",上述困惑便可迎刃而解,就可以将上述行为直接以"生产、销售有毒、有害食品罪"论处,这不仅符合国民的预测可能性,同时也符合罪责刑相适应原则。

2. 扩展保护对象

如上所述,从食品安全所涉及的行为对象上来看,相较于《食品安全法》规制的食品范围,我国现行《刑法》的保护对象过于狭窄。因此,有必要扩展食品安全的刑法保护对象,在刑事立法层面上实现《刑法》与《食品安全法》的有效对接。

(1) 将食品添加剂等纳入"食品"的概念范畴。在现代食品工业的发达带给人们琳琅满目的食品,让人一饱口福的同时,我们是否想过何以让食品色香味俱全或保鲜持久?这些都是食品添加剂在食品中所起的神奇功效。尽管食品添加剂在现代食品工业中被大量应用,而且愈发成为现代食品中不可或缺的重要成分。然而,食品添加剂的非法使用或不当添加同样可以酿成食品安全问题,2008年发生的"三鹿奶粉"事件表明滥用食品添加剂是危害食品安全的罪魁祸首。因此,新修订的《食品安全法》着力加强了对食品添加剂的监管,特别强调了两个方面:一是食品添加剂对食品的质量、营养等品质的改善确有必要;二是食品添加剂必须为卫生部门组织专家制定的目录内容,依照风险评估证明确实安全方能被添加到食品中。[1]目前,被我国列入食品添加剂目录的食品添加剂达23个类别,共计2000多个品种,食品添加剂的种类繁多,稍不留意就有可能出现食品添加剂被滥用的危险,对此必须严加规制。

现实中,对于违规超限额、超范围滥用食品添加剂和使用不符合食品安全标准的食品添加剂的行为该如何定罪处罚呢?由于食品添加剂不属于非食品原料的范畴,并不符合"生产、销售有毒、有害食品罪"的构成要素,以此罪论处并不妥当。现实中,涉及食品添加剂的严重危害行为只能以"生产、销售不符合安全标准的食品罪"论处,但食品与食品添加剂毕竟属于两个截然不同的概念,以此罪定性同样不合适。实际上,食品添加剂如果超范围或超限量使用极有可能给人体造成伤害。即使不存在这些情形,食品添加剂本身也具有一定的毒性,尤其是化学合成的食品添加剂更是如此,所以使用时必须严格控制用量。然而,利欲熏心的不法商贩为了追求超额利益,在食品中超范围或超限量违法添加食品添加剂的现象屡见不鲜,而

---

[1] 舒洪水、李亚梅:"食品安全犯罪的刑事立法问题——以我国《刑法》与《食品安全法》的对接为视角",载《法学杂志》2014年第5期。

现行《刑法》却没有与之相匹配的罪名。此外，对于生产、销售不符合安全标准的食品添加剂的行为，依据两高的司法解释应以"生产、销售伪劣产品罪"论处，然而如此定性同样有失偏颇。其一，该罪的客观方面表现为在产品中掺杂、掺假、以假充真或以次充好等行为方式。如果在使用食品添加剂时超范围或超限量使用致使食品添加剂有毒、有害，明显很难以本罪定性。其二，该罪的设罪模式为结果犯，而且其成罪结果要求销售金额5万元以上。但不符合安全标准的食品添加剂毕竟是一种特殊产品，它本身所具有的社会危害性与一般的伪劣产品不可同日而语，以此定性会造成放纵犯罪或重罪轻罚的情形。其三，该罪在"生产、销售伪劣商品罪"一节中属于基于严密法网目的而设置的兜底性罪名，以此罪处罚一般要遵循最后使用原则，也即生产、销售伪劣产品的行为不符合该节中的其他罪名，且销售金额5万元以上才能以本罪论处。[1]上述涉及食品添加剂的问题引发的诸多尴尬与困惑可以一劳永逸地得到解决，那就是将食品添加剂纳入"食品"的概念范畴，使其得以容身。这样一来，有关涉及食品添加剂的问题就完全可以被纳入危害食品安全犯罪之基本犯。

不仅如此，农业生产是生产的基础部分，种植、养殖的食用农产品不可或缺，随着食品工业发展，大量涌现的转基因食品也不可回避。因此，刑法中的"食品"概念不仅涵盖食品添加剂，而且还应该统摄食用农产品和转基因食品。

（2）将专供特定人群的食品及食品相关产品纳入刑法规制范围。《刑法修正案（八）》虽然对危害食品安全犯罪做了重

---

[1] 刘鹏、冯卫国："食品安全犯罪刑法规制：法律归属与要件扩容"，载《东南学术》2014年第5期。

第四章 我国危害食品安全犯罪体系完善的具体建言

大修改,进一步严密了刑事法网。但是,从目前的立法来看仍有值得周延的余地,现行《刑法》对专供婴幼儿和其他人群的主辅食品、进口食品和转基因食品等的食品安全仍未予以特别关照,尤其是专供婴幼儿的食品当属食品安全保护的薄弱环节。从近年来不断爆发的"阜阳毒奶粉案""三鹿奶粉案""蒙牛门"和"光明门"等乳制品行业丑闻来看,这些事件给婴幼儿造成的危害不可估量,因而我们对乳制品的安全问题必须给予高度重视。为此,在首当其冲地强化与完善乳制品行业的相关标准和规章的同时,也应该在刑法上强化对专供婴幼儿和其他特定人群食品安全的惩处。令人欣慰的是,两高发布的《关于办理危害食品安全刑事案件适用法律若干问题的解释》第1条第4项将"婴幼儿食品中生长发育所需营养成分严重不符合食品安全标准的"作为"生产、销售不符合安全标准的食品罪"中"足以"成罪模式的情形之一,第3条第3项将"生产销售婴幼儿食品金额10万元以上不足20万元"作为此罪中的"其他严重情节"。显而易见,两高的司法解释针对生产、销售不符合安全标准的婴幼儿食品的行为已经明确以"生产、销售不符合安全标准的食品罪"定罪处罚。同时,这也彰显了食品营养安全已成为食品安全中的内涵意蕴,在一定程度上实现了《刑法》与《食品安全法》的对接。这只是一个良好的开端,有开始就不会停止,行刑两法之间的有效衔接的改进空间还很大。新修正的《食品安全法》不仅对专供婴幼儿主辅食品有特别关照,而且对孕妇、老年人等其他特定人群的主辅食品同样表现出了特殊照应。因为专供婴幼儿、孕妇或老年人等特定人群的主辅食品需要更高、更丰富的营养标准,这些特定人群无法像普通人那样仅靠普通食品获取身体所需要的给养,他们需要的营养成分主要来源于专供主辅食品。这些专供主辅食品一旦出现不安全问题，便会给这些特定人群的身体健康造成不可估量的损害。因此，基于保护食品营养安全和严密刑事法网的目的，不仅仅应该将婴幼儿的食品营养安全纳入不符合安全标准的食品中，而且也应该将孕妇、老年人的食品营养安全吸收其中。正因为如此，两高上述司法解释中的"婴幼儿"理应被扩展为"婴幼儿、孕妇、老年人等特定人群"，从而进一步扩展食品安全刑法规制的保护对象。

3. 周延危害食品安全犯罪的主观罪过心态

现行《刑法》对生产、销售型食品安全犯罪的构罪体系在主观罪过心态上只规定了故意，而排除了过失。在现实的实践中，事实上，行为人的过失心态是客观存在的，有些生产、销售、运输、储存食品的行为人理应履行业务上的注意义务而没有履行，或者有些行为人虽然已经预见到了食品危险但轻信能够避免，而导致食品发霉、变质、腐败、被污染等，并造成人体健康严重受损的情形并不少见，对之应该追究其过失犯。相反，倘若不规定持有过失心态的危害食品安全犯罪，将无法有效地规制过失型食品安全行为，尽显打击食品安全犯罪的不周延性。为严密刑事法网，有必要设置危害食品安全过失犯的规定。

4. 危害食品安全帮助行为正犯化

鉴于食品安全领域生产经营链条悠长，涉及的食品安全帮助行为往往具有复杂多样性、严重危害性和高度风险性，其社会危害性相较于正犯有过之而无不及，实有必要给予刑法规制。然而，依据现有刑法规范，或不容易定性而出现刑法真空状态；或以其他罪名评价而出现不足以完全评价和面临危害行为性质不相当的困惑；或以共犯论处而会面临共犯范围受限和评价不足的难题。因此，我们需要转换思路，参考实践中的有益经验，在现有刑法理论的启迪下，力图阐释食品安全领域帮助行为正犯化依据，并探寻帮助行为正犯化之实现路径。

（1）现行刑法对食品安全领域的帮助行为规制困境。社会经济和科学技术的迅猛发展在大幅度改善人们生活质量的同时也引发了各种社会风险，风险社会如期而至。在风险社会背景下，食品安全问题的频发更加令人关注，同时，如何保护食品安全也成了人们日益重视的重大问题。从国家层面上来说，刑法作为防治违法犯罪行为的"后盾法"，责无旁贷，应在其视域内承担起为食品安全保驾护航的作用。尽管《刑法修正案（八）》对生产、销售型食品安全犯罪做了重大修正，但是在惩治危害食品安全犯罪的现实过程中仍显得捉襟见肘。其中之一就是在食品安全整个链条中仅仅规定了生产、销售行为，而对食品链条的其他环节（像原材料的提供、运输、储存等帮助行为）并无明确规定，使得这些食品安全帮助行为在司法实践中多以罚代刑，不足以有效地规制危害食品安全违法犯罪。不仅如此，在传统刑法观看来，帮助行为无论是在罪质上还是在罪量上均远轻于实行行为，故刑法上对帮助犯的处罚规定大多是给予从轻、减轻或免除处罚的待遇。然而，就现实发生的危害食品安全犯罪来看，帮助行为所造成的危害性往往并不次于实行行为，甚至是许多食品安全事故发生的始作俑者。但这些蕴涵高度危险性的帮助行为，按照传统的共犯理论和现行刑法的规定却难以实施有效规制。因为，在我国刑法领域，一直处于共犯中心位置的是实行行为，而帮助行为只不过是刑法理论中的一个次要因子。如今，食品领域帮助行为所承载的严重危及民生安全的高风险性已经超过了实行行为，使得现有的刑事立法中有关主犯、从犯的处罚基点无法反映食品安全领域中帮助犯所具有的社会危害性、高风险性，以及帮助犯在共犯中的真实地位。[1]

为解决这一问题，2012年，两高及公安部联合发布了《关于依法严惩"地沟油"犯罪活动的通知》（以下简称《通知》）。其中规定，知道或应当知道他人实施犯罪行为，而为其掏捞、加工、贩运"地沟油"，或者提供贷款、资金、账号、发票、证明、许可证件，或者提供技术、生产、经营场所、运输、仓储、保管等便利条件的，按共犯论处。这一规定虽为规制"地沟油"犯罪提供了较好的适用依据，但并不能从根本上解决食品安全领域帮助行为的共犯问题。问题是该通知仅仅规定了"地沟油"犯罪中的帮助行为的共犯问题，如果将其推广并适用于其他食品安全领域，该通知的层级较低，而且更有以惩罚犯罪为名违反罪刑法定原则中禁止类推解释的嫌疑。因此，两高发布的司法解释只能在既定的危害食品安全犯罪的构成要件之内，切不能脱逸刑法规定的基底而自行创设新的构成要件。正是基于此，实践中对食品领域帮助行为的处罚仍存在诸多疑问，亟须刑事法网的完善。

（2）食品安全领域帮助行为正犯化依据。针对我国食品安全领域帮助行为处罚的刑法困境，借鉴发达国家或地区这方面的有益经验，或许可以帮助我们找到打击食品安全领域相关帮助行为的解决路径。但刑法理论界对这种帮助行为正犯化的立法范式并没有取得一致意见。反对者认为，它不仅违反共犯立

---

[1] 姜敏："法益保护前置：刑法对食品安全保护的路径选择——以帮助行为正犯化为研究视角"，载《北京师范大学学报（社会科学版）》2013年第5期。

第四章 我国危害食品安全犯罪体系完善的具体建言

法基本准则，而且在现实实践中也难以适用，在今后立法中应慎之又慎。[1]与此相反，很多赞同者同样从刑法的基本原理与司法实践两个维度予以回应。正如张明楷教授所言，当刑法总则所规定的对帮助犯的处罚按照共犯原理会出现刑罚畸轻现象，在无法满足保护法益的需要时，立法者往往会将帮助行为类型化并直接规定为正犯，设立独立罪名，通过这种方法来达到严厉打击此类犯罪的目的。[2]在笔者看来，无论是从刑法基本原理抑或是从司法实践视角来看，将食品安全领域的相关帮助行为正犯化均具有必要性和正当性。其中的法理依据包括以下几个方面：

其一，基于刑法法益保护提前化的需要。自德国学者贝克提出风险社会理论以来，风险刑法理论便随之而出，风靡全球。在风险刑法理论的催生下，刑法从传统的幕后走向时代的前沿，从传统的消极转向扩展，通过惩治行为人带来的危险来实现法益保护的提前化。这种法益保护前提化理论给传统的罪责刑法带来了不小的震动，学界针对风险刑法理论展开了持久的热烈讨论，逐步形成了截然不同的基本立场。赞同者从保护社会安全的优先性出发，认为风险刑法理论具有一定的现实意义。如德国学者乌尔斯·金德霍伊泽尔指出："安全是一项人权，这项人权将从根本上表明国家及其垄断权力的存在是合法的。那些认为应该忽略或者根本否定风险社会危险的态度显然是错误的。"[3]我国学者也有相似认识并指出，如果刑法面对风险社

---

[1] 该观点可参见于陈兴良："晚近刑事立法中的共同犯罪现象及其评释"，载《法学》1993年第1期。
[2] 张明楷：《刑法学》（第4版），法律出版社2011年版，第1023页。
[3] [德] 乌尔斯·金德霍伊泽尔："安全刑法：风险社会的刑法危险"，刘国良编译，载《马克思主义与现实》2005年第3期。

会表现得毫无作为，并且无动于衷，这样的刑法显然是不可取的。[1]但反对者则从刑法干预的边界出发，认为风险刑法理论干预的边界过宽。如法兰克福学派认为，刑法应仅限于刑法领域，在通常被视为风险犯罪的环境犯、经济犯或交通犯等领域不应使用刑法，而应以干预的立法方式解决。[2]国内学者则发出了"风险刑法不可行"[3]或"风险刑法不能动摇刑法谦抑主义"[4]的喟叹。纵观国内外对风险刑法理论的研讨，在笔者看来，学者们的观点并非针锋相对，二者在刑法应对法益保护与权利保障的需要上是一致的。学者们均认同"刑法应对社会风险应有所为与有所不为"，[5]基于社会风险的现实需要，传统刑法所划定的犯罪圈不可避免地会发生变化，因为在风险多元化的社会背景下，只有从预防犯罪层面实现法益保护前提化才能达到防范社会风险的目的。

在风险社会情势下，源自于社会的各种风险何时、何地、何形式或何程度发生有着极大的或然性。尤其是在食品安全领域，这种风险更加具有高风险性、高危害性和巨大的扩散性、不确定性，会对民生安全造成严重威胁。刑法作为法益保护的利器，切不能待侵害结果发生之后再启动，必须使刑法的法益保护提前化。尽管在食品安全领域相关帮助行为并不直接侵犯

---

[1] 陈兴良："'风险刑法'与刑法风险：双重视角的考察"，载《法商研究》2011年第4期。

[2] 转引自刘明祥："'风险刑法'的风险及其控制"，载《法商研究》2011年第4期。

[3] 于志刚："风险刑法不可行"，载《法商研究》2011年第4期。

[4] 刘艳红："'风险刑法'理论不能动摇刑法谦抑主义"，载《法商研究》2011年第4期。

[5] 齐文远："刑法应对社会风险之有所为与有所不为"，载《法商研究》2011年第4期。

食品安全,但一旦进入其所指向的犯罪阶段,其危害性便会立马升级,[1]也即这些相关帮助行为提高或者制造了食品安全风险,使食品法益的侵害已处于紧迫或危险状态。如果将食品领域的相关帮助行认定为正犯化,使惩罚危害食品安全犯罪的处置前提化,便能够更加有效地减少和预防食品安全风险的发生。正是基于此,这种做法才兼具必要性和正当性。

其二,基于宽严相济刑事政策基本要求的考虑。为促进和谐社会的建设,党中央在新时期提出了宽严相济的刑事政策,其基本内涵包括"宽"与"严"两个不可偏废的内容,而且还特别强调了"宽"与"严"之间的协调、平衡。申言之,宽严相济中的"宽"指的是宽大、宽和、宽缓,主要表现为非罪化、轻罪化、非刑化、轻刑化、刑法的或然性;而"严"指的是严苛、严格、严厉,主要表现为犯罪化、重罪化、刑罚化、重刑化、刑法的必定性。然而,在社会文明程度不断向前推进的今天,宽严相济的时代精神似乎更加张扬的是"从宽"的一面,而好像忽视了"从严"的一面。其实,唯有"从宽"与"从严"这两方面的相依相随才能真正体现宽严相济这一基本刑事政策。因为宽严相济中的"从宽"与"从严"是一个不可偏废的对立统一体,两者的区别的目的在于对社会危害性程度不同的犯罪作出严厉程度有异的刑事制裁,并由此达到预防犯罪的效果。[2]从目前我国刑法划定的犯罪圈和刑罚圈来看,仍然同时存在着从宽不足或从严不足的问题,应根据犯罪发展的态势、民众对该类犯罪的容忍度以及该类犯罪的社会危害性和高风险

---

[1] 于冲:"食品安全的刑法应对",载《人民法院报》2012年11月30日。
[2] 姜伟、卢宇蓉:"宽严相济刑事政策的辩证关系",载《中国刑事法杂志》2007年第6期。

性等诸多因素进行考量,适时地进行从宽或从严的调适,从而达到减少和预防犯罪的目的。特别是最近几年,我国危害食品安全犯罪频发,究其原因,与我国对食品安全刑事保护法网的粗疏不无关系。刑法对危害食品安全犯罪的规制法网呈现从宽有余而从严不足的现象,宽严相济中"严"的方面也应该充分发挥作用,将食品安全领域相关帮助行为正犯化,进一步扩容食品安全刑法调控范围,倒逼食品安全相关行为人在面对利益冲突时放弃即将或正在实行的犯罪行为,防止因犯罪升级而引发更大的危害后果。

其三,基于域外危害食品安全行为规制的借鉴。发达国家或地区有关食品安全保护的法律已经过数百年的积淀,已趋于完善,而这种完善主要在于编织了严密的刑事法网。其中之一就是在应对食品安全风险时采取法益保护前提化的立法模式,将诸多危害食品安全的预备行为、帮助行为等高风险行为直接正犯化,以便有效地规制危害食品安全犯罪。作为英美法系的代表,美国经过漫长的发展历程,最终构建了严密的食品安全刑事保护法网。美国有关食品安全立法采取分散式立法模式,在《联邦食品药品和化妆品》等一系列法律中将大量的原本属于食品安全帮助行为(像引进、运输、记录、出假证明、虚假保证或拒绝检查等行为)直接规定为实行行为。作为大陆法系的集大成者,德国同样构建了严密的食品安全刑事法网,其中以《食品与日用品法》最为重要。在这些有关食品安全的立法中,德国甚至将看似是预备或帮助的行为(像提供、试验、处理、寄放以及欺骗性广告、告示等行为)均归为惩罚范畴。可知,不论是身为英美法系国家的美国还是身为大陆法系国家的德国,虽然有关食品安全立法的具体规定差异较大,但其中的共同规律之一是都将危害食品安全犯罪的预备行为或帮助行为直接规定为实行行为,这样既避免了处罚这些相关帮助行为的迂回和尴尬,又能严密食品安全的刑事法网,进一步巩固保护食品安全的防线。由此,为避免危害食品安全犯罪相关帮助行为在认定与处罚上的操作困难和由违反罪刑法定原则而带来的尴尬,我国可以借鉴发达国家或地区的食品安全犯罪规制模式,将危害食品安全犯罪的相关帮助行为正犯化,使刑法保护的时机向上游延展,以保障民生安全。

(3)食品安全领域帮助行为正犯化之实现路径。帮助行为正犯化在我国刑事立法中已不是什么新鲜的事情,有关共犯行为正犯化早已存在此类立法例,最为典型的莫过于"协助组织卖淫罪",实际上,协助组织卖淫行为就是组织卖淫行为的帮助行为。从我国《刑法》分则规定的罪名来看,这种帮助行为正犯化立法模式主要有两种类型:一是在规定正犯的基础上,将相关帮助行为等共犯行为明文规定为独立的罪名,较为典型的犯罪有"资助危害国家安全犯罪活动罪""帮助恐怖活动罪""协助组织卖淫罪""容留卖淫罪"等;二是虽不是正犯行为,但将相关帮助行为等共犯行为明文规定为独立的罪名,较为典型的罪名有"帮助毁灭、伪造证据罪"。[1]立法者之所以采取帮助行为正犯化立法模式,主要是因为这种立法模式存在诸多不可忽视的优势:其一,可以前置可罚时点,延展刑法规制环节,堵截犯罪升级,提升法益保护力度,起到进一步严密刑事法网的作用;其二,可以避免与号称"绝望之章"的共犯问题纠结在一起,而且共犯与正犯的区分同样也是"斩不断,理更

---

[1] 姜敏:"法益保护前置:刑法对食品安全保护的路径选择——以帮助行为正犯化为研究视角",载《北京师范大学学报(社会科学版)》2013年第5期。

乱",通过这种立法方式可以在一定程度上绕开或消弭共犯与正犯的区别之争;其三,不仅共犯与正犯的区分诉争不断,而且共犯与正犯的关系一直以来纠缠于是从属关系抑或是独立关系,通过这种立法方式可以较好地回避共犯与正犯的关系之争,可以防止法官由于引用从犯的规定而对帮助犯处罚过轻,从而有违罪刑均衡。

不仅我们国家刑法存在这种立法方式,而且在国际刑法或其他国家的刑事立法中也有大量的立法例,除了如上所述的一些国家或地区食品安全领域相关帮助行为正犯化之实例,其他犯罪类型中同样存在这种立法方式。譬如,在国际刑法打击恐怖活动犯罪的规定中,2011年通过的联合国安理会第1373号决议就将资助恐怖主义活动的行为独立规定为犯罪;[1]《德国刑法典》规定有"促使未成年人进行性行为罪""介绍娼妓罪"等;《日本刑法典》规定有"帮助脱逃罪""看守人员帮助脱逃罪""允许走私罪"以及"自杀关联罪"等。从国内外刑事立法对帮助行为正犯化的立法例可以看出,我们完全可以将食品安全领域相关帮助行为正犯化,以有效解决我国危害食品安全犯罪面临的刑法困境。

那么,如何具体实现食品安全领域相关帮助行为正犯化呢?纵观我国多年来刑事立法的发展轨迹,我们或许可以找到解决路径。我国刑事立法一般通过司法解释、立法解释、单行刑法和刑法修正案等方式实现犯罪化路径。一是司法解释方式,主要通过两高在法律适用过程中将某些行为或对象犯罪化,但此种方式必须在刑法规定的边界内进行,不得与刑事立法相冲突;

---

[1] 王世洲主编:《现代国际刑法学原理》,中国人民公安大学出版社2009年版,第566~567页。

二是立法解释,即由全国人大常委会在刑法适用过程中针对刑法条文及其用语等不明确或者存在模糊不清的地方进行解释,此种方式也必须在刑法规定的范围内进行,不能与刑法规范相抵触;三是单行刑法方式,即由立法机关以"规定""决定"或者"补充规定"的形式将某些行为或对象犯罪化,也即创设新的罪名;四是刑法修正案形式,即由立法机关制定颁布的、对刑法典的某一或某些条款直接予以修改或补充,将某些行为或对象犯罪化,并使之成为刑法典不可分割的组成部分;[1]五是行政立法形式。纵观上述五种立法形式,我们不难发现以下问题:司法解释和立法解释形式必须在确定的刑法范围内进行,也即必须以既有的刑法规范为依据,且不能突破刑法规范的边界,也不得与之相冲突。显然,这两种形式对食品安全领域相关帮助行为正犯化存在很大障碍。单行刑法形式自1997年全面修订刑法以来仅仅使用了一次便淡出了人们的视野,目前再重新启用恐怕也难以实现。行政立法形式虽然在西方国家或地区很是流行,但我国的国家刑事立法与行政立法泾渭分明,要说附属刑法中存在罪刑规范,那也只不过算作"宣示性"条款,并无实际的罪刑关系。刑法修正案形式从1997年《刑法》以后基本成为我国刑事立法修正的主要模式,为使我国食品安全领域相关帮助行为正犯化,我们需要依靠刑法修正案形式。

(四)我国危害食品安全犯罪新罪名的增设

我国《刑法》分则第三章第一节规定的主要是涉及危害食品安全犯罪的基本罪名。但对有害食品的生产者、销售者也有可能适用"非法经营罪""以危险方法危害公共安全罪""侵犯

---

[1] 赵秉志主编:《当代刑法学》,中国政法大学出版社2009年版,第44页。

著作权罪"或"虚假广告罪"等其他罪名。《刑法修正案（八）》增设的"食品监管渎职罪"亦应归属危害食品安全犯罪。从我国当前仍居高不下的食品安全犯罪态势来看，现行刑法尽管设置了相对完备的罪名体系，但并未有效遏制住此类犯罪的发生，同时，现实的司法实践也折射出了针对危害食品安全犯罪刑事立法相对不足的问题。鉴于此，学界近期比较集中的观点是应当进一步扩容危害食品安全犯罪的刑事法网，增设相关罪名。这是关乎刑法的秩序保护与权利保障这两大机能的平衡与调整的重大问题。因为犯罪圈与公民自由始终存在一种此消彼长的逆向关系，无论是对现有犯罪构成要件的扩张，还是一个新罪名的增设，抑或是刑法保护的膨胀，都意味着犯罪圈的扩展和公民自由的限缩，因而切不能恣意妄为，必须作充分的论证和说理，[1]以便既能更加有效地打击食品安全违法犯罪分子，又能更加有力地保障广大民众的身体健康和生命安全，达致现代刑法所要求的权利保障与社会保护的完美平衡。

1. 有关犯罪化与非犯罪化的争论并不排斥食品安全领域的犯罪化倾向

随着《刑法修正案（八）》对危害食品安全犯罪的重大修正和新的《食品安全法》的出台，食品安全领域犯罪圈是否扩展以及如何扩展一直是学界热议的话题。其实，这一问题可以被还原为近年来我国刑事立法政策中犯罪化与非犯罪化相互交锋的问题。[2]从1979年《刑法》到多部单行刑法的出台再到10部刑法修正案的颁行，我国的刑事立法基本上呈现出一个如

---

[1] 叶良芳："危险驾驶罪的立法证成和规范构造"，载《法学》2011年第2期。
[2] 左袖阳："关于食品安全领域犯罪化问题的若干思考"，载《理论月刊》2014年第1期。

第四章 我国危害食品安全犯罪体系完善的具体建言

何实现犯罪化的过程。对此问题一直以来存在两种截然不同的观点：一是由于我国重刑化的传统法律文化使得当代中国仍然特别过分依恋刑法，以致在我国刑事立法一直存在不断增设新罪的倾向，如今到了拒绝进一步的犯罪化并适度非犯罪化的时候了；[1]二是没有哪一个国家单纯地予以犯罪化或单纯地予以非犯罪化，而是不断地实现犯罪化与非犯罪化交替，只不过不同时期的侧重点不同而已。鉴于我国《刑法》第13条但书中所划定的犯罪圈，以及刑法分则对具体个罪的犯罪构成的设定，刑法的触须范围并不宽泛。因而，我国当前甚或今后很长时期内的着力点仍然是犯罪化，而不是非犯罪化。[2]稍加分析不难发现，有关犯罪化与非犯罪化的纷争是从不同层面予以考虑的结果，对于传统犯罪的犯罪化与非犯罪化的问题可谓殊途同归，而对于社会工业化后大量涌现的经济犯罪或行政犯的问题，比较集中的观点是在今后相当长时期内我国应该坚持犯罪化道路。总的来说，无论是主张犯罪化的学者，还是主张非犯罪化的学者，其立论初衷都是如何使刑法充分满足法益保护与权利保障的需要。而无论是犯罪化论者还是非犯罪化论者，在食品安全领域几乎都表现出惊人的一致，那就是可以对此适度予以犯罪化。

2. 食品安全领域犯罪化正当性分析

有关犯罪化的正当性依据，我国学者对此进行了多维阐释，形成了诸多不同观点："严重脱逸社会相当性说"认为，对某些行为是否予以犯罪化抑或非犯罪化，与其说是行为是否具有法益侵害或违反规范，不如说是行为是否达到严重脱逸社会相当

---

[1] 刘艳红："我国应该停止犯罪化的刑事立法"，载《法学》2011年第11期。
[2] 张明楷："犯罪定义与犯罪化"，载《法学研究》2008年第3期。

性的程度。[1]"限制自由原则说"认为,对我国刑事立法是否实行犯罪化应以"限制自由原则"为依据,也即以对他人合法利益的不法损害、不可避免的严重冒犯等为界限。[2]"刑法有效干预说"认为,一般违法行为非犯罪化和严重违法行为犯罪化的决定因素是,刑法能否对这些行为进行有效干预。[3]"刑法价值本位说"认为,犯罪化的范围是否扩张是由刑法价值本位所决定的,是在个人本位与社会本位、法律道德主义与法律自由主义之间在实际应用上的把握。[4]

纵观上述我国刑事立法犯罪化正当性依据的观点,它们均停留在抽象的理论层面的合法性评价上,难以从某些领域的具体层面阐释犯罪化问题。申言之,"严重脱逸社会相当性说"将"严重脱逸社会相当性"植入我国刑事立法犯罪化与非犯罪化的界分,其本身就是一个模糊不清的概念,哪能承担如此重任?而"限制自由原则说"也无法给出划分一般违法行为与犯罪行为的界限。"刑法有效干预论"同样无法回答犯罪化正当性问题,刑法干预社会生活的效果往往是一种事后判断的过程,其刑法干预效果的实像也往往被某一时期的犯罪率所掩饰,某一时期的犯罪率增长或降低的阴晴表可能使刑法干预的效果被评价为正效果或负效果,但这只是外在的表象而已,缺乏数据统计的支撑和考证,其实,刑法干预效果要受多种因素的影响。

---

〔1〕 于改之:"我国当前刑事立法中的犯罪化与非犯罪化——严重脱逸社会相当性理论之提倡",载《法学家》2007年第4期。

〔2〕 方泉:"犯罪化的正当性原则——兼评乔尔·范伯格的限制自由原则",载《法学》2012年第8期。

〔3〕 刘守芬、韩永初:"非犯罪化、非刑罚化之理性分析——报应刑刑事政策视角的观察",载《现代法学》2004年第3期。

〔4〕 蔡一军:"犯罪化范围的法理分析与展开",载《法制与社会发展》2010年第1期。

"刑法价值本位说"是更为形而上的抽象理论,而且个人本位与社会本位、法律道德主义与法律自由主义始终呈现此消彼长的逆向动态关系,亦不能区分犯罪化的范围。因此,对食品安全领域犯罪化正当性依据的分析,不能仅仅满足于形而上的逻辑自洽,更重要的在于实践活动上的演绎。在笔者看来,食品安全领域犯罪化的正当性依据可作如下分析:

(1)风险刑法法益保护提前化的考虑。毋庸置疑,自人类跨入工业社会以来,科技的巨大进步在带给人类充裕物质财富的同时也将自己置于一种不安全的环境之中,而凭借人类自身的力量和能力却无法掌控这种状态。近年来,全球范围内不时爆发的食品安全事件无不显示出人类正处于一个充满风险的社会当中。[1]现代社会中的风险已经不同于早期社会的风险,来自于自然的风险早已被发达的科技冲淡,而科技手段所内生的风险却无时无刻不徘徊在我们周围。尽管现代社会中的风险以多种形式呈现,但传统的风险已不多见,更为多见的是风险社会所独有的新型风险,这种新型风险呈现出了与众不同的特点:一是这种风险在很多情况下具有人为因素,是人类的决策或实践活动所产生的"副产品",可谓是技术性风险;二是这种风险危害巨大,一旦发生就会给人类造成不可挽回的影响;三是这种风险具有不可避免性,是人类在谋求自身生存和发展的过程中所必须付出的代价;四是这种风险具有不确定性,是人类在改善生活质量的同时所必须承担的高风险,但这种高风险何时、何地、以何形式爆发都不可预测,也不可估量;五是这种风险已经跨越国界,具有全球性,在时间维度和空间维度上都具有

---

[1] 郭洁、李兰英:"风险社会的刑法调适——以危险犯的扩张为视角",载《河北法学》2012年第4期。

延展性。

那么，面对这种无处不在而又无时不有的新型风险，以传统刑法来应对就会显得捉襟见肘或无能为力。因为传统刑法的品质不仅严守谦抑精神，不轻易介入社会生活，而且建构的是以实害犯为核心的体系，其规制对象以实害犯为主，以法益实害作为刑事可罚性的归责基底。显然，传统刑法所建构的理论范式已经不再适应"自由必须给安全让路"的风险社会情势，人类时刻处于风险的风口浪尖，控制风险、保障安全成了人们首当其冲的诉求。这就需要国家的刑事立法从传统刑法到风险刑法的立法转型与调整。一是刑法在坚守权利保障机能的同时也需要发挥其维持秩序机能的功能，成为国家管控风险的有力推手，以更加主动的姿态参与到社会生活的管控当中；二是刑法以法益侵害和结果无价值为刑事可罚性的归责基底转向法益危险和行为无价值的判断标准；三是刑法的法益保护提前化，由消极的事后预防转向积极的事前预防。

（2）基于域外立法实践的启示。如上所述，发达国家或地区有关食品安全刑事立法作了较多细密的规定。美国的食品安全基本法《联邦食品药品化妆品法》不仅详尽地规定了大量的侵害食品安全犯罪行为类型，而且周延了食品安全侵害对象，并大量设置抽象危险犯模式以有效打击食品安全犯罪，但为其配置的刑罚处罚却总体轻缓。显而易见，美国食品安全刑事立法趋向采"严而不厉"的刑法结构，同时对食品安全刑事立法采"零容忍"政策。这些相对成熟的立法实践是伴随着长期的市场经济的完善发展凝结而成的，其应对食品安全违法犯罪的成功经验值得我国学习。

（3）当前刑事立法思路的不足。2009 年《食品安全法》取

第四章 我国危害食品安全犯罪体系完善的具体建言

代了《食品卫生法》，这不仅仅是一次重大立法理念的转变，而且 2015 年再次启动修订的《食品安全法》全面、细致地规定了农产品、食品、食品添加剂、食品相关产品以及食品安全标准等静态情状，还周延地规定了食品生产经营的安全规格、食品检验方法与操作规程等动态过程。不仅如此，2011 颁行的《刑法修正案（八）》对生产、销售类食品安全犯罪作了重大修订也得益于《食品安全法》的立法进步。时隔几年，2015 年《食品安全法》再次修订，又往前跨了一大步。现行《刑法》有关食品安全的刑法保护仍然局限于食品的静态保护范式，而未将食品生产经营过程的重要环节予以犯罪化，一旦问题食品被投入消费环节，其造成的危害后果无论是严重程度还是被害人数量都将不堪设想。[1] 不限于此，现行《刑法》有关危害食品安全犯罪的罪刑关系理念还有待更新，更多地体现事后预防，事前预防的设置不足。其实，刑罚抗制犯罪的有效性不仅在于因犯罪人受到惩罚而唤起的规范意识，而且更在于设置事前预防的罪名体系，从而防患于未然。因此，有必要将食品安全生产经营的动态过程犯罪化，使危害食品安全的风险被控制在公民相对能够容忍的范围内。

（4）现有行政责任乏力的缺陷。由于我国长期以来奉行的是"二元制"违法制裁体系，以社会危害性程度为标准，在行政违法与犯罪行为之间划定了一个较明显的分水岭，前者承担的是行政责任，而后者承担的则是刑事责任，而且行政责任总是先于刑事责任启动，只有当食品安全问题达到严重的社会危害性时方启动司法程序以追究其刑事责任。这就使得行政制裁

---

〔1〕 左袖阳："关于食品安全领域犯罪化问题的若干思考"，载《理论月刊》2014年第 1 期。

成了堵截和打击食品安全问题的第一道防线。那么,是否可以通过加强行政制裁的力度来减少刑法的启动?实际并非如此,因为行政责任的优先发动往往会造成这样一些困境:一是由于处于食品链条环节相对较远端的缘故,对一些极有可能造成严重食品安全问题的行为仅规定了行政责任;[1]二是原本可以承担刑事责任的严重危害食品安全行为,由于各种主客观因素而导致"有案难移""有案不移"或"以罚代刑"。这些情形都会使得大量的危害食品安全案件被滞留于行政责任阶段,申言之,现有行政责任对食品安全问题的适用存在一定的局限性:一方面是较轻微的警告、罚款或没收等行政责任处罚方式适用起来虽灵活简便,但其广为诟病的致命宿弊在于所做出的处理缺失正当的司法程序,未免带有较大的恣意性,不仅易滋生腐败,而且适用频率越高,其负面影响越凸显;另一方面是较严重的责令停产停业、吊销许可证等行政责任处罚方式,其适用条件为颇具模糊性的"情节严重",现有立法及司法解释对之又缺乏明确列举,这势必会造成适用条件界限不清,极易出现以行政处罚取代刑事处罚或以刑事处罚取代行政处罚的问题,这就有可能导致对食品安全责任人员处罚畸轻畸重的现象。

(5)刑法谦抑主义不能成为食品安全领域犯罪化的"挡箭牌"。毫无疑问,公正、人道和谦抑是现代刑法的三大原则和支柱,其中的刑法谦抑主义是限制和制约刑法扩张的一大"紧箍咒",因为刑罚权天然具有一定的扩张性,需要时刻予以警惕与限制。每当我国刑法进行修改并将某些行为纳入犯罪圈之时,总会有学者以刑法谦抑主义为根据来抵制将该行为犯罪化。因

---

[1] 左袖阳:"关于食品安全领域犯罪化问题的若干思考",载《理论月刊》2014年第1期。

第四章 我国危害食品安全犯罪体系完善的具体建言

为刑法谦抑主义蕴涵的理念和精神要求刑法自身必须保持矜持，能避免启动刑法的尽量不予动用，使刑法具有"二次法"的性质即最后手段性。这种认识本身并没有错，问题是对某些行为是否犯罪化不能仅仅从刑法谦抑主义角度考虑，其是一个综合考量的结果。学界所倡导的刑法的谦抑性，并非说不能增设新罪名，因为刑法的谦抑性表达的是刑法与其他法律之间的实践关系，当其他法律治理社会失灵时，才能够诉诸刑法。[1]在食品安全领域，当刑法规范供给不足时，就可以新设刑法规范，这本身就是刑法谦抑性的基本要求。况且，刑法谦抑主义本身就是一个模糊不清而又极不具有可操作性的概念，以刑法谦抑主义的思路来判断何种情形下需要动用刑法、何种情形下不必启动刑法难以得到明确的答案。因为刑法谦抑主义只是一个现代刑法理念而已，它并不能给出一个明确的动用刑法与不动用刑法的条件、标准和规格。这样，以此概念为依据来论证是否将某类行为予以犯罪化，无疑是不合乎逻辑的。[2]就食品安全领域是否予以犯罪化问题，不仅要从刑法谦抑主义视角考虑，而且更需要从食品安全领域犯罪发展态势、社会危害性程度、公民的容忍度、预防犯罪效果、国家的刑事政策等诸多方面进行综合论证。

3. 食品安全领域犯罪化实现路径

在对食品安全领域犯罪化的正当性依据进行分析之后，接下来的问题就是增设何种类型的犯罪才能堵塞罪名设置的漏洞。笔者认为，食品安全领域的犯罪化可以考虑以下犯罪类型。

---

[1] 苏永生："刑法谦抑主义的西方图景与中国表达"，载《法学杂志》2016年第6期。

[2] 马聪："刑法起刑点的降低——以劳动教养制度的废止为切入点的思考"，载《山东警察学院学报》2014年第2期。

(1) 增设过失犯罪。如上所述，我国刑法有关危害食品安全犯罪的基本罪名均属于故意犯罪，现实的司法实践中大量存在问题食品的生产者、销售者因过失的主观心态导致重大食品安全事故或者其他严重后果却没有相应罪名予以规制，导致或放纵犯罪，或转而以过失以危险方法危害公共安全罪论处的情况。虽然能让行为人受到相应的刑事制裁，但罪名的合理性总是备受质疑。因此，有必要在我国刑法分则中增设过失危害食品安全犯罪。

第一，不处罚过失的食品安全犯罪行为并无道理，因为在食品生产经营活动中，行为人的过失行为造成严重的社会危害性的情况客观存在，[1]有些时候过失行为导致的危害结果相较于故意犯罪造成的后果有过之而无不及。在处理食品安全案件的过程中，如果不追究过失行为人的刑事责任，以罚代刑，相较于行为所引起的后果，明显不均衡，也不符合罪责刑相适应原则。因此，食品安全行为人在过失的主观心态支配下所实施的严重危害食品受害人身体健康和生命安全的行为，根据主客观相统一原则，完全可以构成犯罪。

第二，食品安全违法犯罪之所以屡禁不止，就是因为违法行为人能够从中谋取到高额的经济利益。如果过失行为不处罚或处罚过轻，就会使得食品违法犯罪成本低廉，相应地会纵容或刺激违法犯罪分子生产经营问题食品"乐此不疲"。将过失危害食品安全行为入罪，从规范意义上来说，能够强化食品安全从业人员的责任意识和注意义务，杜绝其侥幸心理或盲从心理，从而减少因过失行为而导致的食品安全事故。2018年修订的

---

[1] 范雪珂："危害食品安全犯罪故意之界定及过失之增设"，载《社会科学》2019年第9期。

《食品安全法》第 50 条就明确规定了食品生产者的法定义务，即在采购食品的原料、添加剂以及相关产品时，履行查验供货方的许可证和产品合格证明文件等义务，如果食品生产者不履行这些法定义务，就极易发生严重后果。[1]刑法作为其他法律的保障法，如果设置一些与食品安全法相应的法定义务作为规制对象，能够更好地增强食品从业者的责任心，促使其履行好这些法定义务，很多的食品安全事故就会避免。

第三，现行《刑法》仅规定危害食品安全犯罪为故意犯罪已不适应现实发展。一方面是因为如今过失行为造成的客观危害有时比故意还要严重，在食品安全领域一味秉持以处罚故意犯为原则的规则基底，不仅无法发挥好刑法保护法益的功能，而且还可能造成公诉机关举证不能从而降低证据标准，造成实质正义与程序公正两败俱伤的局面；另一方面是发达的现代食品工业化不断刷新食品相关生产技术水平和提升食品安全检测标准，水涨船高，相关食品法律法规也会日益提高食品从业人员的专业要求和注意义务。有了这些法定的注意义务，如果食品从业人员违反这些注意义务而造成严重危害结果，自然有可能承担相应的包括刑事责任在内的责任。

第四，一些发达国家或地区有关维护食品安全犯罪的立法规定了过失的主观心态，这不仅严密了食品安全的刑事法网，而且有效堵塞了食品安全发生问题的漏洞。发达国家或地区关于过失可以构成危害食品安全犯罪的立法经验值得我们借鉴。

第五，现代食品行业如此发达与高科技的广泛应用密不可分，科学技术在带给食品行业无限发展机遇的同时，也使食品

---

[1] 范雪珂："危害食品安全犯罪故意之界定及过失之增设"，载《社会科学》2019 年第 9 期。

行业充满了许多潜在的或未知的危险,相当一部分食品安全事故的发生都不是由行为人的故意行为造成的,因而将危害食品安全犯罪一味地以故意犯罪处理的做法并不周延,同时还需要过失犯罪的运用。[1]

基于严密食品安全的刑事法网、严惩食品安全犯罪和切实保障民众的饮食安全的需要,将危害食品安全犯罪扩展至过失犯领域已经得到了绝大多数学者的支持。但也有极少数学者持如下不同意见:一是对食品安全领域的注意义务是否有提高的基础仍存疑问;二是故意犯罪与相应的过失犯罪不存在特定关系;三是不应该过分评价过失危害食品安全行为导致的危害结果;四是域外的刑事立法经验不宜生搬硬套。[2]稍加分析不难发现,论者的论据并不能令人信服,难以得出合理结论。其一,自然科技的突飞猛进不断促进食品行业的蓬勃发展,同时也促进了食品安全领域法律法规以及操作规程的不断健全,这些相关法律法规和操作规程基本上都明示了食品从业人员承担必要的注意义务。义务与责任往往相伴而生,仅仅设定义务而阙如责任极不利于敦促食品行业及其从业人员严格依法依规进行食品生产经营。而且,现实当中大量存在由于不认真履行注意义务而过失危害食品安全并造成严重后果的情形,这些人应该担当过失犯罪的刑事责任。诚然,过失危害食品安全犯罪行为属于业务过失的一种,它与交通运输、医疗卫生等行业的注意义务并无层次差别。在交通运输、医疗卫生等行业理所当然地可以设定过失犯,为何在食品行业就不能设定过失犯呢?论者所

---

[1] 毛乃纯:"论食品安全犯罪中的过失问题——以公害犯罪理论为根基",载《中国人民公安大学学报(社会科学版)》2010年第4期。

[2] 李森、陈烨:"食品安全领域泛犯罪化思考",载《政治与法律》2013年第7期。

第四章 我国危害食品安全犯罪体系完善的具体建言

说食品行业的规范化程度不高,只能说明其在立法上有待进一步明确责任义务和操作规范的空间,并不能得出尚未达到刑法上的注意义务的要求。其实,过失犯罪的注意义务一般指的是预见义务和回避义务,主要来源于法律的规定、职务业务上的要求或者是公共生活准则的要求,[1]这些注意义务无论在食品行业还是在交通运输、医疗卫生等行业都是存在的,并无论者所说的层次差别,都能符合刑法上的注意义务的要求。其二,过失是与故意不同的概念,更不是故意的减轻形式。相较于故意犯罪形式,相应过失犯罪的违法性和责任性均较轻。[2]之所以在食品安全领域设置过失犯毋宁说是为了破解"明知"认定的困境从而降低追究食品安全故意犯罪人刑事责任的难度,不如说是由食品安全过失行为入罪化的必要性和可行性所致。虽然故意犯罪和过失犯罪并非存在一一对应的关系,但犯罪故意与犯罪过失并非是两种对立关系,有些行为可能存在复合罪过的心理态度,根据主客观相统一的刑法原则,如果食品安全领域行为人在过失的主观心态下实施了严重危害民众身体健康和生命安全的行为,成立过失犯并无任何障碍。其三,增设过失犯罪并不是仅仅基于过失危害食品安全行为所造成危害后果的考虑,也更无过度评价危害后果之理,而是结合食品安全领域犯罪化正当性依据,从主客观相统一原则出发综合评价的结果。其四,对待域外的刑事立法经验生搬硬套无疑是错误的,需要结合我国的国情、社情和民情等实际情况进行立法。但对于一

---

[1] 高铭暄、马克昌主编:《刑法学》(第5版),北京大学出版社、高等教育出版社2011年版,第115页。

[2] H. Jescheck/T. Weigend, Lehrbuch dos Strafrechts Allgemniner Teil, 5 Aufl. Duncker & Humblot1996, S. 563, 转引自张明楷:《刑法学》(第3版),法律出版社2007年版,第232页。

些发达国家在市场经济趋于完善过程中积累的食品安全刑事立法经验我们可以吸收与借鉴,免得我们在法治建设中走弯路。这需要以本国的司法实践为背景,充分论证该刑事立法有其设立的必要性和可行性,才可以有的放矢地借鉴他国刑法的有关规定,为我所用。

(2) 增设不作为犯罪。现代刑法遵循以处罚作为犯为原则,处罚不作为犯为例外的归责基底,故对不作为犯的处罚范围历来持限制立场。[1]但这也不尽然,刑法分则规定的很多罪名均以不作为方式构成。因为作为与不作为是危害行为的两种基本行为方式,只要是行为人以一定的作为义务为前提,能够履行该作为义务而没有履行并造成严重危害结果发生的,均有可能构成不作为犯。就危害食品安全犯罪而言,我国刑法主要是规定了以作为方式实施的危害食品安全犯罪。那么,危害食品安全不作为犯罪是否就没有存在的空间呢?答案是否定的,最为典型的就是拒不召回危险食品并造成严重危害后果发生的行为。为编织更为严密的刑事法网,我国有必要增设此类不作为犯罪,主要目的在于让行为人负有一定的作为义务。譬如,早在2007年国家质检总局就颁发了《食品召回管理规定》,并对食品召回的管理体制、问题食品的危害调查与评估、食品召回实施方案以及相应的法律责任等均作了详尽规定。2009年颁行的《食品安全法》正式确立了食品召回制度。而且,2015年新修订的《食品安全法》再次重申了食品召回制度。食品召回制度规定了食品的生产经营者在发现其生产经营的食品不符合食品安全标准时应当立即实施召回,采取补救、无害化处理或销毁等相关

---

[1] 何荣功:"社会治理'过度刑法化'的法哲学批判",载《中外法学》2015年第2期。

第四章 我国危害食品安全犯罪体系完善的具体建言

措施,并对拒不履行召回义务的食品生产经营者施加相应的行政责任。那么,问题是如果食品生产经营者拒不履行召回义务并给广大民众造成身体健康和生命安全损害,仅仅让食品生产经营者承担行政责任未免过于轻缓,不足以起到有效威慑的作用。根据不作为犯罪的刑法原理,此种情形完全可以成立不作为犯罪。然而,我国刑法针对此类行为的罪名,应当在今后的刑事立法中增设不作为犯罪。

增设不作为犯罪获得了学界大多数人的支持,但仍有少数学者持有不同意见。该论者认为,一是既然故意的危害食品安全犯罪并不产生刑法上的作为义务,即便拒不履行缺陷食品召回义务,也不会成立新的不作为犯罪;二是如果增设不履行食品召回义务的犯罪,则会堵塞过失危害食品安全犯罪的立法之路;三是对于拒不履行食品召回义务的违法行为并非用尽其他手段。[1]在笔者看来,论者所述的情形并不成立。其一,《食品安全法》规定了对责令召回而仍不召回的食品生产经营者应承担相应的行政违法责任,这不仅可以预防食品安全事件的发生,而且可以阻止危险食品危害的进一步升级。但由于行政违法责任的力度有限,《食品安全法》设立的食品召回制度理应得到刑法的回应和保障。其二,食品生产经营者因过失生产经营危险食品并造成食品安全事故发生的,可以构成过失犯罪,并不会阻塞过失犯罪的立法之路。因为其先前行为就已经构成了犯罪,那么后续的行为(像拒不履行食品召回义务的行为)便可以作为从重处罚的情节。[2]其三,随着现代食品工业生产经营的规

---

[1] 李森、陈烨:"食品安全领域泛犯罪化思考",载《政治与法律》2013年第7期。

[2] 吴玉萍:"民生刑法视角下食品安全犯罪之刑法规制",载《齐鲁学刊》2014年第4期。

模化、科技化或专业化，现今的食品生产工艺、操作规程或生产指标参数等都繁琐复杂，这导致很多食品的安全性在较短时间内不可能得到准确评估。纵然严格按照操作规程生产出来的食品在当时检测是安全可靠的，但食品一旦流入餐桌却有可能暴露出对身体健康的危害。在此前，食品的生产经营者也可能并无主观罪过，但只要发现其流通中食品存在安全隐患，在有关主管部门责令其召回的情况下，食品生产经营者便负有阻止危险食品的危害继续扩散的义务，能为而不为的，自然可以构成不作为犯罪。

（3）增设持有型犯罪。为严密刑事法网，增设持有型危害食品安全犯罪具有必要性和正当性。其主要理由阐释如下：

其一，风险社会语境下增设持有型犯罪与风险刑法理论的要求相吻合，能够起到堵截犯罪、控制风险的作用。风险社会背景下所不断展现的各种社会风险往往具有整体性、难以感知性、持续性或灾难性等特征，这种风险可能以物质化或非物质化的危害结果呈现，已超越人类当前能够控制的时空界域，但不论以何种形式呈现，这种风险一旦发生便不可避免，其侵害后果难以想象。然而，传统的罪责刑法观只有在不法行为对法益造成危害后果时才做出反应，无疑是一种事后应对，显然难以迎合与满足风险社会人类对安全价值的祈求。[1]这就需要我们在风险控制的驱动下使传统刑法逐步转向安全刑法，因为基于风险社会理论下的安全刑法具有防范各种社会风险的优势与能力：一是安全刑法所关注的主要是行为人所制造的风险，所担当的首要任务是对安全的周全保护，甚至于自由可以为安全

---

[1] 刘伟："风险社会语境下我国危害食品安全犯罪刑事立法的转型"，载《中国刑事法杂志》2011年第11期。

让位，从而实现对风险的最大限度控制；二是安全刑法的刑罚目的从消极的一般预防论转向积极的一般预防论，强化民众的规范意识以消除风险社会中那些潜在的危险；三是安全刑法采刑事预防普遍化和刑事法益保护提前化的做法，通过刑法干预范围的扩展化，将对人类的重大法益有严重威胁的危险行为予以犯罪化，尤其是在经济、环境、食品安全等领域适度增加犯罪罪名，采抽象危险犯或预备犯独立成罪的立法技术，将刑罚的处罚重心前移至违反禁止规范行为。总之，风险社会理论下的安全刑法观与食品安全领域增设持有型犯罪的理念相契合。

其二，持有危险食品行为若不及时堵截将会急剧扩散并造成极大危害后果。纵观持有型犯罪的立法设计，其不外乎有两种类型：一是持有特定犯罪工具或凶器的预备犯行为独立成罪；二是因具有侵犯重大法益的危险或可能掩饰、隐瞒重大犯罪行为而使持有特定物品的行为独立成罪。[1]对于前者实际上是立法者为追究实质预备犯的刑事责任而运用的立法技术，而对于后者其立法旨意在于将持有特定物质行为处罚前提化以有效堵截犯罪的进一步升级。显然，增设持有型危险食品犯罪行为属于后者，行为人之所以持有或储存大量危险食品，其背后隐藏的目的是通过流通消费环节获取高额利益，虽然这些危险食品在行为人投放社会之前暂时不会发生什么物质性的危害后果，而且行为人肯定要将这些危险食品转手换取钱款之后才会善罢甘休。但是可以设想，这些危险食品一旦被投入社会，物流科技可以使得这种食品在一夜之间便分散到千家万户的餐桌，其后果将不堪设想，也难以复原。况且，生产、销售危险食品的

---

[1] 刘伟："风险社会语境下我国危害食品安全犯罪刑事立法的转型"，载《中国刑事法杂志》2011年第11期。

行为往往具有隐蔽性或渐进性，查证起来极为困难，尽管办案人员为调查取证耗时耗力，但打击效果仍不尽如人意。如果将这种来路不明、去向不清的危险食品以持有型犯罪论处，上述困惑便可迎刃而解，这能够将危险食品及时扼杀在犯罪的初级阶段，起到有效堵截与防止此类犯罪迅速升级的功能。

其三，有相当一部分国家或地区均将持有危险食品的行为犯罪化。不少国家或地区都将持有危险食品的行为入罪化，以达到严密刑事法网之目的。像《瑞士刑法》第233条对贩卖有害健康之饲料罪的规定，《意大利刑法》第442条对公共健康造成危险的方法为销售而持有、销售或为消费而分发的行为之规定等。这些持有型犯罪的立法尝试或许可以为我们提供有益的经验。

其四，持有危险食品行为并非"介入选择性行为"，其危险后果不可估量。从法理上说，持有危险食品行为并不同于持有伪造发票的行为，在行为性质上它非"介入选择性行为"，其最终侵害法益结果的发生无需后续行为的介入，只要将持有的危险食品置于消费流通环节，则造成的危险便不可想象。正是基于此，从行为的性质和危险性程度来看，不论怎样，它都可以与非法持有枪支、弹药以及非法持有货币等这些特定对象相匹配。那么，既然非法持有枪支、弹药以及非法持有货币等行为可以独立成罪，与其相提并论的持有危险食品行为为何不能入罪呢？其行为的特点和危险性程度都决定了国家对持有危险食品这类行为动用刑法规制已经具备了处罚的必要性和正当性。

二、我国危害食品安全犯罪刑罚体系之完善

"厉而不严"和"严而不厉"为储槐植教授创造性地提出

的两种刑罚结构类型。其中，"厉而不严"指的是刑罚苛厉，法网不严，而"严而不厉"指的是刑罚轻缓，法网严密。[1]其指出我国当前的刑罚结构仍属于"厉而不严"，而合理的刑罚结构应是"严而不厉"，我国刑罚结构正在从"厉而不严"向"严而不厉"的方向发展，从而构建出刑事一体化思想。[2]这一刑罚思路已在刑法学界同仁中产生一致性共鸣。当前，我国食品安全刑事立法仍然涉及的是"厉而不严"的问题，其中表现之一就是刑罚严厉问题。就我国危害食品安全基本犯罪而言，"生产、销售不符合安全标准的食品罪"的法定刑最高刑达到无期徒刑，而"生产、销售有毒、有害食品罪"法定最高刑可至死刑，这两个罪不仅起刑点在拘役刑以上，而且还可以并处无限额罚金或者没收犯罪分子全部财产。因此，我国未来的危害食品安全犯罪刑事立法在进一步严密法网的同时需要降低刑罚的严厉度，结合我国当前的实际，构建科学、合理的刑罚体系。

（一）我国危害食品安全犯罪死刑适用之调适

毫无疑问，死刑是最受关注且备受争议的剥夺犯罪人生命的刑罚强制性方法。这一古老而又严酷的刑罚在历史上的某一时期曾经达到登峰造极的地步。自1764年，贝卡利亚在其传世之作《论犯罪与刑罚》中首次划破长空，发出了废除死刑的呐喊之后，有关死刑的存废之争便在国际范围内拉开了序幕。历经几个世纪的洗礼与变迁，死刑存废之争一直是国际社会关注的热点问题。随着社会的发展和人类文明的逐步推进，公民权利意识不断提升，权利保障的理念不断张扬与深入人心，刑罚

---

[1] 储槐植：《刑事一体化论要》，北京大学出版社1997年版，第54页。
[2] 储槐植：《刑事一体化与关系刑法论》，北京大学出版社1997年版，第305页。

也随之变得日趋理性化与人道化,世界各国对于刑罚目的之选择正逐步由报应主义过渡为积极预防。流淌到今天的死刑制度正面临着诸多困境与质疑,在当下的法治文化长河中不时翻起冲突与扬弃的浪花,死刑的生存空间日趋收敛或受到挤压,限制死刑、减少死刑乃至废除死刑已经成为当今世界刑罚改革的必然归宿。[1]即使是保留死刑的国家或地区也只将其适用于最为严重的犯罪,废止死刑已成为国际刑事法律发展所不可逆转的整体趋势。

鉴于我国长期以来"杀人偿命"的观念已深深嵌入民众的意识之中,基于重刑主义的历史惯性以及打击犯罪的现实需求,我国现阶段还不具备全面废除死刑的条件。但是,暂时保留死刑、严格限制和减少死刑,贯彻"慎杀少杀"的死刑政策,已经成了当代中国决策领导层、法律人乃至广大民众的普遍共识。[2]有学者早就设计出了逐步全面废除死刑的基本路径:废除死刑从经济性、非暴力性犯罪逐步过渡到非致命性暴力性犯罪,再到致命性暴力性犯罪;从立法上保留死刑的条款到司法上搁置死刑或者不判处死刑,再回归到立法上完全废除死刑,最终达致完全废除死刑。不可否认,在危害食品安全犯罪仍然严峻而社会反响强烈的背景情势下,在较长的一段时间内保留对此类犯罪的死刑设置具有一定的必要性和合理性。然而,危害食品安全犯罪作为典型的经济性、非暴力性犯罪,立法者和司法者理应积极回应我国的死刑政策,结合我国危害食品安全犯罪的死刑适用条件,进一步限缩,首先考虑将危害食品安全犯罪的死

---

[1] 谢望原、王波:"论《刑法修正案(八)》对刑事处罚制度的完善",载《法学杂志》2011年第6期。

[2] 赵秉志:"当代中国死刑改革争议问题论要",载《法律科学(西北政法大学学报)》2014年第1期。

刑适用主体限定于"产品的生产者"。这其中的法理阐释如下：

1. 死刑政策视角阐释

从死刑政策上说，我国在"少杀慎杀"政策的引领下踏上了逐步削减死刑的征途。2011年的《刑法修正案（八）》在一夜之间削减了13个死刑罪名，约占整个刑法分则死刑总数的19.1%，可谓是我国在削减死刑进程中的一次"大跃进"。[1]只要有开始就不会终止，时隔3年，2015年通过的《刑法修正案（九）》又一次性地削减9个死刑罪名，自此，我国刑法典仅剩46个死刑罪名，而且绝大多数集中在暴力性犯罪类型中，令人振奋不已。从《刑法》分则第三章破坏社会主义市场经济秩序罪所属的罪名来看，只有两个罪名即"生产、销售有毒、有害食品罪"和"生产、销售假药罪"仍然保留死刑，[2]如果对这两个罪名的死刑适用加以严格限制乃至最终废止其死刑，那么，《刑法》在继第九章渎职罪之后，我国又实现了接近"零死刑"的章节。如果当前将危害食品安全犯罪的死刑适用限定于"产品的生产者"，不仅可以使危害食品安全犯罪的死刑适用条件具有更为细腻的内涵，更为重要的是，它正是通往危害食品安全犯罪全面废止死刑路径的前奏，有了黎明的前奏，目的地还会遥远吗？

2. 犯罪原因与结果视角阐释

从犯罪的原因与结果上说，行为人生产、销售有毒、有害食品导致多人死亡或伤残的严重后果，这是本罪适用死刑的最主要参数。但是，仍有一些问题值得进一步反思：其一，危害

---

[1] 要亚玲、赵均锋："削减死刑之路上的《刑法修正案（九）》（草案）——为九大罪名取消死刑的辩护"，载《河北法学》2015年第4期。

[2] 根据《刑法》分则的规定，"生产、销售有毒、有害食品罪"与"生产、销售假药罪"这两个罪名的死刑适用同一个条款。

食品安全犯罪错综复杂、千头万绪，其犯罪链条涉及产品的研发者、生产者、加工者、储存者、运输者以及销售者等诸多参与者，并且，危害食品安全犯罪在刑法上因果关系更为特别，其中的原因行为具有复杂性、间接性或多元参与性，而危害结果大都具有多因性、潜伏性和渐进性。申言之，危害食品安全犯罪致人伤亡的严重后果往往是基于多种因素或条件，而且大多数的危害结果都不是即刻发生的，其危害的潜在性需要经过一段时间方才显现甚或是要经过漫长的等待。这种危害行为与危害结果之间在时间上的间隔性与渐进性，使得危害行为与危害结果之间的因果关系变得更加扑朔迷离，更难以证明。[1]食品安全恶性案件往往并非由一个环节引发，缺少哪一个环节的参与人均无法实现犯罪后果。其间究竟哪一个环节的参与人起到主要或关键的作用，由于缺乏确凿的证据予以证明，司法机关有时难以判定。其二，尽管说危害食品安全犯罪的生产者是罪魁祸首，是危害食品安全犯罪的危险源，当然应担当重大责难。但问题是危害食品安全犯罪的生产者与造成的严重后果之间往往只存在链条较远的间接因果关系，并非具有直接的因果关系。例如，在"三鹿奶粉"案件和河南"瘦肉精"案件中，生产三氯氰胺的张某军和生产"瘦肉精"的刘某均被判处死刑，一个不能回避的问题是，虽然两人均是食品安全危险源的制造者，但如果没有关键的中间环节，造成多人死伤的严重后果断然不会上演。其三，社会的飞速发展和人们多元价值观的彰显，使得人们并没有日益尊重科学技术，而且科学技术和检测技术的进步，也并未使科学理性广泛深入人心，社会理性仍居于

---

[1] 陈冉："我国食品安全犯罪认定中的新问题研究——以《刑法修正案（八）》为视角"，载《吉林公安高等专科学校学报》2011年第6期。

高地。

3. 犯罪主观心态视角阐释

从犯罪人的主观心态上说，对于危害食品安全犯罪造成多人死伤的严重后果，其行为人往往是出于故意的心理态度，对其判处死刑才具有刑罚的正当性，也符合罪责刑相适应原则。然而，结合司法实践中发生的诸多案件来看，行为人对于致人死伤的严重后果究竟是出于故意还是过失，一直是法庭内外激烈争论或博弈的焦点，就连犯罪人本人也发出过"这些东西，我们也经常吃"的辩解。不过，实际上，法官对之难以查证，以致无法分辨出被告人对于危害结果究竟持何心理态度，有时会迫于舆情的波澜或片面追求社会效果的目的而有意回避上述棘手问题，对被告人仍然判处死刑以安抚民众。但是，无论怎样，以下几个事实都是可以予以证成的：其一，危害食品安全犯罪的行为人之所以实施生产、销售有毒、有害食品几乎无一例外地都是为了追求非法高额利益，致人伤亡的严重后果不可能为行为人所积极追求或希望发生，也即其主观心态不可能为直接故意，充其量算得上是一种放任的间接故意，但不排除有持过失心态的可能；其二，危害食品安全犯罪关乎诸多环节，致人死亡的严重惨剧也并非其中一个环节或一个参与人所致，而是食品链条中诸多环节或多人参与互动的结果。但不可否认的是，生产者可谓是有毒、有害食品的危险源，是犯罪的造意者和直接实施者，在整个食品犯罪中居于绝对的主导地位。因而，在当前危害食品安全犯罪有死刑配置的情势下，对生产者施加死刑，合乎罪责刑相适应原则，也符合民众严惩此类犯罪的诉求。但是，对于其他环节的行为人应尽量减少死刑的适用。限缩死刑的适用面。因为对于危害食品安全犯罪的参与者来说，其所处的环节距离食品生产者越远，其主观心态所具有的故意程度就越低，对其适用死刑的正当性就越值得怀疑。

4. 犯罪生成机理视角阐释

从危害食品安全犯罪的生成机理上来说，当前食品安全事故凸显且危害后果严重或许是危害食品安全犯罪适用死刑的正当根据。即便如此，危害食品安全犯罪行为人在更多的情况下仍然是以追求经济利益最大化为其目的。从本质上来看，并不直接追求对他人健康生命的侵害。同时，将危害食品安全犯罪与民众意识公认的故意杀人、放火、投毒等这些性质极为恶劣的犯罪相比，虽然危害食品安全犯罪在客观上可能引发人身伤亡事故，但行为人的主观恶性仍然相对较低，在食品安全领域逐步收敛死刑适用主体是有正当根据的。危害食品安全犯罪既具有经济犯罪的属性又具有法定犯的属性，这使得这些犯罪的发生与国家的经济管理体制和社会管理体制及其能力有紧密关系，如果社会处于管理不善和经济混乱等状态，这些犯罪的滋生便不可避免。诚然，对这些犯罪的治理之道并不在于轻易地动用刑罚，更不用说是死刑。[1]不仅如此，危害食品安全犯罪发案原因相当复杂，固然与犯罪人无良无责的个人原因密不可分，但社会原因和制度原因等各种因素的融汇才促成了我国危害食品安全犯罪的高发。究其原因，在很大程度上在于社会环境和体制机制的不健全，如现代市场经济体制不健全、法律体系不完备、社会管理机制滞后、行政执法监管有漏洞、执法不严、处罚不利、不正之风盛行等。[2]还有学者将我国食品安全

---

[1] 陈兴良："减少死刑的立法路线图"，载《政治与法律》2015年第7期。
[2] 陈涛、潘宇："食品安全犯罪现状与治理"，载《中国人民公安大学学报（社会科学版）》2015年第4期。

第四章 我国危害食品安全犯罪体系完善的具体建言

问题的深层因由归结为公民道德主体性的缺失。[1]故此,实现对危害食品安全犯罪的有效治理,其工作重心既在于社会政策的建设,也在于法律体系的完备;既在于现代市场经济体制的完善,也在于行业自律与综合执法的加强;既在于革新管理体制,改进管理方法,也在于提升管理能力;既在于加强管理与堵塞漏洞,也在于努力构筑新时期公民道德诚信体系,塑造公平正义的社会环境。如果对此类犯罪较普遍施以死刑,无异于将原本应由社会承担的责任完全转嫁于犯罪人,这对犯罪人来说既不公平也不正义。

5. 死刑威慑效应视角阐释

从死刑的威慑效应上说,死刑对于危害食品安全犯罪的威慑效应很有限。根据"边际效益递减法则",刑罚的威慑力并不一定随刑罚严厉性的增加而提升,在达到一定程度后,刑罚威慑的收益反而会随其严厉性的增加而递减。[2]应该追求最优边际成本效应,因为这样的制度能够实现惩罚犯罪的经济与高效。[3]德国刑法学家李斯特认为,利用法制与犯罪做斗争要想取得成效,必须具备两个不可或缺条件,即不仅需要正确认识犯罪的原因,而且需要正确认识国家刑罚可能达到的效果。[4]我国多年来与食品安全的斗争实践也足以证实这些,尽管我国现行刑法对之配置了最为严厉的死刑,而现实的司法实践对于某些严重危害

---

[1] 纪丽萍:"论我国公民道德主体性的缺失——基于食品安全的分析维度",载《江苏大学学报(社会科学版)》2012年第3期。

[2] 孙广坤:"死刑威慑力的经济学分析",载《黄河科技大学学报》2011年第3期。

[3] Richard, A. Posner, *The Economics of Justice*, Harvard University Press, 1983, pp. 194~197.

[4] [德]费兰茨·冯·李斯特:《德国刑法教科书》,[德]埃贝哈德·施密特修订,徐久生译,何秉松校订,法律出版社2000年版,第13页。

食品安全的犯罪人适用死刑的也为数不少,旨在严厉打击此类犯罪,从而威慑潜在的犯罪者,但效果尚未尽如人意,危害食品安全的违法犯罪活动仍然呈高发态势。

总之,死刑并非是遏制危害食品安全犯罪的灵验手段,但搁置不合理适用死刑的策略绝不意味着放纵此类犯罪。当然,废止危害食品安全犯罪的死刑适用绝非一日之功,需要较为漫长的岁月积累来促成死刑废止的条件。但当前将危害食品安全犯罪适用死刑的主体限定于"产品的生产者",这不仅符合危害食品安全犯罪的实际状况,而且也与我国当前死刑政策的主流话语相契合。

(二) 我国危害食品安全犯罪自由刑之完善

1. 降低起刑点,保留管制刑和拘役刑

《刑法修正案(八)》对危害食品安全犯罪加大惩治力度的表现之一就是取消了单处罚金刑,排除了管制刑,提升了此类犯罪的起刑点。立法者如此设置,或许是基于对危害食品安全犯罪打击效果的考虑,从而加大惩治力度,实际上可能会适得其反,对其改造效果更为不利。

(1) 立法者忽视了管制刑和拘役刑存在的优势。管制刑是一种起源于民主革命时期的刑罚制度,在当时对于教育改造犯罪分子确实起到了良好效果。但随着中国社会的快速发展,大量人口外出务工,导致人口流动极为频繁,这给管制刑的执行带来了诸多问题,使管制刑的执行大多流于形式,这也是管制刑被广为诟病的症结所在。其实,管制刑作为我国刑罚体系主刑中最为轻缓的刑种,起着无可替代的作用,它不仅对于犯罪情节较轻且有悔改态度的犯罪人判处管制能够做到罚当其罪,而且可以较好地避免监禁刑无法回避的致命弊端,既不用剥夺犯罪人的人身自由，又不使其脱离家庭生活，还可以使犯罪人自我革新。而拘役刑与管制刑一样同属于较轻的刑罚，虽然它就近在拘役所内剥夺犯罪人一定的人身自由，但期限较短，而且还有一定的待遇，不会对犯罪人的人格造成太大的伤害，对于犯罪较轻的犯罪人判处拘役同样可以做到罚当其罪，还可以起到一定的威慑和规范其行为的作用。

（2）立法者忽视了罪刑相适应原则的基本要求。对于危害食品安全犯罪情节较轻的犯罪分子，根据其悔罪或悔改表现，理当考虑判处管制刑或拘役刑，这是罪责刑相适应原则的基本要求。[1]尤其是在风险社会背景下，刑法保护食品安全法益的提前化和早期化趋势明显，针对原来危害性较轻的违法行为，如今可能予以犯罪化，所以对应刑罚的第一格刑比较适宜管制或拘役，甚至单处罚金。然而，《刑法修正案（八）》却提高了危害食品安全犯罪的起刑点，将单处罚金和管制刑剥离到危害食品安全犯罪之外，同时也大大挤压了社区矫正制度对于危害食品安全犯罪的适用空间。2011年颁行的《刑法修正案（八）》首次新增了社区矫正制度，自此，中国刑罚体系结束了监禁刑"一统"的局面，开启了监禁刑与非监禁刑并存的格局。正式确立的社区矫正制度规定，对于判处管制、宣告缓刑的犯罪人可依法实行社区矫正，并且现行刑法规定，对于判处拘役或三年以下有期徒刑的犯罪人可以同时宣告缓刑。然而，对于危害食品安全犯罪，由于起刑点就是拘役或有期徒刑，进而排除了管制刑，这便意味着危害食品安全犯罪的轻刑犯依法实行社区矫正制度的适用空间很有限，并不利于对犯罪人的教育改

---

[1] 张德军："中国食品安全刑法改革的系统性思路与进路"，载《理论学刊》2015年第2期。

造，尤其是对于危害食品安全犯罪的轻罪犯，难以做到罪刑均衡。

（3）立法者过分相信监禁刑有效改造罪犯的神话。监禁刑虽然可以将犯罪人限制于监狱或执行场所，剥夺其再犯能力，一劳永逸地达到特殊预防的目的，但监禁刑本身却具有不可调和的悖论。对此，苏联刑法学家A.M.雅科夫列夫曾做过全面而透彻的分析：一是监禁刑的目的是最大限度地使犯罪人适应社会的正常生活，但又不得不将其与社会隔离开来；二是虽然希冀以正确的观点取代犯罪人头脑中的有害想法和习惯，期望其能养成有益于社会的品质，但又要将其与其他犯罪人聚集在一起，在这里却最容易相互习恶，不能给犯罪人提供构造人格的好素材；三是虽然力图使犯罪人适应社会的正常生活，但又将他放在与自由公民的生活截然不同的环境中，就个体而言，剥夺自由无疑是一种不正常和不自然的生活，势必会阻碍塑造人格的努力；四是一个人不重新犯罪的有效路径之一就是能够迈过通往自由的大门，在正确的道路上积极地活动乃是一个人同罪恶的生活方式彻底决裂的不可或缺的条件，然而，剥夺自由的监禁刑却会使人完全丧失独立活动的能力，形成一种按照既定规则被动行动的习惯，导致丧失自尊心或道德感等不良态度，并且社会开放程度愈高，监禁刑的目的悖论性对监狱效能的影响就愈大。[1]可见，监禁刑本身蕴涵的宿弊一直在传递着负能量，这使得对犯罪人的教育改造势必会大打折扣，立法者过分迷信监禁刑的神话不得不破灭。未来对于犯罪人的教育改造将寻求监禁刑替代措施，也即监禁刑与非监禁刑的并驾齐驱将是刑罚发展不可逆转的趋向。就危害食品安全犯罪而言，无

---

〔1〕 梁根林：《刑罚结构论》，北京大学出版社1998年版，第100页。

论从报应论,还是从功利论来考虑,对于危害食品安全犯罪的重刑犯给予监禁刑处罚或许具有一定的正当性与必要性,而对于危害食品安全犯罪情节较轻或有悔改表现的犯罪人可能无需动用较重刑罚而仅仅执行管制或拘役就可以达到预防犯罪的目的。那么,又何必再劳民伤财启动严厉之刑呢?从危害食品安全犯罪的性质上来说,这类犯罪既属于经济犯又属于法定犯,而且往往是多人实施,有些犯罪人也是仅仅为了生计而参与其中,即使构成共犯也必然有轻重之分。并且,这类犯罪大都具有逐利性,其滋生的原因在于社会经济的混乱和社会的管理不善。因此,对于危害食品安全犯罪的治理之道,并不在于轻易地动用刑罚,更不用说是重刑,而是在于刑罚的轻重相济,更是在于从根本上革新管理体制,改进管理方法,提升管理能力。

基于上述理由的考量,危害食品安全犯罪应该降低起刑点,保留管制刑和拘役刑,这才是治理和预防危害食品安全犯罪的应对之道。

2. 颁布司法解释,细化自由刑幅度

如上所述,现行刑法对危害食品安全犯罪所规定的法定刑不仅自由刑幅度过大,还增加了诸如"其他严重情节"或"其他特别严重情节"等弹性条款。这就会在现实的司法实践中导致法官的自由裁量权过度膨胀,使得危害食品安全犯罪的刑罚处置呈现既不统一又不均衡之现象。鉴于此,在笔者看来,应当适时地颁布与之相适应的司法解释,综合考量危害食品安全犯罪的行为性质、行为方式、动机目的,罪前、罪中或罪后的犯罪情节,危害后果,社会影响以及是否为累犯或再犯,是否有自首、坦白、立功等情节等诸多因素,细化该类犯罪法定刑相对确定的梯度,明确量刑的规范标准。具体而言,法定刑为三年以下有期徒刑的，可以不再细化；法定刑为五年以下的，可以三年为界，分设三年以下有期徒刑、拘役、管制和三年以上五年以下有期徒刑两个梯度；法定刑在七年以上有期徒刑或无期徒刑的，可以十年和十三年为界，分设七年以上十年以下有期徒刑，十年以上十三年以下有期徒刑，十三年以上十五年以下有期徒刑，以及十五年以上有期徒刑或者无期徒刑四个梯度；法定刑在十年以上有期徒刑、无期徒刑或者死刑的，可以十三年为界，分设十年以上十三年以下有期徒刑，十三年以上十五年以下有期徒刑，十五年以上有期徒刑、无期徒刑，无期徒刑或者死刑四个梯度。[1]期望能够实现罪刑均衡，增强刑法适用的统一性和安定性。

（三）我国危害食品安全犯罪财产刑之优化

我国危害食品安全犯罪虽几经修改，但其刑法分则体系所属章节一直未发生变动，这在性质上表明危害食品安全犯罪仍属于经济犯罪范畴。[2]而经济犯罪大都是基于贪利目的而实施的犯罪，在刑罚设置上对其仅仅处以自由刑远不足以遏制其再犯可能性。鉴于此，有必要对经济性犯罪在配置自由刑的同时处以财产刑，施以自由和经济的双重制裁，剥夺行为人的犯罪所得和继续实施犯罪的资本，使之得不偿失，无利可图，从而达到其预防再犯的刑罚效果。[3]那么，如何科学、合理地设置财产刑以有效遏制和预防危害食品安全犯罪，这是一个亟待解

---

〔1〕 张德军：“刑法规制危害食品安全犯罪的系统论思考”，载《中州学刊》2015年第1期。

〔2〕 李森、陈烨：“中国食品安全犯罪的罚金刑修订与评析——基于与国外刑法典中相关规制的比较”，载《湖南农业大学学报（社会科学版）》2014年第1期。

〔3〕 陈兴良：《本体刑法学》，商务印书馆2001年版，第708页。

决的问题。

1. 细化罚金刑

明确性原则是现代罪刑法定主义的价值圭臬，它不仅包括罪之法定，同时蕴含着刑之法定。[1]《刑法修正案（八）》针对危害食品安全犯罪的罚金刑作了重大调整，不仅删除了单处罚金，一律实行并科罚金制，而且取消了倍比罚金制，一律实行无限额罚金制。这虽然在一定程度上加大了对危害食品安全犯罪的惩罚力度，但同时也带来了一些问题。

其一，无限额罚金制规定得过于原则，操作性不强，没有罚金的上限与下限之分，也没有规定计算罚金刑的方法，这极有可能导致罚金刑的判处数额低于《食品安全法》中的行政罚款数额的规定，使得刑事罚与行政罚极不协调。

其二，无限额罚金制的实行完全靠法官的自由裁量，给法官预留的自由裁量权过大，呈现出罚金刑的畸轻畸重之现象，导致司法不统一。

其三，尽管两高已经对此作出了补救措施，即在食品安全刑事司法解释中作出对于危害食品安全犯罪，一般应当判处生产、销售金额两倍以上的罚金。这虽然有助于防止罚金刑的数额低于《食品安全法》中的行政罚款的数额，但又引发了其他意想不到的困惑。例如，在危害食品安全犯罪处于未遂形态而没有销售金额时如何计算罚金刑的数额又是一个亟待解决的问题。

其四，危害食品安全犯罪的罚金刑设置因没有区分自然人和单位犯该罪的适用标准而丧失了针对性。从近几年发生的危害食品安全犯罪案件来看，逐步由个人或家庭作坊发展为公司

[1] 全其宪："食品安全犯罪的立法分析"，载《理论探索》2014年第3期。

化运作，食品安全单位犯罪的危害性更大，应该判处比自然人更重的罚金，让单位犯罪不可能东山再起。

其五，危害食品安全犯罪的罚金刑设置缺乏易科制度。在财产刑与自由刑之间架构一条互通且能上能下的桥梁，能够增强罚金刑执行的有效性，从而提升刑罚的威慑效应。

从经济学角度考虑，我们应该鼓励适用的与其说是自由刑，不如说是罚金刑，这就在于自由刑的社会成本要远高于从有偿付能力的被告处征收罚金的成本。[1]基于上述理由，笔者认为，对危害食品安全犯罪的罚金刑可以作以下修改：一方面是危害食品安全犯罪罚金刑的细化。其最低限额可以与《食品安全法》中的行政罚款的数额一致，即不低于2000元，但最高限额可因案件不同而定。另一方面是针对自然人和单位设置不同的罚金刑。单位犯罪的罚金一定远高于自然人，有一个明显的梯度。再者是增设罚金刑易科制度。

2. 完善没收财产刑

没收财产刑作为最为严厉的财产刑适用起来往往意味着使犯罪分子"倾家荡产"，[2]因而更加具有威慑力。然而，我国危害食品安全犯罪之基本犯并没有设置没收财产刑，却仅仅适用于结果加重犯之情形，这无疑极大地限制了其应有功能的有效发挥。实际上，随着社会经济的发展，民众越来越注重个人财富的积累，通过财富的拥有来丰富个人的精神生活或达到个人人格的张扬和满足。危害食品安全犯罪无疑是典型的逐利型犯罪，如果以没收财产刑来加以制裁，这对于预防和惩治危害

---

[1] [美] 理查德·A. 波斯纳：《法律的经济分析》（上），蒋兆康译，林毅夫校，中国大百科全书出版社1997年版，第297页。

[2] 舒洪水：" 关于我国食品安全犯罪刑法规制的思考"，载《河南财经政法大学学报》2012年第2期。

第四章 我国危害食品安全犯罪体系完善的具体建言

食品安全犯罪能够起到良好效果。鉴于此，笔者建议，对于危害食品安全犯罪之基本犯可以设置选处没收财产刑，而对于结果加重犯可以并处没收财产刑。

(四) 我国危害食品安全犯罪资格刑之设想

刑罚与其说是事后制裁，更不如说是通过对犯罪行为的否定性评价以及通过对犯罪人施以刑罚的方式对权利的保护起到一般预防和特别预防的作用，是一种可感触的力量。资格刑作为刑罚体系中不可或缺的一大板块，它不仅具有久远的立法渊源，而且有着广泛的立法基础。近代以来，在古典犯罪学派、实证犯罪学派以及现代犯罪学派等思想的感染与启迪下，世界刑罚发展的趋势逐步由严酷转向轻缓，教育刑、刑罚个别化以及非刑罚化思潮勃兴，资格刑一改昔日的消沉，焕发了新的活力，在现代刑罚体系中越发占据重要地位。然而，我国现行刑法并没有对危害食品安全犯罪设置相应的资格刑，这不得不说是立法的一大缺憾。

其一，资格刑通过剥夺犯罪人从事一定行业的资格，在限制犯罪人的再犯能力、教育犯罪人自我革新和敦促犯罪人回归社会正常生活等方面确实发挥着积极作用，不仅可以达到特殊预防的目的，而且可以避免因刑种单一而过分倚重自由刑的重刑主义倾向。[1]

其二，资格刑虽不如自由刑严厉，但在一定程度上能够防止危害食品安全犯罪的累犯或惯犯，起到特殊预防的作用。

其三，我国《食品安全法》针对食品生产经营者的行政违

---

[1] 张德军："刑法规制危害食品安全犯罪的系统论思考"，载《中州学刊》2015年第1期。

法行为规定了类似资格罚的行政处罚手段,即责令停产、停业和吊销许可证。[1]针对食品安全行政违法行为都配置有资格罚,而针对危害食品安全犯罪的刑法却缺乏与之相应的资格刑。况且,这种行政法上的资格罚并不能取代刑法上的资格刑,其中的道理就像行政法上的罚款不能等同刑法上的罚金刑一样。[2]

其四,令人欣慰的是,2015年8月29日全国人大常委会通过的《刑法修正案(九)》增设了职业禁止性规定,从中可以看到资格刑到来的曙光。显然,这种预防性措施可以被适用于危害食品安全犯罪,但仍有一定的局限性:一是《刑法修正案(九)》中的职业禁止性规定并不具有针对性;二是《刑法修正案(九)》中的职业禁止性规定有一定的期限,通常为3年~5年,而不可能更长甚至于终身禁止;三是《刑法修正案(九)》中的职业禁止性规定针对的主体并未区分自然人和单位,而仅仅规定了自然人违反职业禁止性规定的法律后果,并未涉及单位问题。

鉴于此,在惩治和预防危害食品安全犯罪的刑罚规定上,可以借鉴上述发达国家或地区刑事立法的合理因素,使我国的资格刑体系日臻完善,起到事半功倍的效果。笔者认为,针对危害食品安全犯罪可以增设具有更为丰富内容的资格刑:

(1)针对危害食品安全犯罪自然人的资格刑根据其犯罪情况,可以设置为剥夺或限制一定年限甚至终身从事食品生产经营活动。而对于危害食品安全犯罪单位的资格刑可以设置为剥夺或限制一定年限从事食品生产经营的权利、停业整顿或强制

---

[1] 李莎莎:"非传统安全视角下食品安全犯罪的刑事政策及立法",载《河南大学学报(社会科学版)》2014年第2期。

[2] 吴平:《资格刑研究》,中国政法大学出版社2000年版,第320页。

解散等；[1]可以对具有法人资格的单位通过刑事破产来注销法人资格以永远阻却该企业从事食品行业生产经营；还可以对单位犯罪附加剥夺荣誉称号的资格刑，因为在市场经济条件下，单位的荣誉称号往往蕴含着巨大的商业价值，对其荣誉称号予以剥夺，意味着丧失无限商机，更有效地遏制此类犯罪的滋生。

（2）针对危害食品安全犯罪，一律在全国或地方媒体上公布刑事判决结果，可以起到一定的警戒作用。

总而言之，设计科学合理的资格刑无疑会收到意想不到的效果。资格刑如同食品生产经营者头上的"达摩克利斯之剑"，这把"悬顶之剑"一发现"次品"就可以一劳永逸地关停"生产线"，不但可以起到特殊预防的效果，同时也可以倒逼整个食品生产经营线提升质量。

---

[1] 房清侠："食品安全刑法保护的缺陷与完善"，载《河南财经政法大学学报》2012年第2期。

第五章
我国食品安全犯罪行政执法与刑事司法衔接平台之构建

当前,我国正处于食品安全风险频发的社会转型期。近些年来,危害我国民众健康、威胁社会稳定的重大食品安全事故频发,食品安全违法犯罪猖獗,危害异常严重。可以说,这些食品安全事故不仅给广大民众的生命、健康造成了严重危害,而且也严重阻碍了社会经济发展,人们对食品安全的担忧心态与焦虑情绪不断在整个社会中弥漫。因而,消弭广大民众的食品安全焦虑,回归"舌尖上的安全"已成为时代主题。党的十九大报告郑重申明,要"实施食品安全战略,让人民吃得放心"。[1]为消除民众的食品安全焦虑,食品安全行政执法部门不断加大对食品安全的执法力度,刑事立法不仅扩容食品安全犯罪的构成要件,提升其法定刑,增设了"食品监管渎职罪"。同时,刑事司法推行重刑化政策,不时扩展食品安全犯罪的打击范围。但是,尽管行政执法和刑事司法手段对食品安全违法犯罪屡次重拳出击,并未取得预期实效,食品安全问题依然严峻。造成

---

[1] 习近平:《在中国共产党第十九次全国代表大会上的报告》,人民出版社 2017 年版,第 48 页。

这一状况的原因固然复杂多元,但其关键问题之一在于司法实践中食品安全行政执法与刑事司法的衔接工作平台严重不畅。因此,应该认真检讨我国颇具特色的食品安全"两法"衔接双轨制裁模式,积极探寻食品安全行政执法与刑事司法合力协作之桥梁,完善食品安全行政执法与刑事司法衔接工作平台构建,共同打击食品安全违法犯罪活动,确保食品安全。

一、食品安全犯罪行政执法与刑事司法衔接的逻辑基础

(一) 食品安全犯罪的双重违法性为行刑衔接形成制裁梯度

食品安全犯罪在刑法分则中通常采"空白罪状"的形式表述其构成要件,可以说,食品安全犯罪属于行政犯,同时具有行政不法与刑事不法双重属性,因而食品安全违法犯罪的行政法规范和刑法规范是食品安全法律保护的双轨规制模式。虽然规制食品安全违法犯罪的行政法规范和刑法规范在各自的保护法益和调整对象上存在差异,但这只是一定量的差异,食品安全违法犯罪所具有的社会危害性程度的不同决定了食品安全违法与食品安全犯罪的分野,使得规制食品安全违法犯罪的行政法规范与刑法规范在立法目的、规制方式等方面需要通力合作与有效衔接。司法实践中,食品安全行政执法与刑事司法之间紧密相连,当食品安全行政不法行为达到一定的社会危害性程度并触犯刑律时,行政不法行为就会转换为刑事不法行为,相应地,行政执法便过渡为刑事司法,这就必然从客观上产生行政执法与刑事司法衔接的问题。唯有如此,才能有效地惩治与预防食品安全违法犯罪的发生。

食品安全犯罪所具有的双重违法属性预示着行政不法是刑事不法的前提,而刑事不法是食品安全犯罪的法律效果。因而

食品安全犯罪首先是违反行政法规的行政不法行为，具有较强的行政从属性，这就要求国家首先运用行政手段对食品安全问题予以干预，由食品安全行政执法部门运用行政手段予以打击；食品安全犯罪其次是违反刑事法规的刑事不法行为。这主要表现在《刑法》分则中有关食品安全犯罪的具体罪状表述上。《刑法》分则有关行政犯罪的罪状表述通常采取"空白罪状"的形式。所谓空白罪状，是指刑法分则条文并不直接具体描述某一犯罪的构成要件，但指明了确定该罪成立应参照其他法律法规的罪状。[1]之所以行政犯罪大都采取空白罪状的形式，主要是因为这些犯罪首先以触犯行政法律法规为前提，具体行为特征在行政法律法规中已有详尽规定，刑法条文为了避免复杂冗长的表述而通常采取空白罪状的形式作出简要描述。从《刑法》分则第143、144条规定的"生产、销售不符合安全标准的食品罪"和"生产、销售有毒、有毒食品罪"等两个食品安全犯罪中就可以看出，均有"违反国家食品卫生管理法规"的表述。[2]也即是说，在认定食品安全犯罪时需要参照相关行政法律法规，从这个意义上说，食品安全行政法规范是规制食品安全犯罪的刑法规范的前提与基础。又由于我国刑法所规定的犯罪的成立条件采定性又定量模式，使我国犯罪行为与违法行为有着较为清晰的界限，具有严重社会危害性的食品安全犯罪行为由刑法予以规制，而对于违反行政法律法规的行政不法行为则纳入行政法规的范畴。当行政手段不足以有效制止食品安全行政不法行为时，国家对达到严重危害食品安全的犯罪行为追究刑事责

---

[1] 赵秉志主编：《当代刑法学》，中国政法大学出版社2009年版，第419页。
[2] 高铭暄、马克昌主编：《刑法学》，北京大学出版社、高等教育出版社2016年版，第374页。

任。一般是食品安全行政执法部门在发现食品安全行政违法行为涉嫌犯罪时将案件移交公安司法机关,并依法追究该违法行为人的刑事责任,这种违法与犯罪分流处罚的模式必然使得行政执法与刑事司法衔接呈现常态化。因此,食品安全行政执法与刑事司法衔接工作机制的规制范围就是在违反行政法规范的同时又触犯刑法规范的行政犯罪,行政犯罪的特殊性表明行政违法与刑事犯罪之间具有互联互通的关联性。

食品安全犯罪的刑法规范是行政法规范的保障。[1]在食品安全违法犯罪领域,我国奉行的是行政罚与刑事罚"二元"法律制裁体系。行政罚由食品执法部门决定,而刑事罚由公安司法机关适用,并以强有力的最后手段作后盾,这种行政罚与刑事罚的分野决定了规制食品安全犯罪的刑法规范是行政法规范的保障。从食品安全违法犯罪案件办理的程序上来说,当食品安全行政执法部门在行政执法过程中发现食品安全违法案件涉嫌犯罪时需要将案件移送公安司法机关处理。2010年10月,最高人民检察院、公安部、监察部、商务部联合下发的《关于开展行政执法机关移送涉嫌犯罪案件专项监督活动的工作方案》规定,加强食品安全各主管部门之间的沟通配合,严格禁止"以罚代刑",规范移送案件程序,推动行政执法与刑事司法的有效衔接。[2]从行政法的角度来说,规制食品安全犯罪的刑法规范是行政法规范的有力保障,主要是因为行政法中有关追究刑事责任的立法模式通常采取"宣示式"条款,即某种违法行为情节严重的,依法追究刑事责任。譬如,我国《食品安全法》

---

[1] 舒洪水:"论我国食品安全犯罪行刑衔接制度之建构",载《华东政法大学学报》2016年第3期。

[2] 舒洪水:"食品安全犯罪刑事政策:梳理、反思与重构",载《法学评论》2017年第1期。

第 149 条规定：违反本法规定，构成犯罪的，依法追究刑事责任。这样的笼统性规定并没有给司法者提供一个明确而可操作的罪刑规范，这就造成在食品安全违法案件中对于涉嫌犯罪的需要移送公安司法机关依照刑法规范追究其相应的刑事责任，必须实现食品安全行政执法与刑事司法的有效衔接。

（二）重视运用刑法手段编织更为严密的食品安全犯罪法网

"民以食为天"，食品是人类赖以生存与发展的基本物质基础。近几十年来，针对频发的食品安全事件，在行政手段治理食品安全遭遇"局部失灵"的情况下，很多国家日益重视运用刑法手段加大打击食品安全犯罪的力度，以加强对食品安全的保护。美国是有效治理食品安全犯罪的典型国家，其食品安全法律保护体系经过了百余年积淀，以立法全面、执法严厉闻名于世。早在 20 世纪初，随着食品行业存在的严重卫生问题以及滥用有害添加剂的丑闻不断曝光，美国的食品安全立法主要运用严格管控的行政手段制止食品违法行为，食品安全监管责任由联邦、州和地方各级行政执法机关共同承担。20 世纪 70 年代以后，为破解有效打击食品安全违法行为的难题，美国开始重视发挥刑法手段在食品安全中的作用，大量以附属刑法的形式在《食品与药物法》《联邦食品、药品及化妆品法》《肉类法》《禽类法》等一系列食品安全法律中以刑事制裁手段处罚食品安全违法犯罪行为。为发挥刑事司法的威慑力，保障食品安全领域的有罪必罚，美国在刑事司法模式上，赋予了行政部门在其专业领域内的刑事调查权，但公诉权则统一由司法部行使。[1]

---

[1] 周凌："美国食品安全的刑法保护机制及启示"，载《国外社会科学》2018 年第 1 期。

第五章 我国食品安全犯罪行政执法与刑事司法衔接平台之构建

如果说美国刑事立法对食品安全保护的突出特点是"严厉",那么德国对食品安全的刑事处罚凸显的是严密。在 20 世纪 80 年代前,德国主要采附属刑法的方式在行政法规中规定了一些食品安全犯罪,并没有将其视为重罪,归责严厉性不足。但随着危害食品安全违法犯罪现象的急剧爆发,1980 年 3 月,德国对《联邦刑法典》进行重大修改,增设"危害环境罪"专章,不仅保留并适当修改了行政法规中规定的食品安全犯罪罪名,而且还增加了很多有关食品安全犯罪的罪名,几乎覆盖了食品安全保护的所有范围,加大了刑事处罚力度。可以说,德国通过行政法规与刑法典之间的有效衔接,实现了食品安全领域的有效保护。

同样,日本在 20 世纪 70 年代开始重视运用刑法手段治理公害犯罪的作用。采取刑法典、特别刑法与附属刑法相结合的形式惩治公害犯罪,在立法上,创新危险犯的处罚、因果关系推定法、行为人与法人两罚制;在司法上,加大日本警察机关对公害犯罪的打击力度,逐年增加对公害案犯的逮捕率和起诉率。《公害罪法》《环境基本法》《水质污染防治法》等十几部与公害相关法律共同完成了对公害犯罪的惩治。

相较于发达国家,我国有关食品安全刑事立法起步较晚。1997 年《刑法》最初规定了两个食品安全犯罪的基本具体罪名,随后二十多年来,以刑法修正案、司法解释的形式多次对有关食品安全犯罪的罪名、构成要件等方面进行重大修改,增设新罪名、降低入罪门槛以及提升法定刑,表现出了对食品安全犯罪的重刑化倾向,希冀以最严厉的刑事手段起到为食品安全保驾护航的作用。尤其是 2011 年通过的《刑法修正案(八)》增设了"食品监管失职罪",以"生产、销售不符合安全标准的食品罪"取代"生产、销售不符合卫生标准的食品罪",由结果犯转换为具体危险犯,大大降低了入罪门槛,并将食品安全犯罪的具体罚金数额改为无限额罚金,采取了"必并制"罚金处罚方式,从而提高了刑法威慑力。2013年5月,两高又发布了《关于办理危害食品安全刑事案件适用法律若干问题的解释》,在一定程度上统一了食品安全犯罪的法律适用,为提升司法效果提供了法治保障。[1]但实践表明,我国针对食品安全违法犯罪采行政法与刑法双轨制裁模式,并没有遏制住食品安全事故不断升级的态势,刑法手段在保护食品安全方面远未达到预防成效。实际上,我国相当一部分食品安全案件都消弭在行政执法领域,在追究食品安全犯罪的法律责任时"只罚不刑"或"以罚代刑"的现象较为严重,显示出我国食品安全领域"两法"衔接严重不畅,没有形成联动工作平台。只有使食品安全案件从行政执法顺畅进入刑事司法程序,实现"两法"的有效衔接,食品安全违法犯罪才会得到有效惩治与预防。

二、当前食品安全行政执法与刑事司法衔接平台存在的问题及原因分析

(一)食品安全行政执法与刑事司法衔接平台存在问题之表现

1. 食品安全行政执法与刑事司法衔接平台立法问题之表现

为解决、规范行政执法与刑事司法有效衔接之问题,从中央到地方,陆续颁布了一系列规制行政执法与刑事司法衔接的规范性文件,这对于加强指导、规范与监督行政执法以及刑事

---

[1] 赵秉志、张伟珂:"食品安全犯罪司法认定问题研究——以法释〔2013〕12号司法解释为视角",载《中南民族大学学报(人文社会科学版)》2017年第2期。

第五章 我国食品安全犯罪行政执法与刑事司法衔接平台之构建

司法衔接工作机制顺畅运行起到了一定的积极作用。但是，通过分析这些规范性文件我们可以发现存在以下问题：

（1）立法层级较低。有关行政执法与刑事司法衔接方面的立法配置最高就是行政法律法规。关于"两法衔接"的规定最早见于《行政处罚法》。该法明确规定，行政违法行为构成犯罪的，行政执法机关应当及时移送刑事司法机关，不得以罚代刑。2001年4月，国务院出台了《关于整顿和规范市场经济的决定》，紧接着又于7月份台了《行政执法机关移送涉嫌犯罪案件的规定》，初步确立了"两法衔接"机制的基本框架。据此，2001年最高人民检察院制定了《人民检察院办理行政执法机关移送涉嫌犯罪案件的规定》，接着又于2004年发布了《关于加强行政执法机关与公安机关、人民检察院工作联系的意见》，时隔2年，又制定了《关于在行政执法中及时移送涉嫌犯罪案件的意见》。2011年，中共办公厅、国务院办公厅转发了《关于加强行政执法与刑事司法衔接工作的意见》。尽管现行《刑事诉讼法》也规定了有关案件移送证据衔接的问题，但语焉不详。这些法律法规与规范性文件虽然对行政执法与刑事司法衔接有关问题有不少规定，但缺乏明确、具体的规定。那么，针对食品安全行政执法与刑事司法衔接的立法规范主要就是两高和各部委颁布的规范性文件。例如，2010年10月，最高人民检察院、公安部、监察部、商务部联合发布了《关于开展行政执法机关移送涉嫌犯罪案件专项监督活动的工作方案》、最高人民检察院发布了《人民检察院办理行政执法机关移送涉嫌犯罪案件的规定》等。至今尚没有系统规定有关食品安全行政执法与刑事司法衔接问题的国家层面法律。值得欣慰的是，党的十八届四中全会通过的《中共中央关于全面推进依法治国若干重大问题的决定》进一步提出了"健全行政执法与刑事司法衔接机制，完善案件移送标准和程序，建立行政执法机关、公安机关、检察机关、审判机关信息共享、案情通报、案件移送制度，坚决克服有案不移、有案难移、以罚代刑现象，实现行政处罚和刑事处罚无缝对接"的要求。这对于国家层面法律的出台具有极大的推动作用。

（2）案件移送标准较高。根据我国《行政处罚法》第22条的规定，违法行为构成犯罪的，行政机关必须将案件移送司法机关。那么，何为"构成犯罪"？需要食品安全行政执法部门在执法过程中进行判断，这就对食品安全行政执法人员的法律素养要求比较高，否则，难以认定食品安全犯罪。由于食品安全行政执法部门可能对食品安全犯罪的立案标准把捏不好或者其他缘故，使得食品安全违法案件被以罚代刑或以罚不刑等方式予以消化。从行政执法与刑事司法衔接的立法内容上来看，行政处罚与刑罚处罚各自适用的范围还不够清晰，责任轻重不够协调，[1]因为当前对行政犯罪的处罚主要采取附属性的分散型立法形式，分散设置在行政法律中的刑事罚概括性地以"依法追究刑事责任"这种宣示性条款呈现，并没有直接规定相应的罪名与法定刑，导致刑事罚不明确，以致有法难依，不能使行政罚与刑事罚很好地衔接。

（3）案件移送证据规定较笼统。在食品安全行政执法与刑事司法衔接问题上，案件移送中有关证据的规定较为抽象。譬如，现行《刑事诉讼法》第54条第2款规定，行政机关在行政执法和查办案件过程中收集的物证、书证、视听资料、电子数

---

[1] 张锋学：" 行政执法和刑事司法衔接机制研究"，载《山东社会科学》2019年第1期。

第五章 我国食品安全犯罪行政执法与刑事司法衔接平台之构建

据等证据材料,在刑事诉讼中可以作为证据使用。但对这些证据如何进行审查和转换,并没有进行具体规定,而且仅仅规定了一些客观证据,对于行政机关收集的犯罪嫌疑人、被告人供述、被害人陈述以及证人证言等言词证据,由于这些言词证据具有较大的主观性,如何进行严格审查和转换,并无任何规定。鉴于"两法衔接"在立法上体现得不充分,导致行政执法部门与公安司法机关之间沟通不畅、协调不足,从而影响到了相关证据的调取与转换。

2. 食品安全行政执法与刑事司法衔接司法实践问题分析

从当前公开发布的相关食品安全案件数据可以看出,我国食品安全案件普遍存在受行政处罚的居多,而受刑事处罚的较少的现象。据统计,在"十二五"期间,全国查出食品安全违法案件达95.8万起,侦破食品安全犯罪案件仅8万起;2014年以来三年间,北京某区食品药品监督管理局受理食品生产、经营、流通等环节违法案件2864件,其中作出行政处罚的案件458件,涉嫌犯罪移送司法机关案件5件12人。[1]显而易见,我国有关食品安全违法犯罪案件的发案率偏高,但绝大部分案件被堵截在行政处罚层面,进入刑事诉讼程序被刑事处罚的案件比较少,形成了鲜明的高低对比的"瀑布式"落差。这些都暴露出了食品安全行政执法与刑事司法衔接工作平台严重不畅的问题,具体表现为以下几个方面:

(1)案件移送率过低。食品安全行政执法与刑事司法衔接不畅表现之一就是案件移送率过低。从食品安全犯罪来源上来

---

[1] 于浩、董军:"食品安全治理行刑衔接制度之构建——以近年来北京市T区行政执法与刑事司法衔接工作为蓝本",载《河南工程学院学报(社会科学版)》2018年第2期。

说，食品安全违法犯罪案件的查处的特殊性在于不仅具有较强的专业性和技术性，而且在于发现案件的主体力量是食品安全行政执法部门而非公安司法机关，所以食品行政执法部门发现并移送的涉嫌犯罪案件的数量和质量就决定了公安司法机关受理案件的数量和质量，[1]同时也决定了食品安全"两法衔接"的数量和质量。过去几年，由于片面追求社会经济的发展，食品安全违法犯罪案件频发不断，食品安全面临极大的威胁和挑战。但是，涉嫌食品犯罪案件移送公安司法机关处罚率过低，许多案件或被放纵或被以罚代刑，有案不移、有案难移、有案不究现象较为普遍。例如，全国工商机关在2010年出动执法人员1070.80万人次，对流通环节的食品安全工作进行了专项调查，查处食品违法案件7.69万件，但移送公安司法机关的仅有258件，案件移送率仅占3%。[2]有学者从中国裁判文书网选取了1624份2016年度全国法院系统一审生产、销售有毒、有害食品案，统计出一审结案数最多的五个省市分别为江苏省306件、浙江省237件、广东省185件、山东省107件和上海市82件。其中，属于行政部门移送的案件数量分别为：江苏省移送46件，约占总数的15%；浙江省移送67件，约占总数的28%；广东省移送70件，约占总数的38%；山东省移送37件，约占总数的35%；上海市移送10件，约占总数的12%。[3]显而易见，食品行政执法部门移送案件的比重较低。然而，流通环节的食品安全违法

---

[1] 张伟珂："危害食品安全犯罪刑事司法政策研究"，载《中国人民公安大学学报（社会科学版）》2017年第3期。

[2] 余瀛波："工商总局：查处流通环节食品安全案件52万件"，载《法制日报》2013年6月25日。

[3] 张伟珂："危害食品安全犯罪刑事司法政策研究"，载《中国人民公安大学学报（社会科学版）》2017年第3期。

第五章 我国食品安全犯罪行政执法与刑事司法衔接平台之构建

案件的数量却相当大,而案件移送公安司法机关的数量却偏少。从现实实践来看,主要原因在于:一是食品安全行政执法部门移送意识不强,认识不到位,执法不力,或基于地方保护主义或部门利益考虑的羁绊,使得一些食品安全行政执法部门及人员存在"大事化小、小事化了"的消极心态,对食品安全案件大多采取"内部消化"方式处理,只有当行政处罚遭遇阻塞、难以执行或无法执行时,才可能考虑案件移送,行政执法行为自我膨胀,压缩刑事司法空间严重,使得行政执法与刑事司法衔接难以启动。二是食品安全案件因证据不足或办案机关认识不统一等原因而被公安司法机关拒收。由于食品安全犯罪的隐蔽性强、持续时间长,加之食品具有易变质、易腐坏和不易保存的特性,导致办案取证难度大,难以达到食品安全犯罪的证据标准。办案部门收集固定的证据偏好不同,食品行政执法部门注重对行政处罚方面的证据进行收集、采证,而公安司法机关则重视对刑事方面的证据进行收集、固定;三是某些食品安全犯罪的认定难导致移送难。譬如,在食用农产品中检出"瘦肉精"或"农兽药"等往往出现案件移送难的情形,这种情形需要判断行为人是否存在使用禁用农药、兽药等禁用物质或其他有毒、有害物质的主观故意。然而,食品农产品经营户往往小而散,且产品来源很难查清,行为人是否存在主观故意证据不足,诸如此类情形可能会导致一种连锁"怪圈":公安机关反复退卷,影响食品安全行政执法部门的移送积极性,而检察机关的反复退侦,又会打击公安机关的接案积极性。

(2)案件移送标准不明确。基于罪刑法定的制约,只有满足一定的证据要件,依法涉嫌犯罪的案件,食品安全行政执法部门才有义务移送公安司法机关,不得有案不移或以罚代刑,这是行政执法与刑事司法衔接的硬性要求。然而，食品安全领域中的较多罪名都是结果犯或具体危险犯，需要造成一定的严重社会危害后果或具体的危险状态才能成立犯罪，即使个别罪名（如"生产、销售有毒、有害食品罪"）已经是抽象危险犯，但也需要满足一定的构罪要素。即便如此，食品安全违法犯罪案件往往呈现出与众不同的特点：一方面是食品安全犯罪的危害后果不仅会对公民的人身或财产造成损害，而且会对民众赖以生活的公共秩序本身造成威胁，但食品安全危害行为往往是缓慢、持续性推进，并非疾风暴雨式地在刹那间袭来；另一方面，食品安全危害行为与其危害结果之间的因果关系往往具有长期性、潜伏性、专业性极强，需要一定的专业检测鉴定才能判定，这就使得食品安全案件是罪还是非罪，是罚还是送，难以把控。由于没有明确的案件移送标准，导致现实中很多原本涉嫌犯罪的案件只不过给予罚款、没收、责令停业整顿甚至于警告等行政处罚，打击力度的孱弱，使食品安全违法犯罪分子很快又会重整旗鼓，卷土重来，只顾追求个人或单位私利，而不顾及危害后果，殃及社会之危险。

（3）证据转换不畅。证据是办理案件的核心，证据转换又是实现行政执法与刑事司法有效衔接的关键因素。2012年新修订的《刑事诉讼法》第54条第2款增加了"行政机关在行政执法查办案件过程中收集的物证、书证、视听资料、电子数据等证据材料，可以在刑事诉讼中作为证据使用"的规定。同时，中共中央办公厅、国务院、最高人民检察院、公安部、全国整顿和规范市场经济秩序领导小组办公室等部门联合或单独出台了一系列规范性文件，进一步指导、规范、监督、加强行政执法与刑事司法机制的畅通顺畅，为食品安全行政执法与刑事司法衔

第五章 我国食品安全犯罪行政执法与刑事司法衔接平台之构建

接提供了一定的程序基础。[1]虽然行政执法与刑事诉讼处理案件的证据标准基本上均为案件事实清楚，证据确实充分，不过刑事诉讼中更强调"排除合理怀疑"和证据与证据之间形成闭合的证据链条。但是，行政案件在证据要求、证据标准以及证据收集方式、时间、地点、程序等方面的规定远没有刑事案件严格。食品安全行政执法部门在行政执法实践中收集的证据大多只满足于达到行政处罚的程度，达到盖然性即可，常常因为缺乏收集涉嫌犯罪的意识而错失有效收集或固定涉嫌犯罪证据的机会。当发现涉嫌犯罪的案件移送公安司法机关时，公安司法机关再开始收集证据会因时过境迁而失去最佳取证时机。这直接导致了一些刑事案件因证据证明力不高而无法立案起诉。食品安全犯罪行为及因果关系的确定等情形会涉及食品领域的专业知识，往往在较长时间内难以定性，食品安全行政执法部门囿于收集证据的方式、技术、能力以及人力、物力、财力，在实际调查取证时困难重重，步履维艰。虽然在行政执法与刑事司法衔接证据转换中有关法律法规、规范性文件等作出规定的为数不少，但大多为原则性、概括性的规定，诉讼证据转换规则标准不明确、不统一，使得食品安全行政执法与刑事司法衔接证据转换不畅。

（4）检测鉴定难度大。检测鉴定问题是妨碍食品安全行政执法与刑事司法衔接顺畅运行的又一重要环节。在现实中，食品安全行政执法部门在将涉嫌犯罪的案件移送公安司法机关时，必须证明该犯罪嫌疑人所实施行为与发生的严重食品安全事故有直接的因果关系，这就会涉及检测鉴定问题。食品安全检测

---

[1] 唐文娟："反思与推进：我国行政执法与刑事司法衔接机制刍议"，载《江西师范大学学报（哲学社会科学版）》2016年第4期。

鉴定问题解决不了，就无法判定犯罪行为的存在，使得该案件难以移送，即使移送也会因无法定罪量刑而被搁置。其中的主要原因在于：一是食品安全事故的发生具有极其复杂性，常常潜伏多年，待积聚到一定程度时才发生质变，食品安全危害行为与其危害结果并非一一对应关系，往往有一定的时空隔离。二是涉及食品安全的检测鉴定专业性较强，繁琐复杂，尤其是食品污染类鉴定机构少，且检测鉴定费用高，费用承担机制不明确，导致食品安全行政执法部门与公安司法机关对启动鉴定程序互相推诿、扯皮，积极性不高。即使案件已经移送公安司法机关，高昂的检测鉴定费用常常使行政机关因缺乏财政支持而鉴定不起。由于没有证据的支持，案件将无法进行下去。三是食品安全检测鉴定往往时间过于漫长而使行政强制措施超过法定时效，导致违法犯罪分子逍遥法外。四是即使食品安全检测鉴定得以做出，也有可能被搁置，主要原因在于鉴定意见属于言词证据，在行政执法与刑事司法衔接中的转换使用时无论是学界抑或实务界均争议颇多。

（5）网络信息共享平台不畅通。搭建网络信息共享平台是行政执法与刑事司法有效衔接的桥梁和基础。网络信息共享平台的高效运转、全面通报，可以使得食品安全违法犯罪案件的移送、公安机关的受理和检察机关的监督等重要节点衔接有序、畅通，进而实现依法快速办理案件。尽管促进行政执法与刑事司法衔接的网络信息共享平台在全国各地已试点多年，并初见成效，但运行情况及建设水平参差不齐，暴露出的问题也不少。其一，在实践中，食品安全行政执法部门准入案件的范围、内容、方式及其准入人员、时间等并无统一规定，准入工作的随意性较大，有案不准入、众多案件中选择性准入、错误性准入

第五章 我国食品安全犯罪行政执法与刑事司法衔接平台之构建

等现象较为常见,这直接导致行政执法部门案件多、公安机关案源少、检察机关监督难。其二,网络信息共享平台在不同省份之间或同一省份内不同地市之间系统建立模式和运行模式仍不成熟、不规范,信息共享只能发生在狭小的范围内,仅仅起到一定的辅助作用,无法实现跨地区、跨部门的信息共享。其三,由于公安机关和检察机关对移送案件后的查办处理信息常常不及时准入平台,食品安全行政执法部门对该移送案件的立案、侦查、起诉和审判无从知悉,渴望知晓该移送案件后续处理情况的冲动一旦得不到满足,以后移送案件的积极性必然会大打折扣。其四,食品行政执法部门往往偏重于以行政处罚方式查处食品违法案件,对涉嫌犯罪线索关注不够,对"两法衔接"认识度不高,通过平台录入案件的积极性不高或录入时间滞后,导致公安司法机关很难通过平台发现案件线索,"两法"衔接平台虚置化明显。

(二)食品安全行政执法与刑事司法衔接平台存在问题的原因分析

通过对食品安全行政执法与刑事司法衔接平台构建中存在的问题的实证考察,我们可以发现,无论是在立法上还是在司法实践现实中都存在难以回避的行政执法与刑事司法衔接断裂的问题。总的来说,其主要原因是立法规定不完善遭遇贯彻执行受阻、缺乏具体操作性,责任追究机制不完善遭遇监督失灵、证据转换不畅、行政执法懈怠不严、监督不力、司法梗阻等多种因素的相互作用。

1. 食品安全"两法"衔接的相关规定较原则,缺乏具体操作性

我国《行政处罚法》第22条规定:"违法行为构成犯罪的,

行政机关必须将案件移送司法机关,依法追究刑事责任。"但该法对于移送的具体操作规程缺乏明确规定。现行《刑事诉讼法》第54条第2款规定了由行政执法证据可以转换为刑事证据的情形,包括物证、书证、视听资料、电子数据四种,其后还附有"等证据材料"的表述。可见,该规定仍然具有一定的概括性和模糊性。2001年7月,国务院颁布了《行政执法机关移送涉嫌犯罪案件的规定》。同年,最高人民检察院也制定了《人民检察院办理行政执法机关移送涉嫌犯罪案件的规定》。自此之后,最高人民检察院、公安部等联合或单独发布了数个相关文件,逐步建立起了我国的行政执法与刑事司法衔接工作平台,确立了案情通报、备案审查、联席会议、线索移送等制度。但是,这些规范性文件对行政执法与刑事司法衔接问题的规定仍然较为抽象与笼统,缺乏具体可操作性,并无实践执行的硬性要求,不具有普遍指导意义。因此,食品安全犯罪案件"两法"衔接遭遇制约"瓶颈"难以避免。

2. 食品安全"两法"衔接程序较复杂,案件移送受阻

如上所述,食品安全行政执法与刑事司法之间存在一定的相互衔接性,只有当破坏食品安全的行为违反了行政法规,并达到犯罪的社会危害性程度时,食品安全行政执法机关才会考虑将案件移送到司法机关。也即是,刑事司法机关在移送程序、启动标准、证据收集等方面严重依赖食品安全行政执法。相较于一般刑事案件,我国食品安全犯罪的认定需要食品安全行政执法部门提供一定的技术并收集必要的证据。食品安全违法的严重程度及其是否达到犯罪的程度往往取决于食品安全行政执法部门的解释和参与。这使得食品安全行政执法部门在认定、调查违法犯罪时起到了至关重要的作用。只是没有赋予其侦查

权,导致食品安全行政执法部门效率较低。食品安全案件移送时,由行政执法部门到公安机关,再到检察机关,环节较多、程序复杂,其中哪个环节不顺畅都会导致案件移送受阻,出现"欲移不能""能移不欲"的现象。

3. 地方保护主义干预严重,遭遇衔接平台搭建不利

食品安全行政执法部门移送案件不畅往往与地方政府的不当干预有着一定的关系。在现行科层级的行政管理体制下,食品安全行政执法部门直接受当地政府的领导。部分地方政府受利益的驱动,为了片面追求税收或激活地方经济发展,会对涉嫌食品安全违法犯罪的企业或个人不闻不问,放纵甚至纵容其发展,只要能够为当地创税收和提振经济发展就行。这不可避免地会导致一些企业或个人的食品安全违法行为屡禁不止,甚至酿成重大食品安全案件,食品安全行政执法部门也往往"以罚代刑",而不去收集相关证据并移送公安机关予以立案侦查。这就导致食品安全行政执法与刑事司法之间存在移送不及时或不移送甚至"以罚代刑"问题。

4. 食品安全污染类鉴定机构少且费用高,监督程序启动难

当前,食品安全案件频发,但有关食品安全的鉴定机构还比较少,而且费用较高。这就会导致在涉嫌食品安全犯罪的案件中,食品安全行政执法部门和公安机关对启动鉴定程序会互相推诿,食品安全行政执法部门移送的积极性、主动性不足,公安机关受理食品安全犯罪案件的能动性不够。这不仅会延误案件的查处,食品安全检测报告分析标本不同也会使得执法者得出不同的判断,导致案件查处陷入僵局。

5. 信息共享平台的作用未得到充分发挥,"两法"衔接受阻

信息是建立沟通平台的媒介和"润滑剂",只有畅通"两

法"衔接之间的信息交流，才能真正实现衔接平台的良性运转。目前，各地陆续建立了有关食品安全行政执法与刑事司法衔接的信息共享平台，逐步建立了信息录入、案件通报、备案审查、联席会议、检察建议等工作制度，但在实际运行过程中也暴露出了一些问题，如信息录入不及时、信息范围录入不全面、选择性录入、案件通报不及时或选择性通报、备案审查流于形式等；联席会议非常态化，仍然停留在一般工作层面，只有在发现问题需要解决时才召开，未形成长效工作机制；信息通报意识较差，食品安全行政执法部门与公安机关不主动或不配合，检察机关仅仅充当通报员的角色；信息共享平台运行还未成熟，有些地区或单位没有建立信息共享平台，某些食品安全行政执法部门没有专门人员负责，而且信息录入标准不统一，执法信息录入的自由空间较大，选择性录入数据较普遍。这些无疑会极大地限制信息共享平台的工作效能。

6. 食品从业者机会主义盛行，民众参与防治食品安全违法犯罪积极性不高

食品行业从业者一旦突破道德底线，丧失对法律的敬畏感，其善恶与诚信就会被"掷出窗外"，衍生为唯利是图的"经济人"。如果仅仅在食品问题出现后疲于应对，缺乏有效的"两法衔接"机制，食品领域就极易滋生假冒伪劣违法犯罪。然而，当前，食品违法犯罪的曝光大多源于广大民众的监督和举报，这种方式显得极为被动与滞后，食品问题多是在达到一定的严重程度时才被查处。[1]这主要在于广大民众参与防治食品安全违法犯罪的积极性不高，举报、揭发食品问题缺乏主动性、积

---

[1] 舒洪水："食品安全犯罪刑事政策：梳理、反思与重构"，载《法学评论》2017年第1期。

极性,使得更多的案件没有得到及时的发现与查处。虽然2011年国务院食品委员会办公室下发了《关于建立食品安全有奖举报制度的指导意见》,强调各地建立食品安全有奖制度,以便及时发现、查处食品安全违法犯罪活动,各个省市也积极响应,纷纷发布了有关食品安全举报的奖励规定。但从现实情况来看,食品安全有奖举报制度并未取得预期效果,广大民众的参与度仍然不高。究其原因,一方面是各地奖励资金不到位、举报宣传力度不足、举报电话不统一、执行不顺畅;另一方面是为数不少的民众维权意识不强,抱着"事不关己、高高挂起"的心态;再一方面是因举报的问题食品较为零碎或轻微,达不到奖励标准,从而减损了民众的举报热情。总的来说,广大民众不能够参与到防治食品安全违法犯罪中,使得更多的食品安全违法犯罪案件很难进入官方的视线,食品安全"两法衔接"各部门的协调联动机制也就无法启动。

三、食品安全行政执法与刑事司法衔接平台构建的有效路径

食品安全是攸关民生、攸关国家和社会和谐稳定的头等大事,食品安全问题多次受到中央领导层的重视并出现在党的重要文件中,已被纳入国家公共安全体系进行全面部署。2012年6月23日,《国务院关于加强食品安全工作的决定》首次将食品安全纳入地方政府年度绩效考核内容。2015年新修订的《食品安全法》第3条又将"社会共治"确立为食品安全工作的一项基本原则。[1]因而,依法、有效治理食品安全违法犯罪行为,是食品安全行政执法部门和公安司法机关义不容辞的责任。面

---

[1] 彭凤莲:"食品安全社会共治的刑法学分析",载《法学杂志》2018年第2期。

对食品安全的严峻形势，破解食品安全行政执法和刑事司法衔接平台构建中的窘境，有效理顺行政执法与刑事司法衔接工作平台中的关键节点是提升食品安全违法犯罪治理实效的首要任务。

（一）提高"两法"衔接立法位阶，实现立法衔接

完善"两法"衔接立法规范，将"两法"衔接工作纳入法律体系进行规范、调整，赋予其司法属性，为促进食品安全行政执法与刑事司法衔接平台良性运行提供坚实的法律保障。一是提升"两法"衔接立法位阶。在条件成熟时由全国人大常委会制定一部有关"两法"衔接运行的单行法律，对"两法"衔接进行统一的、系统的、全面的规定，增强法律的约束力和执行力。二是进一步完善相关立法规定。最高人民检察院、公安部及市场监督部门等可以联合制定较为详细的有关食品安全行政执法与刑事司法衔接的实施细则，刑法及相关司法解释对犯罪构成作出明确规定，避免因食品安全案件的犯罪构成要件模糊规定而给行政执法部门和刑事司法机关就是否涉嫌犯罪的认识带来分歧。同时，保持附属刑法及刑法分则在罪名及刑罚规定上的协调统一，能够与行政法规相对应，避免行政法规范与刑法规范不相衔接的问题出现。三是充分发挥检察机关的法律监督权。检察机关的法律监督权不仅表现为侦查监督、审判监督、刑罚执行监督，而且表现为对行政机关执法活动的监督，因而要充分发挥检察机关对食品安全行政执法部门执法活动的监督权。可以在修改《人民检察组织法》等法律时，进一步明确检察机关对食品安全行政执法活动的法律监督范围，赋予其提前介入权、调卷审查权、督促纠正权等加强对食品安全行政执法的法律监督。四是充分发挥各部门的职能作用，形成衔接

紧密、优势互补的工作合力。在惩治食品安全违法犯罪过程中，食品行政执法部门的日常监督处于最前端，公安机关处于"两法"衔接的接入点和转折点的中间环节，检法机关的司法审查监督处于最后端，需要加强上中下游各部门的主动对接和深度协作。食品行政执法部门要守住食品安全的前沿阵地，加强日常监督；公安机关要深入学习借鉴食品行政部门的专业知识和检验技术，熟知食品物质的特性，准备把握案件性质，条件成熟时组建食品药品犯罪侦查专门队伍。据了解，2016年，宿州市在安徽省率先成立了第一支公安机关专业的食品安全执法队伍——食品药品犯罪侦查大队，这对于集中办理食品安全案件大有裨益。公安机关在办理食品安全复杂、疑难案件时，可以主动要求检察机关提前介入，严格把握证据标准和法律适用；检察机关依法依规，严格审查起诉；审判机关依法作出公正裁判，做到不枉不纵，真正使处于前端、中端和后端的三机关形成打击食品安全违法犯罪的合力，筑牢食品安全的三道堤坝。

（二）建立考评问责机制，促进案件积极移送

为切实解决行政执法与刑事司法衔接中有案难移或有案不移的现象，笔者建议食品安全行政执法部门和公安机关内部完善奖惩考评机制，将行政执法与刑事司法衔接工作纳入年终目标绩效考评体系，全面落实问责机制，敦促有关部门及其工作人员，提升执法理念，树立底线意识，严格执法，增强工作热情，坚决杜绝有案不移、以罚代刑、有案不究的滥用职权和玩忽职守行为。同时，公安机关应转变观念，提高认识，坚持"两手抓，两手都要硬"："一手"是以食品安全行政执法部门移送案件的线索为切入点，公安机关及时依法立案、侦查，并将案件查办情况及时反馈给移送案件的食品安全行政执法部门；

"另一手"是公安机关在肩负打击犯罪责任的同时亦担当起预防犯罪的重要使命,也就是说公安机关不能"坐而等之",应主动、积极地发现犯罪案件的线索,及时与食品安全行政执法部门互通案件线索,及时解决案件应该由谁管、谁先管的问题,从而有效防治公安机关与食品安全行政执法部门之间互相推诿、懈怠的现象。必要时,可以建立重大案件公安机关提前介入制度。提前介入不只是联合检查,而是赋予联合检察机关一定的权力,在食品监管部门接到举报或得到线索,食品安全违法行为涉嫌犯罪时,直接启动该制度,食品监管部门与公安机关共同调查取证,及时启用公安的技术侦察手段,更有利于食品安全犯罪案件的取证和侦破,案件移送衔接更为顺畅。

(三) 规范案件移送标准,推进移送受理率

针对食品安全案件罪与非罪、此罪与彼罪的界限难以拿捏,食品安全行政执法人员对刑事法律掌握程度不足、把握犯罪认定标准不清等问题,笔者建议食品行政执法部门与公安机关、检察机关等职能部门建立紧密联系、互通案情的长效工作机制,适时制定《涉嫌食品安全犯罪案件移送立案标准》等规范性文件,进一步细化食品安全刑事案件追诉标准,以便食品安全行政执法部门参考使用。[1]有了查处食品安全违法行为的依据和标准,不仅可以大幅促进食品安全行政执法部门及人员的工作热情、工作能力,从而增强对食品安全违法犯罪的惩治力度,而且有助于提升食品安全行政执法部门与公安司法机关之间的案件对接率,从而有效顺畅"行刑衔接"工作机制。尽管如此,

---

〔1〕 张叶:"困境与突破:食品安全行政执法与刑事司法顺畅衔接",载《山东警察学院学报》2014年第4期。

第五章 我国食品安全犯罪行政执法与刑事司法衔接平台之构建

在司法实践中应特别注意以下两种情形:一方面是食品安全行政执法部门在执法检查过程中,依据食品安全刑事案件追诉标准,发现该案件涉嫌犯罪的,应立即向公安机关移送,不能待案件事实进一步查清后再移送,这样可能使公安机关失去立案侦查的绝好时机,削弱打击犯罪的实效。另一方面是公安机关对于食品安全行政执法部门移送的案件有时并不积极受理,而是等到食品安全行政执法部门收集到充分的证据或查清案件事实后再受理,这样就等于让食品安全行政执法部门代行或变相代行行使调查取证职责,公安机关只不过充当移送案件的"二传手"。[1]这两种不良的做法必须杜绝。

(四) 明确证据转换规则,提升证据采信度

证据是行政执法与刑事司法有效衔接工作平台中互联互通的关键媒介。首先,各地政府应建立食品安全执法专项基金制度,从人力、物力和财力上增强执法力度,提升食品安全行政执法部门收集固定证据的能力;其次,通过有步骤、成系统的业务培训等形式,使食品安全行政执法部门及人员在实际执法过程中,准确掌握食品安全犯罪刑事立案追诉标准和犯罪构成要件,切实树立证据意识,提升鉴别案件性质的能力,增强证据收集、固定和保全的程序意识;再次,食品安全行政执法部门及人员应成立专门机构,专责对证据的自我审查,尤其是对拟移送案件的证据进行更为严格的审查,重点审查证据的客观性、合法性、程序性以及证据的证明力和证据能力,适时地与公安机关保持联系,一经发现证据有瑕疵,应及时补正或作出

---

[1] 刘富谦:"行政执法与刑事司法衔接工作的几个问题",载《国家检察官学院学报》2012年第1期。

合理性解释；再次，在公安机关介入案件后，食品安全行政执法部门及人员应主动发挥其专业性优势，积极调查取证，公安机关也应发挥好刑事证据收集处理优势，认真引导食品安全行政执法部门及人员严格证据收集、运用规则，努力实现执法证据与刑事证据的规范性对接；最后，食品安全行政执法部门与公安机关在长期的通力合作过程中，应以实践操作为基础，努力建立统一的行政执法证据与刑事证据的转换规则，实现行政执法与刑事司法证据转换的有效衔接。

1. 明确证据转换的范围

《刑事诉讼法》第 54 条规定了行政机关在执法和查办案件过程中收集的证据材料，在刑事司法中可以作为证据使用，这为食品行政执法部门收集、固定的证据能够直接进入刑事司法程序提供了法律依据，从而有效避免了因过度重复取证而浪费司法资源和效率降低的问题。这也标志着我国"两法"衔接的证据转换制度已雏形显现。但就证据转换的范围，学界至今仍未形成共识，其争议的焦点主要集中于对上述第 54 条第 2 款"等"字含义的理解上。对此，形成了"等内等"与"等外等"的两种观点：一种观点认为，将"等"字理解为列举性质为"等内等"，仅限于列举前的 4 种证据形式，严格限定了"两法衔接"直接转换的证据范围；另一种观点则主张对"等"字作列举未尽的"等外等"理解，"两法衔接"的证据转换范围既包括明确列举的 4 种证据，也涵盖未经列举的其他证据形式。[1] 笔者赞成"等外等"观点，主要理由在于：一方面，从文义解释上说，"等"字在法律条文中通常在列举未尽的含义上理解，这

---

[1] 黄硕："论食品安全执法中的证据能力及证据转换"，载《广东社会科学》2018 年第 6 期。

第五章 我国食品安全犯罪行政执法与刑事司法衔接平台之构建

契合法律条文本身所具有的开放性,而对"前文列举后煞尾"的理解不符合实际,过于封闭;另一方面,从后续的立法中可以看出,《人民检察院刑事诉讼规则》和《公安机关办理刑事案件程序规定》等规定均秉承"等外等"这一立法思路。鉴于此,食品安全"两法衔接"的证据转换范围不仅包括上述条文列举的4种实物证据,而且还囊括鉴定意见、勘验报告、检查笔录、证人证言、当事人陈述等言词证据。明确证据转换范围是实现食品安全"两法"衔接证据转换的前提条件,在食品安全"两法"衔接实践中,为避免证据转换规则被滥用,需要通过非法证据排除规则和严格的审查机制予以过滤。

2. 明确证据转换规则

(1) 通过非法证据排除规则确保证据转换的顺利实现。在食品安全行政执法证据领域,无论何种证据类型,只要不具备合法性就必须被排除,不得再作刑事司法证据的转换,更不可能作为定案的根据。在刑事司法证据领域,对于言词证据,采用刑讯逼供或者暴力、威胁、利诱等非法方法收集的犯罪嫌疑人、被告人的口供或者证人证言、被害人陈述等属于"典型的非法证据排除行为",以及在非法定羁押场所讯问而收集的被告人供述或者应当依法全程录像而未作而收集的被告人供述,属于非法的强制取证行为,这两种证据类型绝对不具有证据能力,均属于非法证据绝对排除。[1] 另外,对于言词证据通常情况下不能违背传闻证据规则,也即公安司法机关一般不能直接使用食品安全行政执法部门在执法中所收集的具有传闻证据性质的言词证据,只有在真实性和可信赖性得以充分保障或者

---

[1] 黄硕:"论食品安全执法中的证据能力及证据转换",载《广东社会科学》2018年第6期。

证人等基于不可抗力原因无法出庭作证时，或者辩护方并未提出异议的情况下，才可以考虑在刑事司法程序中使用食品安全行政执法部门所收集的言词证据。对于实物证据，收集的物证、书证等不符合法定程序，可能严重影响司法公正而又无法补正或作出合理解释的，该类证据相对不具有证据能力，应当予以排除。

（2）通过严格审查机制确保证据转换的顺利实现。在食品安全"两法"衔接的证据转换中，一般来说，食品安全行政执法证据合法性是转换为刑事司法证据的必要条件，也即是说食品安全行政执法部门在执法过程中调查取证的程序、手段是否合法的问题，是公安司法机关审查该证据是否能为刑事司法证据所采用的重要内容。需要澄清的是，食品安全行政执法证据能够获得在刑事司法中使用所要解决的问题只是其进入刑事司法的证据能力问题，而不是食品安全行政执法证据的证明力问题。进一步说，尽管食品安全行政执法证据可以在刑事司法程序中作为指控犯罪或证明犯罪事实的依据，但这并不意味着食品安全行政执法证据最后能成为定案的根据。这是因为，食品安全行政执法证据要想最后成为定案的根据，不仅需要具备进入刑事司法的准入资格即证据能力，而且需要经过法庭上诉讼双方的举证质证以及认证等开庭审理程序，才能作为法官认定案件事实和适用法律的根据。从证据类型上来看，证据有言词证据与实物证据之分，前者具有主观性、反复性，而后者具有客观性、稳定性。其实，实物证据与言词证据的上述区别主要表现在证据的来源以及外在特征上，与调查取证主体与时间阶段并没有必然联系，只要是严格按照合法的程序所收集的具有关联性和可靠性的证据，都可以在刑事司法程序中合法使用，其证据能力不受调查取证时间阶段的制约。[1]所以,从证据能力角度考察,对于食品安全行政执法部门收集、固定的证据,无论是实物证据,还是对于言词证据,不论调查取证的时间阶段,只要是以合法手段获取的具有可靠性、关联性的证据,都可以作为刑事司法证据使用。

(3)根据证据类型实施具体的转换机制。食品安全行政执法调查取证作为专门的案件事实查明环节,是获取、固定证据材料的关键阶段,这一阶段所收集获取的证据材料为刑事司法程序的开展提供了最为重要的证据信息支撑。根据证据材料类型的不同,需要实现具体的证据转换机制。

对于实物证据的转换规则应以"直接转化使用为原则,排除使用为例外"的模式。由于实物证据往往具有其他证据形式无法比拟的客观性和稳定性,不会因证据收集程序、方式方法和收集主体的不同而改变其基本属性。故此,对于食品安全行政执法部门在执法过程中收集的实物证据,公安司法机关只需要对其进行合法性审查,补齐其法律手续即可采纳,无需再劳民伤财地重新收集。相反,对于收集到的实物证据确有瑕疵且无法补正或作出合理性解释时,该实物证据不能直接转化;对于言词证据的转换规则应以"重新收集为原则,转换使用为例外"的模式。由于言词证据缺乏一定的稳定性和客观性,主观性较大,极易受陈述人个人情况以及收集方式、程序的影响。因此,公安司法机关对于食品安全行政执法部门在执法中收集的言词证据应当重新收集,以便进一步核实审查。但并非绝对如此,当该言词证据出现不可抗拒的原因无法再重新收集固定时,但该言词证据基于可靠性保障、必要性和公正性时可以例

---

[1] 纵博:"监察体制改革中的证据制度问题探讨",载《法学》2018年第2期。

外地不被排除，当然，不被排除的言词证据要与其他证据相互印证才可以作为刑事证据使用；对于鉴定意见的转换规则应以"审查使用为原则，重新鉴定为例外"的模式。由于食品安全问题的检测鉴定专业性较强，只要食品安全行政执法部门依法委托的鉴定机关和鉴定人具有相应的资质且所作出的鉴定意见程序公正，则无需重新鉴定；如果所作出的鉴定意见有瑕疵足以影响案件公正处理且检材可以重复使用的时候，可以重新鉴定；对于食品安全行政执法部门所作出的现场笔录证据视情况而定，对于实质上属于实物证据的现场勘验笔录、检查笔录和现场制作的录音录像资料等原则上可以转换使用，例外情况下无法排除合理怀疑的不予使用。而对于实质上属于言词证据的现场询问笔录等原则上重新收集，在例外情况下经审查能够排除合理怀疑便可以使用。[1]

（五）完善检测鉴定机制，增强鉴定意见可采度

食品安全检测鉴定在行政执法与刑事司法衔接中往往起着不可或缺的功效，是评判食品安全罪与非罪的重要参考依据，还可以通过样材检测鉴定发现案件线索，锁定犯罪嫌疑人，经过质证的鉴定意见可以作为刑事诉讼中的证据予以采信。首先，在办理案件过程中，食品安全行政执法部门及人员应转变工作理念，对拟检测鉴定的样材不能单纯地停留在某项指标达标或超标的水平，而应结合刑法条文及司法解释中规定的食品安全犯罪立案标准进行综合考量，增强检测鉴定的实效性；其次，针对当前我国食品安全事件频发不断的现象，应建立健全以司

---

[1] 阮建华："行政执法与刑事司法衔接机制的现状分析与完善对策"，载《江西警察学院学报》2016年第5期。

第五章 我国食品安全犯罪行政执法与刑事司法衔接平台之构建

法行政部门领导下统一的食品安全司法鉴定机构体系，组建有独立法人资格的食品安全司法鉴定中心，努力建立一支专业化、职业化的技术人才队伍，实现"政技分离""检测与鉴定职能分离"的新型模式，以提升鉴定意见的采信度；[1]最后，进一步完善食品安全检测鉴定的责任分担机制，明确检测鉴定费用，赋予当事人对食品安全检测鉴定意见的复议权、申诉权，切实保障鉴定机关的独立性和鉴定意见的权威性。

(六) 建立网络信息平台，畅通信息共享

"两法"衔接平台是行政执法与刑事司法的全过程衔接，它致力于证据转换、案件移送、立案侦查、起诉审判等各个环节的通力合作。建立网络信息平台可以有效地实现食品安全行政执法部门与公安司法机关之间的案件移送及备案、案件流程全面跟踪等信息共享。

第一，逐步建立全国统一的信息共享平台。通过网络信息共享平台，公安司法机关可以发现涉嫌刑事犯罪的案件信息并予以立案受理，同时食品安全行政执法部门亦可以从公安司法机关办理的案件中发现行政执法信息，勾勒出双向互动式行政执法与刑事司法衔接信息共享机制。但是，网络信息共享平台的衔接运行方式目前仅在少数省份建立，大部分地区以案件查询、联席会议制度、案件移送书等形式衔接，[2]远未达到预期目标。因而，需要在全国范围内逐步推进网络信息共享平台的搭建，加强基础设施建设和内涵式发展建设，逐步使共享平台

---

[1] 张叶："困境与突破：食品安全行政执法与刑事司法顺畅衔接"，载《山东警察学院学报》2014年第4期。

[2] 王传红、维英："行政执法机关移送涉嫌犯罪案件机制研究"，载《中国刑事法杂志》2012年第3期。

高效、有序运行。

第二，建立统一的信息准入制度。在信息平台运行过程中，往往会出现准入数据与违法犯罪实际发案率数量差距较大的现象，究其原因，主要在于信息准入主体、范围、时间、标准等并无统一要求，准入工作恣意性明显。因而，需要进一步规范信息共享平台的准入主体、准入范围、准入标准、准入时间，摒弃以往落后的食品安全行政执法部门单一准入义务模式，切换为由食品安全行政执法部门、公安机关、检察机关各负其责、协调统一的准入模式，努力做到各部门通力合作的统一规范行动。

第三，切实落实联席会议和信息通报制度。据调研可知：2011年，安徽省宿州市人民检察院与市食品药品监督管理局就积极探索"两法衔接"工作机制会签了《关于加强行政执法和刑事司法衔接工作的实施意见》；2016年，宿州市人民检察院、市食品药品监督管理局、市中级人民法院、市公安局等四部门又会签了《宿州市食品药品行政执法与刑事司法衔接工作机制实施意见》，确定了长效的联席会议和信息通报制度。但从整体上来说，当前各地初显成效的联席会议制度远未形成长效工作机制，往往停留在工作层面，只有在问题出现亟须解决时联席会议才会召开。因而，需要进一步落实各部门通力合作的联席会议制度和信息通报制度，由明确的牵头部门主持大小不等的联席会议，定期或不定期地召集不同层次的联席会议，沟通情况。统一认识，共同研究食品安全行政执法与刑事司法衔接中遇到的新问题、新情况。对于重大复杂或疑难案件在必要时可以随时召开临时联席会议，进行问题咨询，形成集体合力，协调解决疑难问题；进一步明确信息通报内容、检查结果，坚决避免信息报假、造假，通报滞后等行为。

第五章 我国食品安全犯罪行政执法与刑事司法衔接平台之构建

第四,加强网络信息共享平台管理,实现信息共享平台与食品安全行政执法部门的办案系统对接,不断趋于完善,最终实现网上移送、网上受理和网上监督的目标。[1]由此,扫清"两法"有效衔接的"拦路虎",增强食品安全行政执法部门、公安司法机关协调统一打击食品安全违法犯罪行为的工作效能,切实保障食品安全。

第五,建立检察机关提前介入制度。当前,检察机关对案件移送的监督主要是"立案监督",缺乏对案件移送的过程监督或主动监督。为加强检察监督工作,充分发挥检察机关对案件定性、证据把握的优势,在建立食品安全行政执法与刑事司法衔接工作平台的过程中,对于食品安全行政执法部门查处可能涉嫌犯罪的案件,检察机关认为有必要时可以主动派员提前介入,以引导食品安全行政执法部门围绕案件的定性进行收集、固定和保全证据。因为提前介入权是检察机关履行法律监督职能的一项重要权能,在协作中监督,在监督中支持,形成解决问题的合力。这样,检察机关的检察权从涉嫌犯罪案件移送后向移送前扩展,从刑事诉讼环节向行政执法环节扩展,无疑可以起到对食品安全行政执法部门移送涉嫌犯罪案件监督的积极作用,可以增加食品安全行政执法过程的透明度。同时,在食品安全行政执法部门查处可能涉嫌犯罪的违法案件时,也可以主动邀请检察机关的工作人员参与食品安全行政执法工作,以便实现对案件的正确定性,保证收集证据的法律效力,提升案件的衔接效率。当然,检察机关的提前介入制度,并不是要使行政执法权与刑事司法权的界限模糊化,而是为了更加便捷地

---

[1] 伍青萍:"'两法'衔接机制的总体构想与实践——以广东省'三打两建'中的探索与实践为例",载《行政与法》2013年第4期。

处理衔接工作平台中出现的问题，顺利实现两者的衔接。同时，也并不排斥公、检、法三机关之间的分工负责、互相配合、互相制约的关系。因此，检察机关提前介入制度应有一定的限制，在食品安全行政执法过程中，检察机关与行为人之间不存在直接的法律关系，它只是消极的参与者和积极的执法监督者。

（七）完善食品安全预警体系，营造社会共治氛围

食品安全并非仅仰仗一个部门或机关就能够达到预期效果，它需要社会各种力量的广泛参与，与其惩治食品安全违法犯罪，不如提前预防，筑牢发生食品安全风险的各个卡口。无论是以行政监管为中心的社会共治，还是以刑事制裁为后盾的社会共治，[1]都强调政府、社会、市场等多元主体共同参与的共治模式，需要不断完善食品安全预警体系，努力营造社会共治氛围。其一，需要建立健全食品安全相关法律法规。各类制度、行政法律法规与刑事法律之间相互配合，紧密衔接，织密食品安全法网，全覆盖于整个食品生产经营的各个环节，细化食品安全标准，努力实现与国际的接轨。其二，严格审查食品企业和个人的生产经营资质，建立严格的食品市场准入机制，为广大消费者把好第一道关口。与其堵而抑之，不如疏而导之，不断创新食品小作坊、小摊位等服务方式方法，合理引导其走向规范经营轨道。[2]其三，优化监管队伍，建立健全市场监督体系。食品的监管具有极大的复杂性和挑战性，需要整合力量，建立统一的专业化食品安全监管队伍，对食品市场进行现代化管理，

---

[1] 彭凤莲：" 食品安全社会共治的刑法学分析"，载《法学杂志》2018 年第 2 期。

[2] 于浩、董军：" 食品安全治理行刑衔接制度之构建——以近年来北京市 T 区行政执法与刑事司法衔接工作为蓝本"，载《河南工程学院学报（社会科学版）》2018 年第 2 期。

第五章 我国食品安全犯罪行政执法与刑事司法衔接平台之构建

不仅要将监管力量下沉到城乡接合部和偏僻乡村,而且要针对食品安全违法犯罪地域聚集化的特点进行精准打击,集中力量将违法犯罪窝点彻底扫除,还要追根溯源,查找问题食品的来源,从源头上切断问题食品的流通泛滥。其四,不断加强对广大民众的食品安全意识教育。市场监督等行政职能部门需要不断创新方法手段,加大对广大民众的食品科普教育,引导公众掌握简单的食品质量识别方法和正确的食品加工烹调方法等。并且,经常性地通过各种媒体发布食品安全信息,宣传食品安全法律知识。尤其是深入开展对食品经营者的遵法、守法宣教活动,使之入脑、入心,逐步提升生产经营者的食品安全意识和守法意识,形成合法生产经营的自觉自省,从源头上降低食品安全违法犯罪的发生。其五,建立健全食品安全信用档案并依法及时向社会公布。食品行政执法部门可以会同公安司法机关建立统一的违法信息发布机制,不断曝光不合格食品及其生产经营企业、个人的"黑名单",加强对食品生产经营严重失信者的联合惩戒,限制其生产经营,及时让消费者知悉并自觉抵制失信者,定期或不定期地公布食品安全违法犯罪信息,达到惩恶扬善、震慑违法犯罪分子和教育社会公众的良好效果。其六,建立举报奖励机制,激励广大群众广泛参与。通过多种形式向广大民众宣传有毒、有害非食品原料的危害性,提高广大民众的食品安全意识和识别鉴别能力,当广大民众都能够识别并不再购买有毒、有害添加食品时,这些问题食品就没有了市场。同时,通过举报奖励机制,规范食品安全有奖举报的适用范围、奖励金额和有奖举报资金的来源渠道,[1]鼓励广大民众

---

[1] 舒洪水等:《食品安全有奖举报制度研究》,中国政法大学出版社2015年版,第115~116页。

主动提供食品安全违法犯罪信息和线索，积极配合食品行政执法部门及公安司法机关等查办有关食品安全违法犯罪案件。对于举报属实的，视情况将给予不同的奖励，充分调动广大民众参与食品安全治理的积极性、主动性，努力营造全民参与、各职能部门及公检法各司其职、形成合力的社会共治氛围。

食品安全行政执法与刑事司法衔接平台构建是维护生活和谐的必然要求。当前，食品安全违法犯罪活动仍然形势严峻，不断引发广大民众的高度关注，这给食品安全行政执法部门和公安司法机关带来了很大的工作压力。为有效治理食品安全违法犯罪活动，必须畅通行政执法与刑事司法衔接工作平台，这是解决问题之基础。这就要求食品安全行政执法部门严格依法查处食品安全违法案件，对于涉嫌犯罪的食品安全案件不折不扣地主动移送；公安司法机关对于移送案件严格依法立案侦查、起诉审判，严格依法监督；在行政执法与刑事司法有效衔接的基础上，各负其责，通力合作，全面筑起治理食品安全违法犯罪、保障食品安全的坚强堤坝。

第六章
我国食品安全司法解释所呈现的问题及意见建议

人类的生存与发展都离不开食品,食品对于人类的重要性不言而喻。[1]为进一步提升刑法规制危害食品安全犯罪的效果,充分发挥刑法有效遏制和预防危害食品安全犯罪的保障功能,2013年5月,两高颁布了《关于办理危害食品安全刑事案件适用法律若干问题的解释》,[2]进一步细化了危害食品安全犯罪的有关规定,使之更具有可操作性。然而,《司法解释》实施以来已经过了7年多,随着经济科技的高速发展,食品安全领域不断涌现新情况、新问题。《司法解释》实施情况怎样?还存在哪些值得修改或研究的主要问题?《司法解释》的哪些条款可以适用食用农产品?危害食品安全刑事案件覆盖了哪些对象的食品安全犯罪?危害食品安全刑事案件明确覆盖了哪些主要环节?食品添加行为和食品非法添加行为有何区别?危害食品安全刑事案件中"销售金额"和"货值金额"如何认定?如何完善办理危害食品安全刑事案件司法解释的意见建议?这些问题直接

---

〔1〕 王可山、刘嘉萱、崔艳媚:"我国食品安全治理研究的前沿热点和动态趋势",载《北京行政学院学报》2019年第4期。

〔2〕 以下简称《司法解释》。

影响到了食品安全刑事案件的精准办理与公正处罚,亟须深入研究。为响应中共中央政法委员会、安徽省委政法委号召,笔者参与了自己的博士生导师安徽大学法学院陈结淼教授所主持的《完善办理危害食品安全刑事案件司法解释》课题研究,在安徽省政法委的指导下对安徽省的一些地市进行了实证调研,获得了诸多第一手资料。在此基础上进行分析研判,撰写了研究报告,并提出了完善办理危害食品安全刑事案件司法解释的立法建议稿。希望在今后的立法过程中引起立法机关及公检法司等有关部门的足够重视,适时反映在刑事立法和刑事司法实践中。

一、近年来食品安全司法解释实施情况和主要问题

(一) 办理食品安全案件违法犯罪情况和主要问题

1. 不同部门查处的食品安全违法犯罪情况

(1) 安徽省市监部门案件办理食品案件情况。据安徽省市监部门统计,2018年全省共办结食品(含保健食品)案件7993件,移送公安机关81件,公安机关刑事立案49件,责令停产停业20家次,吊销许可证7家,罚没款合计8494余万元,有力打击了不法行为。2017年,一般程序共办理食品案件9362件,移送公安机关案件80件,罚没款合计7189余万元,捣毁窝点2个。全年案件总数同比下降5.9%,罚没款总数同比上升18.1%。[1]

2018年,宿州市市场监督管理局共立案查办一般程序案件

---

[1] 数据源于《安徽省市场监督管理局关于"完善办理危害食品安全刑事案件司法解释研究"有关情况的报告》。

776件，案件主要涉及无证经营、经营过期食品、经营不符合食品安全标准的食品、经营未经检验检疫肉制品等类型。

（2）安徽省公安机关案件受理及起诉食品安全案件情况。2016年至2018年，安徽省各地公安机关共受理食品犯罪案件1906起，呈逐年上升趋势，其中2018年受理食品案件数量增长率高达153.7%，与2017年同比增长37%。近三年以来，各地公安机关立案侦办的食品案件分别为532起、581起、793起。2018年，危害食品安全类案件立案数前五名的地市分别为合肥市（139起）、滁州市（128起）、芜湖市（72起）、蚌埠市（67起）、宿州市（55起）。

2016年至2018年，各地市共侦破各类食品犯罪案件共计1063起，被采取强制措施的犯罪嫌疑人共计2416人，移送审查起诉1591人，并且呈逐年上升趋势，其中2018年与2017年同期相比分别增长24.3%、18.9%、31.0%。[1]

2017年，淮北市公安局共立食品类刑事案件8起、破案9起；依法采取刑事强制措施16人；移送审查起诉14人。2018年，食品类刑事案件15起、破案12起；依法采取刑事强制措施22人；移送审查起诉18人。同比分别上升了87.5%、33.3%、27.3%。

2018年，宿州市共查办食品安全犯罪案件13件，其中生产、销售不符合食品安全标准的食品案件7件，生产、销售有毒、有害食品案件6件。

（3）安徽省法院5年来审理食品安全刑事案件的基本情况。2014年，审结案件68件81人，其中生产、销售不符合安全标准食品罪案件25件36人，生产、销售有毒有害食品罪案件43

---

[1] 数据源于《安徽省公安厅关于开展完善办理危害食品安全刑事案件司法解释研究情况的函》。

件45人，适用缓刑人数分别是23人和27人，缓刑适用率是64%和60%。判处五年以上刑罚和免于刑事处罚人数为0。

2015年，审结案件43件57人，其中生产、销售不符合安全标准食品罪案件13件25人，生产、销售有毒有害食品罪案件30件32人，适用缓刑人数分别是7人和2人，缓刑适用率是28%和62%。判处五年以上刑罚3人，免于刑事处罚3人。

2016年，审结案件73件134人，其中生产、销售不符合安全标准食品罪案件40件55人，生产、销售有毒有害食品罪案件33件79人，适用缓刑人数分别是19人和26人，缓刑适用率是34.54%和32.9%。判处五年以上刑罚为8人，免于刑事处罚人数为0。

2017年，审结案件62件99人，其中生产、销售不符合安全标准食品罪案件14件49人，生产、销售有毒有害食品罪案件48件50人，适用缓刑人数分别是29人和30人，缓刑适用率是59%和60%。判处五年以上刑罚和免于刑事处罚人数为0。

2018年，审结案件43件71人，其中生产、销售不符合安全标准食品罪案件15件20人，生产、销售有毒有害食品罪案件28件51人，适用缓刑人数分别是5人和0，缓刑适用率是25%。判处五年以上刑罚为1人，免于刑事处罚人数为0。

五年来总计审结案件289件442人，其中生产、销售不符合安全标准食品罪案件107件185人，生产、销售有毒有害食品罪案件182件257人，适用缓刑人数分别是83人和85人，缓刑适用率分别是45%和33%。判处五年以上刑罚为12人，免于刑事处罚人数为1人。[1]

---

[1] 数据源于《安徽省最高人民法院全省法院审理食品安全刑事案件相关情况的报告》。

第六章 我国食品安全司法解释所呈现的问题及意见建议

(4) 安徽省人民检察院对危害食品安全犯罪办理情况。2018年,安徽省全年共依法批准逮捕危害食品安全犯罪案件31件50人,件数同比上升14.81%。其中生产、销售不符合安全标准的食品犯罪4件5人,生产、销售有毒、有害食品犯罪27件45人。依法提起公诉食品安全犯罪共51件73人,件数同比持平。其中生产、销售不符合安全标准的食品犯罪19件25人,生产、销售有毒有害食品犯罪32件48人。[1]

2. 实证调查折射出的主要问题

(1) 食品安全违法犯罪呈现地域化、家族化和产业化。从近年来查处的众多食品安全案件来看,大多数被告人为共同犯罪,且共同犯罪人之间多为家庭成员或亲属关系,组合成"夫妻店""父子党""家族帮"等家族式参与运作模式;从食品安全犯罪地域来看,这些案件大多集中在一个区域,呈现地域化,采用同种方法实施食品安全犯罪活动往往聚集在一起,成为某一地域的产业,并不断向地域周边蔓延,呈现犯罪团伙化、产业化特点。但随着交通的逐步便利及物流行业的不断发展,行为人往往进行跨区域作案,逐步将"产、运、囤、销"等环节分离,跨区县甚至于跨省市进行,在原料生产、包材提供、食品制作、运输、销售等环节呈现出"产业链"式的违法犯罪模式,而且犯罪团伙内部分工较为明确,部分团伙以家族化运作。

(2) 犯罪门槛低端化,犯罪嫌疑人法律意识淡薄。犯罪主体多为个体工商户及其雇佣人员、夫妻档,从事食品生产、销售的市场准入门槛低,规模小,设备简单,条件简陋,而且市场上有毒有害食品、非食品原料等获取容易,违法犯罪的成本

---

[1] 数据源于《安徽省人民检察院关于完善办理危害食品安全刑事案件司法解释的意见建议》。

低。犯罪嫌疑人法律意识比较淡薄，往往意识不到食品安全问题的严重性。例如，在"王某涉嫌生产、销售有毒有害食品案"中，王某认为自己在卤制品中添加"刚果红"虽有毒但添加的量不多，不会存在危险，也不会致人中毒或死亡，认识不到食品安全问题的严重性，存在侥幸心理，从而滋生犯罪，导致食品安全犯罪泛滥与蔓延。

(3) 互联网食品安全犯罪日益突出。随着"互联网+"时代的到来，利用互联网制售有毒有害食品类案件较为突出，随着打击的不断深入，食品类违法犯罪活动由实体制售向网络平台制售模式越发成为犯罪的主要途径。网络食品安全犯罪的隐蔽性、顽固性不断增强，跨地域性、集团化与专业化的特征更为明显，监管形势异常严峻。有数据表明，网络食品安全犯罪已占食品安全犯罪总数的80%以上。食品犯罪作案手法不断升级，尤其是现代信息化社会中利用互联网制售伪劣食品犯罪让人防不胜防，网络身份等信息的虚拟化给公安机关打击犯罪带来了新挑战。[1]

(4) 涉案时间长且影响范围广。基于谋取暴利的心理，食品领域违法犯罪分子从来不会自动偃旗息鼓，他们总是想方设法逃避监管，通常长期经营，有固定的销售渠道，销售范围广，且常年销往学校、小吃店及其他批发零售商等，受影响的消费者广泛。究其原因主要在于，食品行政执法部门对具有正规经营执照的生产、销售企业、单位或个体食品户还能做到一定的监管，但对于私人运作的食品生产、销售"小作坊""流动点""黑窝点"往往缺乏行之有效的监管，而此类违法犯罪群体又占

---

[1] 参见《安徽省公安厅关于开展完善办理危害食品安全刑事案件司法解释研究情况的函》。

第六章 我国食品安全司法解释所呈现的问题及意见建议

比较大,这是造成当前食品安全违法犯罪涉案时间长、数量不断上升的重要原因。

(二) 有关食品安全执法司法工作情况和主要问题

1. 有关食品安全执法司法工作情况

党的十八大以来,党中央和国务院高度关注人民群众反映强烈的食品安全违法犯罪问题。秉承党的政策和重要指示,安徽省各机关始终坚持以人民为中心,切实贯彻落实中办发〔2011〕8号文件精神。两高制定的《关于办理危害食品安全刑事案件适用法律的司法解释》颁布后,省市各级有关部门及时安排人员进行深入学习。为了更全面、高效地打击网络食品违法犯罪,省市区各级市场监管部门和各级人民法院、检察院、公安机关相互沟通协调,持续加大对危害食品安全违法犯罪行为的打击和惩治力度,逐步建立健全食品安全行政执法与刑事司法衔接工作机制,形成齐抓共管食品安全工作合力。在网络信息共享平台和联席会议制度的基础上,加强行政执法机关与刑事司法机关的信息共享和业务交流,及时研究和解决打击危害食品安全犯罪中遇到的新情况、新问题,统一执法思想、执法尺度,共同研究打击食品安全违法犯罪的治理对策,从而有效地防范了食品安全系统性风险,有力地维护了广大人民群众的身体健康和生命安全。

2. 食品安全执法司法中折射出的主要问题

(1) 公安机关发现线索难:

第一,食品违法犯罪行为往往具有一定的隐秘性、防范性,以逃避行政执法的打击。在经营场所上,一些食品违法犯罪分子选择在偏僻的场所,隐秘在城乡接合部或家庭住宅中,有的跨地域生产经营,有的时常转换生产经营地点;在经营方式上,设置多个环节层层设防隐秘,趁夜间或周末时段生产经营,只通过网络或移动电话联系;在经营人员上,大多是亲属、朋友或同乡等参与核心经营工作,将其他工作分担给陌生的物流或储藏,有的警惕性较高,事前订立攻守同盟。这些表现都给食品安全违法犯罪的发现增添了难度。[1]

第二,因为公安机关缺少必要的检验设备和专业人员。食品领域具有一定专业性,其食品性质认定需要专业人员来检验检测,公安机关不仅缺乏这方面的检验设备,更缺乏这方面的专业人才,对获取的食品样本无法进行检验,即便是有毒有害食品和不符合安全标准的食品也欠缺初步认定的基本能力,只得被动等市场监督管理局等行政执法部门移交案件进行侦办。

第三,广大人民群众对问题食品的维权意识不强。广大人民群众对疑是问题食品的情形往往听之任之,抱着"事不关己高高挂起"的心态,即使有部分群众将问题食品举报至公安机关,公安机关亦不能独立办理食品安全案件,要协同行政执法部门对问题食品进行检验鉴定,作出初步认定意见后才能决定是否入罪,公安机关很难自己发现线索。

(2)食品安全案件检验鉴定难。检测鉴定意见是食品安全犯罪案件的核心证据,是判断罪与非罪的关键,但是司法实践中检测鉴定工作仍然存在较多问题:

第一,由于市场监管部门及公安司法机关在日常办案过程中一般查获发现的残留涉嫌非法添加产品数量不是很多,样品数量不能满足抽样检验鉴定要求,常常导致食品添加的有毒有害物质种类和数量无法确定。

---

[1] 杨竞、任端平:"食品安全行政执法与刑事司法衔接机制研究",载《食品科学》2017年第15期。

第二,委托鉴定机构难,随着科技的高速发展,食品领域不断呈现新情况、新问题,当前食品安全案件涉及的检验鉴定种类不断增多,但现有检测鉴定机构的检测项目却无法做到全覆盖,一旦出现新的检测鉴定项目,常常就要到外地委托检测鉴定机构进行,这必然带来诸多不便。

第三,由于食品安全因果关系的复杂性、潜伏性,以及食品安全检验检测的复杂性、专业性,直接导致了涉案食品检验鉴定难、检验机构少、检验费用高、检验周期长等突出问题,导致部分案件因检测鉴定费用过高未及时委托,或因检测鉴定耗时过长,严重影响案件进度和结果。

第四,鉴定意见是食品安全案件认定犯罪的重要依据,但由于食品鉴定行业发展不完善或现有法律法规的不明确等原因,食品检测鉴定机构一般只出具检验参数报告,不能出具公安机关要求的相关危害程度鉴定意见,难以出具食品定性意见,像"有毒有害"或"足以严重危害人体健康"等,这直接加大了食品案件违法犯罪的认定难度,甚至直接影响到了一些具有隐蔽性危害较强的食品案件的定性。

第五,检验鉴定需要一定周期,在此期间,有些物质可能因为保存不周或挥发或湮失而检测不出来,这样更使食品案件陷入骑虎难下的僵局。

第六,公安机关在查处犯罪现场时由于装备器械不完备,对涉案原料及有关物品不能及时初筛检测,往往将现场所有可疑物质都进行扣押,这样会增加一些不必要的麻烦。

第七,专家出庭作证难,尽管司法解释中明确规定了人民法院可以依法通知有关专家出庭作出说明,但现实中专家往往不愿意出庭作证,有些出庭作证的专家提出报销较大差旅费等要求,也难以解决。

(3) 取证难度大。首先,行政执法部门往往是最先接触或查处食品安全案件,但其执法人员对案件的证据固定意识不强,不够专业,而且检验鉴定周期较长,使得有些有毒有害物质在检测过程中挥发或灭失而无从查证,致使公安机关受理案件后,无法进行二次取证,使刑事案件失去关键证据而无法进入后续刑事司法程序。其次,由于很多违法犯罪者是流动生产、跨地域作案,或网络销售,调查取证和抓获违法犯罪嫌疑人较为困难。最后,很多生产窝点选在城乡接合部、偏僻的民房、私人住宅以及网上销售,隐蔽性较强,不易查获。此外,有时会出现案件中很多证据之间难以形成闭合的证据链条,给案件准确定性带来诸多麻烦。

(4) 案件定罪难:

第一,刑法条文规定食品的生产者、销售者只有满足主观"明知"才能够成立食品安全犯罪,但目前,随着犯罪嫌疑人、被告人逃避打击的意识增强,往往在公安机关讯问过程中否认其犯罪的"主观故意性",从而难以形成完整闭合的证据链条,无法排除合理性怀疑,难以按刑事证据标准进行起诉定罪。

第二,"足以造成严重食物中毒事故或者其他严重食源性疾病""有毒、有害非食品原料",虽有明确的司法解释,但是仍然存在解释不够全面细致,实际办案中难以把握的情形。

第三,由于食品大多消费于不特定群体,造成犯罪数额难以认定,同时因消费个体对问题食品耐受性差异较大,假冒伪劣食品以及有毒有害食品等问题食品对人体健康生命的危害后果不会即刻显现出来,更无法判定是否存在隐性的长期的潜在危害后果,造成案件定罪困难重重。

(5) 缓刑适用率较高。缓刑制度既可以避免短期自由刑的弊端，又可以达到预防犯罪的目的，给犯罪人架设一道复归社会的通道，无论对于犯罪人还是对于社会稳定都大有裨益。但缓刑是一种所判刑罚暂缓执行，促使犯罪人自我更新的制度，在适用时也必须严格把握，否则将有损刑罚执行的实际效果。然而，在食品安全领域，缓刑适用率较高越发凸显。有学者在2016年度从中国裁判网中选取了793个生产、销售有毒、有害食品案件，缓刑适用率占48.83%，远高于同年度全国一审刑事案件缓刑宣告29.3%的比率。[1]据粗略统计，在食品安全领域，安徽省适用缓刑的被告人所占比例高达55%。然而，从社会现状来看，食品安全类犯罪高发，且危害大，因此，缓刑的过高适用不利于有效打击犯罪，且《司法解释》从整体上确立了从严从重的基本格调。显然，较高的缓刑适用率与司法解释的立法初衷存在严重背离，应予以控制。

(6) 销售金额难以查实导致罚金刑难以实现。销售金额是食品安全犯罪判处罚金刑的主要依据，但销售金额恰恰又是司法认定中的一个难点。一是只有着手销售才会产生销售金额，而在司法实践中多数案件是在生产环节，销售金额就无从谈起。二是对于生产、销售不符合食品安全标准的食品违法犯罪者，大多数都是个体户、小作坊，食品生产、销售过程隐蔽，基本不留存相关记录和账目，或者设立虚假账目，并对其销售金额拒不交代，充其量仅承认被扣押的数额，造成违法经营的时间跨度和生产、销售金额亦无法认定。然而，《司法解释》第17条规定对于生产销售不符合安全标准的食品及生产、销售有毒、

---

[1] 张伟珂:"危害食品安全犯罪刑事司法政策研究"，载《中国人民公安大学学报（社会科学版）》2017年第3期。

有害食品犯罪，一般应当依法判处生产、销售金额 2 倍以上的罚金。但是，在司法实践中，由于对生产、销售金额难以查实，导致罚金的数额缺少相应的证据支持。

（7）各部门食品安全标准不统一，影响定罪量刑：

第一，标准多元。针对同一食品安全标准的国家标准、行业标准和地方标准三者共存，有时存在交叉重叠甚至相互抵牾的情形，这无疑给食品安全违法犯罪分子提供了可乘之机。虽然新修订的《食品安全法》实行之后，我国构建了食品安全国家标准、行业标准、地方标准、企业标准的四级标准体系，但实际上一些标准仍未出台，没有积极跟进，食品安全执法司法层面更缺乏一套统一的食品安全标准体系。[1]

第二，某些食品缺乏标准。例如，使用较为普遍的植物奶油，因为蕴含大量反式脂肪酸，极易诱发糖尿病、冠心病、肥胖等疾病。然而，我国仅在《食品安全国家标准婴儿配方食品》中对反式脂肪酸作了最高含量应小于总脂肪酸 3% 的标准限定，并明确规定氢化油脂不得被使用于婴幼儿食品原料。[2]但对于其他食品中的反式脂肪酸仍未出台相关明确标准。实际上，现代技术工艺是可以做到大幅降低植物奶油中的反式脂肪酸的，但生产商基于利益驱动和节约成本的目的，仍置安全风险于不顾，大量使用低成本的氢化油。

第三，公、检、法在办理食品安全案件的过程中对证据规格没有统一的认识，加之标准多重并行，多部门交叉管理，可能出现按照一套标准监督检查合格的食品，按照另一套标准就

---

[1] 舒洪水："食品安全犯罪刑事政策：梳理、反思与重构"，载《法学评论》2017年第 1 期。

[2] 舒洪水："食品安全犯罪刑事政策：梳理、反思与重构"，载《法学评论》2017年第 1 期。

第六章 我国食品安全司法解释所呈现的问题及意见建议

不合格的情况。不同标准间的差异客观上给经营带来了困惑,也给定罪量刑带来一定影响

第四,标准制定的滞后、修订的不及时,也可能导致证据的取证缺失证据能力,致使证据无法采信,影响案件裁判。

(三) 近年来食品安全司法解释实施情况及呈现问题

1. 食品安全司法解释实施情况

2013 年,两高颁布实施《关于办理危害食品安全刑事案件适用法律问题的解释》后,安徽省各级机关高度重视,省公安厅专门聘请相关专家对各地办案骨干人员进行培训解读,取得了明显的打击成效。为确保打击食品安全犯罪工作常态化和可持续发展,进一步加强行政执法与刑事司法衔接工作机制,市监部门会同公安部门、人民检察院、人民法院等部门建立健全联席会议制度,在案件移送、执法联动、检测鉴定等方面形成指导性意见。譬如,宿州市食药监督管理局与市公检法会签了《宿州市食品药品行政执法与刑事司法衔接工作机制实施意见》,确定联席会议工作制度、常设联络员制度、重大案件会商督办制度、案件移送备案、案件信息发布等工作制度。经过反复酝酿,充分论证,安徽省公安厅先后出台了《关于加强涉及食品违法犯罪案件抽样检验鉴定工作的通知》《安徽省食品药品安全行政执法与刑事司法衔接工作规则》,开辟了食品药品检测鉴定"绿色通道",有效提升了安徽省对食品安全犯罪的打击实效。

2. 折射出的主要问题

(1) 网络食品案件管辖问题存在争议。网络食品犯罪的扩散性和跨地域性决定了食品涉案的跨地域性,这就必然牵扯到多个犯罪行为地的管辖问题。但如何确定网络犯罪案件的犯罪行为地管辖问题,并没有专门的司法解释规定,案件管辖问题

出现分歧在所难免。

（2）食品分类界限模糊。在执法司法实务中，一些具有保健功能的物品，究竟是食品还是药品难以区分，有的按照物品成分进行分类，有的按照食品主管部门的认定进行分类。如销售性保健品案件，食品监管部门出具的证明，将其认定为假药，而减肥保健品，则以销售有毒、有害食品认定。我们认为，随着社会经济活动的发展，商品分类呈现多元化，食品和保健食品应科学划分。[1]

（3）"专家认定"程序难启动。《司法解释》第21条规定，"足以造成严重食物中毒事故或者其他严重食源性疾病""有毒有害非食品原料"难以确定的，司法机关可以根据检验报告并结合专家意见等相关材料进行认定，必要时，人民法院可以依法通知有关专家出庭说明情况。然而，《司法解释》所设计的"专家认定"程序在现实的司法实践中根本无法启动，究其原因主要在于：一方面是没有专门的认定机构；另一方面是认定机构或专家往往不肯出具书面意见及在鉴定意见上盖章。

（4）检验鉴定机构不规范。主要表现在：一是检验鉴定机构多头并重。食品检验鉴定机构既有行政执法机关，也有专门的检验鉴定机构，不同的质量检验机构由于检测方法不同，检测检验结果也不同，检测检验标准存在不统一现象。二是检测鉴定机构不够规范，只有部分案件中有检测机构具备相关检验资质的证明，在检验机构的选择、检验标准的明确、检验范围的划定等方面均没有具体操作规范。例如，目前国内尚未有检测"地沟油"的统一标准，即使是"地沟油"也可能完全符合

---

[1] 参见《安徽省公安厅关于开展完善办理危害食品安全刑事案件司法解释研究情况的函》。

第六章 我国食品安全司法解释所呈现的问题及意见建议

9项基本的食用油检测指标,从而无法针对"地沟油"去进行辨别性检测。三是检测机构或专家往往不愿在出具书面意见或在鉴定意见上盖章。同时,对于专家资格、专家数量,以及专家观点不一致时如何认定的问题都缺乏相应规定。四是对食品检测鉴定而形成的鉴定意见形式各异,不规范,既有以函件、报告、说明、意见、证明等形式呈现,也有以鉴定结论书、认定书、初步鉴定甚至于以批复形式出现的,造成不同检测鉴定机构甚至同一检测鉴定机构出具的鉴定意见缺乏统一形式,随意性较大。五是检验鉴定效力遭质疑。在食品安全案件诉讼过程中,被告人以及辩护人往往就检验鉴定意见的形式是否规范、是否具有相应资质、是否具有科学的检验方式等提出质疑,权威性检验鉴定难以树立。

(5) 食品安全犯罪人"主观明知"认定难。刑法规定,危害食品安全犯罪的行为人只有存在"明知"的主观故意时才可定罪,但在执法司法实践中,一些销售者为规避处罚而否认自己的"明知"故意,将责任推卸给生产者,经常出现犯罪嫌疑人、被告人辩解不明知而拒不认罪的情形,这使得办案机关难以形成完整的证据链条。而且,在证明标准上,食品安全犯罪对主观明知的证明标准要求过高,给认定行为人的主观明知带来了一定的困难。

(6) 打击环节仍然狭窄。食品产业链条长,触点多,涉及面广,从农产品初级生产、加工到食品粗加工、深加工,从食品的流通、销售到食品的餐饮、消费等各个环节都会出现不同程度的人源性食品风险。[1]虽然《司法解释》将加工、销售、运输、储存等环节纳入了打击范围,但打击仍然存在偏差:过

---

[1] 李双其:"论食品犯罪现象",载《福建警察学院学报》2018年第2期。

多关注滥用添加剂、非法添加非食品原料等积极行为的打击力度,却在一定程度上忽视了可能构成不作为犯罪的运输者或储存者,对部分食品安全犯罪的预备行为难以入刑,如果有证据证明生产商为了降低成本,谋取更大利益,而购入腐败变质食品、有毒、有害食品等作原料,就可以入罪,适度扩展打击范围。

(7) 某些概念术语不明确。在食品安全司法解释中有诸多概念术语不明确,主要体现为以下几种情形:

第一,对《司法解释》中"严重超出标准限量""其他危害人体健康的物质"认定困难。《司法解释》第1条中"严重超出标准限量"没有确定具体的标准数据,使得办案机关在认定罪名时缺乏依据。第1条中"其他危害人体健康的物质"和"死因不明"等缺少明确界定以及认定的部门、认定程序。而且,《食品安全法》中也没有相关的定义以及认定部门、认定程序,容易造成"危害人体健康的物质"定性泛化。

第二,《司法解释》第8条中"超限量或者超范围滥用食品添加剂"没有具体的量化标准,究竟如何判断"超限量"或"超范围"并没有明确的标准,所以在司法实践中难以把握。

第三,《司法解释》第9条关于"掺入有毒、有害的非食品原料"的"掺入"如何界定以及如何证明在司法实践中有一定的争议。例如,在安徽省六安市霍邱县办理的一起注水猪肉案中,王某某、张某某等人为谋取非法利益,对屠宰前的生猪注射药物并灌水,以此增加猪肉含水量并达到增加猪肉重量的目的。六安市霍邱县畜牧局联合市场监督局、公安局对涉案窝点布控检查,现场查获注药注水生猪29头、盐酸异丙嗪7支、无名药水1瓶、注射器3支、铁钩、铁锤、水管等作案工具。县畜牧局将该案移送公安机关,公安机关以猪肉、猪肝中未检测到相关药物成分为由不予立案。办案人员的惯性思维是,既然掺入了有毒有害的非食品原料,那么在食品成品中就应该能够检测出来,如果检测不到则反向证明行为人并未掺入有毒有害非食品原料,则无法证明嫌疑人有罪。

第四,《司法解释》第16条的规定对"发生重大食品安全事故或造成其他严重后果"表述没有具体标准限定。对此,司法实践对此罪的认定存在困难。因而,应当进一步明确立案标准,在尚未明确前,可以参照其他渎职犯罪标准。例如,食品安全渎职犯罪行为的立案标准可参照《最高人民检察院关于渎职侵权犯罪案件立案标准的规定》中的玩忽职守罪、滥用职权罪的立案标准。

二、完善办理食品安全刑事案件司法解释的意见建议

(一) 确定食品安全案件管辖权

食品安全领域网络犯罪的不断高涨,使得食品生产销售者跨区域生产、销售食品成为常态。在打击这种跨区域广、流动性强的食品安全领域犯罪时,管辖权的确定问题缺少立法及司法解释的准确规定,对此,可参照《关于办理流动性团伙性跨区域性犯罪案件有关问题的意见》第1条及第2条的内容作如下规定:①流动性、团伙性、跨区域性的危害食品安全犯罪案件,由犯罪地的公安机关、人民检察院、人民法院管辖。如果由犯罪嫌疑人、被告人居住地的公安机关、人民检察院、人民法院管辖更为适宜的,可以由犯罪嫌疑人、被告人居住地的公安机关、人民检察院、人民法院管辖。这里的犯罪地包括犯罪行为发生地和犯罪结果发生地;犯罪嫌疑人、被告人居住地包

括经常居住地、户籍所在地。②几个公安机关都有管辖权的案件，由最初受理的公安机关管辖。对管辖有争议的，应当本着有利于查清犯罪事实，有利于诉讼的原则，协商解决。经协商无法达成一致的，报共同的上级公安机关指定管辖。[1]

（二）合理界定食品安全犯罪中的"明知"

《刑法》第144条"生产、销售有毒、有害食品罪"规定，销售者对在生产、销售的食品中掺入有毒、有害的非食品原料要达到"明知"的程度。但司法实践中，司法机关对"明知"的认定往往是看销售者自己的口供，这就会使得一些销售者为逃避法律追究而否认"明知"。因此，《司法解释》应对"明知"的认定采取严格责任规则，对于销售者没有食品质量合格等证明文件的，或不能提供销售问题食品来源的，或不能提供涉案食品财务账册、进销货记录的，或以虚假、非法手段获取食品相关证明文件等情形，一律推定为具有主观故意，也即推定为"明知"。并且，对"明知"的认定应当结合犯罪嫌疑人、被告人的认知能力，犯罪嫌疑人、被告人及其同案人的供述和辩解，证人证言，产品质量，进货渠道及进货价格，使用时间，销售渠道及销售价格等主、客观因素予以综合判断。[2]

具体言之，对食品安全犯罪主观故意中"明知"的认定主要包括生产者和销售者的主观故意：

第一，生产者的主观故意。一般来说，如果生产者直接参与食品生产过程或控制食品中添加的物质、食品的质量标准等，

---

[1] 参见《关于办理流动性团伙性跨区域性犯罪案件有关问题的意见》第1条及第2条。

[2] 参见2012年公布的《最高人民法院、最高人民检察院、公安部关于依法严惩"地沟油"犯罪活动的通知》第2条。

第六章 我国食品安全司法解释所呈现的问题及意见建议

其主观故意中的"明知"较为容易认定。但是,食品科技的发达和食品生产经营的分工精细化决定了食品安全犯罪的集团化、公司化运作方式,生产链条涉及人员众多,这就给认定主观故意带来了较大困难。就代加工者主观故意的认定关键在于判断是否明知食品中添加了有毒、有害成分,可以从生产者与代加工者合作协议、合作方式、合作流程,以及代加工者的营利数额、明细,赚取的加工费还是含产品的销售分成,代加工者是否有生产食品的相关批准文号,是否对原料和生产出的食品进行检测,是否按照国家标准、企业标准进行等进行综合研判。对于负责采购、协助、宣传等非生产环节人员的主观故意,可以从这些人员是否知悉产品配方、是否知悉产品的原料、是否知晓或参与一些不正常的活动等进行综合判断是否能够与管理者、生产者构成共犯。[1]

第二,销售者主观故意的认定。由于销售者并不直接参与生产环节,往往以不了解食品成分、已验证生产者相关资质、对销售的问题食品不明知等为由进行自我辩护,使得对销售者主观故意更为困难。如果有证据证明销售者在经营环节掺入或添加了有毒、有害物质,则直接可以判定其具有主观故意;对于其他销售者可采用刑事推定方式进行判断,从销售者的进货渠道、进价价格情况、销售价格情况,以及是否履行了食品销售者规定义务,售后对市场反馈信息,是否存在事前共谋,是否存在与生产者分红,是否是暴利等进行综合判断。

第三,运输者或储存者主观故意的认定。由于运输者、储

---

〔1〕 于浩、董军:"食品安全治理行刑衔接制度之构建——以近年来北京市T区行政执法与刑事司法衔接工作为蓝本",载《河南工程学院学报(社会科学版)》2018年第2期。

存者离食品生产、销售的链条较远，判断其主观故意也是相当困难的。对于食品运输者、储存者仍然采用刑事推定的方式进行判断，从运输者、储存者与生产者、销售者的协议、方式、流程以及日常关系，运输、储存费用是否正常，是否参与分红，是否知晓食品成分，是否从中谋取暴利等进行综合判断。

（三）破解食品安全检测鉴定顽疾

第一，建立食品安全司法鉴定制度。根据2015年《全国人大常委会关于司法鉴定管理问题的决定》的规定，国家对法医类、物证类、声像资料类等"三大类"的司法鉴定业务的鉴定人和鉴定机构实行登记管理制度，但根据诉讼需要，国家司法行政部门还可以会商最高人民检察院、最高人民法院确定其他应当对鉴定人和鉴定机构实行登记管理的鉴定事项。因此，国家司法行政部门作为主管全国鉴定人和鉴定机构的登记管理机关，可以会商食品药品监督部门、最高人民检察院、最高人民法院等部门建立食品安全司法鉴定制度，对检验鉴定机构、人员资质、检测检验程序等进一步明确化、规范化。[1]同时，建立食品安全专家数据库，在对"足以造成严重食物中毒事故或者其他严重食源性疾病""有毒、有害非食品原料"等疑难问题进行认定时提供专家书面意见，必要时可以指定有关专家出庭作证，充分发挥专家的专业支撑作用。

第二，破解食品安全司法实践难题。司法实践中，办理危害食品安全犯罪案件还存在检测鉴定难的困境，由于食品中物质容易发生化学反应，且食品本身成分复杂，要对食品是否不

---

[1] 杨竞、任端平："食品安全行政执法与刑事司法衔接机制研究"，载《食品科学》2017年第15期，第320页。

第六章 我国食品安全司法解释所呈现的问题及意见建议

符合安全标准以及是否属于有害、有毒食品进行检测鉴定并不容易,在许多情况下无法得到准确的检测鉴定数据。例如,犯罪嫌疑人用弓弩发射毒镖(含乙酰琥珀胆碱)毒杀大量流浪狗或用于售卖,但在狗肉中无法检测出相关药物成分。而《司法解释》第9条关于"掺入有毒、有害的非食品原料"的掺入行为是否需要检测鉴定不同机构又存在不同的认识。因此,建议《司法解释》对此予以明确。具体可以作如下规定:"在办理生产、销售有毒、有害食品犯罪案件中,凡有充分证据证明在食品中掺入、使用、添加有毒、有害的非食品原料的,不需要再对食品中的有毒、有害物质进行检验鉴定。"[1]这样有助于增强对食品安全犯罪的打击力度。

第三,有关部门禁止使用相关物质的公告应及时更新。《司法解释》规定,国务院有关部门公告禁止使用或添加的物质,视为有毒、有害的非食品原料。但是在司法实践中由于没有及时更新禁止使用或添加的物质,导致案件办理陷入两难境地。例如,在一些注药注水猪肉案件中,犯罪嫌疑人直接给屠宰前的生猪注射肾上腺素、阿托品等药物后再灌水,以提高肉品的含水量。但国家农业部于2002年2月9日公告且目前仍在适用的《禁止在饲料和动物饮用水中使用的药物品种目录》并未规定肾上腺素、阿托品等属于禁止使用的药物。2017年6月26日,中国动物疫病预防控制中心和农业部屠宰技术中心向农业部兽医局报送相关专家组论证意见。该意见认为对用于屠宰的禽畜在离开饲养场地后,注射肾上腺素、阿托品等药物的,属于添加有毒、有害非食品原料,成立"生产、销售有毒、有害

---

[1] 参见台州市中级人民法院、人民检察院、食安办三部门联合出台《关于办理危害食品安全刑事案件适用法律相关问题的会议纪要》。

食品罪"。但仅凭借该专家组论证意见就可以将类似注药注水案件入刑，无论从程序上还是从效力层级上都明显不妥。因此，笔者建议相关部门及时更新并公告明令禁止食品中使用或添加相关物质的目录。这样，只要是在食品中使用或添加国家明令禁止的相关物质，就可以无需启动食品检测检验程序。

（四）扩展网络食品安全打击环节

现今，越来越多的有毒有害食品、非食品原料可以通过交易网站直接获取，各种不合格食品也普遍通过网络进行销售。这种线上违法行为也加大了行政执法及司法部门的查处难度，为了更有利于打击利用网络实施食品犯罪的行为，建议在《司法解释》中明确行政执法部门有权查阅交易网站的涉案客户信息、交易信息、资金流动情况，赋予执法部门在特定情况下通知金融机构、第三方平台暂停支付资金、删除违法网商等权力。将一切危害广大民众的食品、食品添加剂、用于食品的包装材料、容器、洗涤剂、消毒剂以及用于食品生产经营的工具、设备等均纳入食品安全范畴。同时，不仅食品的生产、销售等环节，而且食品的运输、储存、收回和处理等环节也被应纳入食品安全犯罪范畴。对于食品安全案件，没有账本等直接证据证明销售金额的情形，可以依据行为人所购买的食品原料已经使用的重量以及行为人在食品生产中日常添加量推算出生产的食品数量，再乘以食品单价从而计算出食品销售金额，以此作为定性的标准。未经处理的销售金额应累计计算，包括销售后所得和应得的全部违法收入，并且对行为人的涉案数额的认定应区分在案件中的身份、作用及共犯类型，具体计算各行为人的涉案数额。例如，老板应当对全部行为人的犯罪数额负责，而员工则应以自己所参与的犯罪数额负责，计件取酬和领取固定

第六章　我国食品安全司法解释所呈现的问题及意见建议

报酬的也应区分计算。

（五）细化食品安全相关概念术语

针对食品安全相关概念术语难以判定的问题，可以在未来的立法或司法解释中制定一批常见的易超出标准限量的食品细则。

第一，对于《司法解释》第1条的"严重超出标准限量"可以规定为：超出国家或地方标准的3倍以上，或曾行政处罚后再犯并超出2倍以上的。[1]对第1条中"死因不明"可以规定为：对于不能说明来源和未经检疫的均按"死因不明"定性。

第二，对《司法解释》第8条"超限量或超范围"可以作出明确规定为：超过正常剂量的2倍以上，或者超出食品同种类型或同种性质以外的物质进行添加或掺入的情形。

第三，《司法解释》第16条的规定对"发生重大食品安全事故或造成其他严重后果"的表述没有具体标准限定，对此，实践中对此罪的认定存在困难。因此，需要对此进行明确规定，可参考《最高人民检察院关于渎职侵权犯罪案件立案标准的规定》《国家重大食品安全事故应急预案》《重大食品安全事故分级》进行认定。建议规定如下：

（一）具有下列情形，应当认定为《司法解释》第16条"发生重大食品安全事故"：

（1）造成30人以上轻伤，或一人重伤，10人以上轻伤或一人以上死亡的；

（2）事故影响范围涉及两个以上乡镇，给群众带来恐慌的；

---

[1] 参见台州市中级人民法院、人民检察院、食安办三部门联合出台的《关于办理危害食品安全刑事案件适用法律相关问题的会议纪要》。

(3) 县级以上政府认定的其他重大安全事故。

(二) 具有下列情形的,应认定为"造成其他严重后果":

(1) 造成个人财产直接经济损失 10 万元以上,或者直接经济损失不满 10 万元,但间接经济损失 50 万元以上的;

(2) 造成公共财产或者法人、其他组织财产直接经济损失 20 万元以上,或者直接经济损失不满 20 万元,但间接经济损失 100 万元以上的;

(3) 虽未达到上述 1、2 两项数额标准,但有上述 1、2 两项合计直接经济损失 20 万元以上,或者合计直接经济损失不满 20 万元,但合计间接经济损失 100 万元以上的;

(4) 造成公司、企业等单位停业、停产 6 个月以上,或者破产的;

(5) 弄虚作假,不报、缓报、谎报或者授意、指使、强令他人不报、缓报、谎报情况,导致重特大事故危害结果继续、扩大,或者致使抢救、调查、处理工作延误的;

(6) 严重损害国家声誉,或者造成恶劣社会影响的;

(7) 其他致使公共财产、国家和人民利益遭受重大损失的情形。

第四,《司法解释》第 21 条规定:"足以造成严重食物中毒事故或者其他严重食源性疾病""有毒有害非食品原料"难以确定的,司法机关可以根据检验报告并结合专家意见等相关材料进行认定。如上文分析,《司法解释》对于在专家资格、专家数量,以及专家观点不一致时如何认定的问题缺乏明确规定,造成司法实践中适用法律困难。因此,应该在新的《司法解释》中对"专家意见"的认定进行补充规定。在参考《安徽省综合评标评审专家库管理办法》等有关规定后,笔者建议作如下规定：

同时满足下列标准的，应认定《司法解释》第二十一条"专家意见"的效力：

(1) 专家具有较高的业务素质和良好的职业道德；
(2) 专家须从专家库中抽取；
(3) 一次发表意见专家人数不少于两人；
(4) 专家应出具书面的专家意见；
(5) 专家意见不一致时，专家意见仅作为定罪的参考。

(六) 严格限制缓刑的适用

从上文统计数据可知，食品安全类犯罪缓刑适用率很高，这与《司法解释》整体确立的从严从重打击的基本格调不相符合。而且，《司法解释》第18条也规定了依照刑法规定的条件严格适用缓刑、免于刑事处罚，并视具体情况可以附加禁止令。为了降低缓刑适用率，严厉打击食品犯罪，可以明确相应的规则：

第一，从肯定角度列举可以适用缓刑的条件，建议《司法解释》可以作如下规定：

犯罪分子具有下列情形之一的，可以适用缓刑：
(1) 属于犯罪预备、未遂或中止的；
(2) 属于共同犯罪中情节较轻的从犯的；
(3) 属于自首、立功或坦白的；
(4) 因生活所迫等原因从事食品经营的。

第二，从否定角度列举排除适用缓刑的条件，建议对《司法解释》作如下补充规定：

犯罪分子具有下列情形之一的，一般不适用缓刑或者免予刑事处罚：

（1）不如实供述罪行的；

（2）属于共同犯罪中情节严重的主犯的；

（3）犯有数个食品安全犯罪依法实行并罚或者以一罪处理的；

（4）曾因食品安全违法犯罪行为受过行政处罚或者刑事处罚的；

（5）食品经营对象为未成年人、老年人等特殊群体的；

（6）在特定环境、特定地点（如救灾、抢险等）生产经营食品的；

（7）其他不宜适用缓刑、免予刑事处罚的情形。

综上所述，完善办理危害食品安全刑事案件司法解释，对于充实危害食品安全犯罪体系无疑具有极为重大的理论关切与实践意义。当前，社会正处于多元化、经济化与网络化的时代，社会生活日益复杂多变，国际化趋势日益明显，传统社会控制手段逐渐减弱，新型犯罪不断增加。相应地，食品安全领域的违法犯罪也不断呈现新的发展趋势，新的有毒、有害或不安全食品物质不断出现，犯罪手段和犯罪形式也不断发生变化，这使得现有刑事立法在维护食品安全方面存在一定的滞后性。何以有效治理危害食品安全问题是我国当前无论从政策到理论，还是从立法到司法，抑或是从体制到行政，都需要深入研究的基础性问题。尤其是亟待完善予以保障食品安全的刑法体系，通过不断完善有关食品安全犯罪的司法解释，努力做到更加有法可循，更具有可操作性，始终发挥刑事法律为食品安全保驾

第六章 我国食品安全司法解释所呈现的问题及意见建议

护航的作用，完善规制食品安全刑法保护体系和细化有关司法解释愈发显得迫切而重要。通过完善办理危害食品安全刑事案件司法解释的研究，有助于有效弥补刑事立法对危害食品安全犯罪治理供给的不足，使我国刑事立法与刑事司法朝着更为科学性、合理性方向发展。

面对频发不断的食品安全问题，从容应对食品安全危机，是一个逐步迈向完善且循序渐进的过程，切不能操之过急。一是需要摈弃那些对食品安全"头痛医头脚痛医脚"的无奈；二是需要发挥刑法及其有关司法解释有效治理食品安全危机的保障法效应。为了更有力地打击食品安全领域的违法犯罪，弥补现有法律法规的不完善之处，切实维护人民群众的饮食安全，从危害食品安全犯罪刑法立法体系与办理危害食品安全刑事案件司法解释的立法建议两个维度开展研究，形成合力，无疑有助于实现国民"舌尖上的安全"，从而达致国家长治久安之目的。

结 语

法的社会实践性昭示了法律的革新不仅仅是在法律界内部产生影响的事件,[1]法律的革新是国家、社会乃至国际环境相互影响、彼此作用、互动的产物。纵观近年来我国危害食品安全犯罪的发展态势,不断爆发的食品安全事件时常刺激着民众脆弱的神经,"重典治乱"的民众呼声日渐高涨,学界乃至立法主流也日趋倾向积极的刑法扩张主义。于是,作为立法回应的《刑法修正案(八)》横空而出,对危害食品安全犯罪作了重大修改,同时加重了相关犯罪的刑事责任。与之呼应,两高也相继发布些许司法解释,对相关危害食品安全犯罪作了扩大解释,进一步加大了惩治力度。

然而,我们发现了一个无法释怀而又纠缠不休的事实:在从国家层面不断诉诸严刑峻法以惩罚犯罪的同时,危害食品安全犯罪的浪潮却依旧顺流而上,这足以表征出刑法在应对危害食品安全犯罪问题上遭遇的尴尬与困境。事实上,我国刑法规

---

[1] 张德军:"中国食品安全刑法改革的系统性思路与进路",载《理论学刊》2015年第2期。

结 语

制食品安全所面临的困境只不过是现代化进程中复杂的社会现实在刑事领域中的一个集中缩影。基于历史所承载的使命，我国的发展往往面临着两难选择的问题：它需要充分发挥市场经济运行机制的有效性，同时又必须依赖国家适度干预现代经济活动的合理性；它需要努力建构一个市民社会与政治社会二元共治社会体制，同时又必须接受社会国家化和国家社会化的现实；它需要强有力的国家为社会的转型发展保驾护航，同时又必须对国家权力给予必要制约以促进国家的良性发展。[1]

危害食品安全犯罪立法必须与社会客观实际相适应，超出现实则难以实施，而落后现实则不利于法益保护。[2]当务之急是我们需要理性检讨与反思食品安全背后的深层问题，并找寻合理而有效的解决路径。基于风险社会的背景和当前危害食品安全犯罪的严峻态势，科学而有效地实现危害食品安全犯罪的治理路径是三个紧密相连、环环相扣的层次：一是努力健全食品安全相关制度与管理制度，构筑治理危害食品安全犯罪的第一道防线。其关键在于相关制度的革新，创建优良的食品安全环境，削减食品违法发案率。二是加强危害食品安全犯罪的社会控制途径，提升危害食品安全犯罪的综合治理能力。其核心因素不仅在于完备的食品安全法律规范，与时俱进的食品安全立法体系，运作顺畅的食品监管制度，还在于自发调节的市场经济运行机制，而更重要的在于这些制度所根植的社会结构和与之形成的良性的制衡与互动关系。[3]三是危害食品安全犯罪

---

[1] 梁治平：《市场·社会·国家——市场社会与公共秩序》，生活·读书·新知三联书店1996年版，第5页。
[2] 左袖阳："食品安全刑法立法的回顾与展望"，载《湖北社会科学》2012年第5期。
[3] 张德军："中国食品安全刑法改革的系统性思路与进路"，载《理论学刊》2015年第2期。

治理效果在利用道德规范和民事法、行政法等第一次法规范不足以遏制危害食品安全犯罪之时，有调整此类行为的必要性和妥当性之时，则必须启动刑法即第二次法的介入。

既然如此，改善刑法规制危害食品安全犯罪效果同样体现一定的层次性：一是刑法在食品安全领域的有效推行需要以道德伦理为基础并获得其支持，因为只有符合道德规范要求的刑法规范，才具有道德评判上的正当性与合理性，从而能够获得道德伦理的支撑。正如日本学者大谷实所指出的那样：将某种行为以犯罪进行处罚，不仅要求该行为具有对法益的侵害或危险，而且为了实现维持社会秩序的目的，刑法必须立足于国民健康的道义观。[1]因此，实现刑法对食品安全的有效规制关键在于塑造刑法的道德基础，实现刑法规范的认同与内化并得到普遍遵守与执行，同时与社会的普遍意识相一致，这无疑是一个必要而又漫长的道德塑造与转换的过程。[2]二是刑法在食品安全领域的有效推行还需要进一步完善我国危害食品安全犯罪的刑法规制体系，这是本书予以研究的主要内容。本书将"风险刑法理论"引入食品安全领域，从风险社会和风险刑法视角审视我国食品安全刑事立法，并与域外国家或地区有关危害食品安全刑事立法作一比较，从中找寻我国危害食品安全犯罪体系完善的思路与进路。

风险社会视阈下何以构筑我国危害食品安全犯罪刑法保护体系，笔者所持的观点已经明朗清晰。从刑事立法模式视角来看，无论是法典化模式，抑或附属刑法模式，还是单行刑法模

---

〔1〕 [日] 大谷实：《刑法总论》，黎宏译，法律出版社2003年版，第66页。
〔2〕 张德军："中国食品安全刑法改革的系统性思路与进路"，载《理论学刊》2015年第2期。

式，任何单一模式都不足取，我国危害食品安全犯罪刑事立法模式应该从目前的单一法典化模式转向融合刑法典、附属刑法和单行刑法的混合模式。从刑事立法政策视角考察，当前我国食品安全刑事立法"厉而不严"的刑事政策存在诸多不足与缺陷，迫切需要从"厉而不严"转向"严而不厉"，在此笔者倡导我国食品安全刑事立法"零容忍"政策。从我国危害食品安全犯罪罪名体系来说，进一步严密刑事法网，扩容危害食品安全犯罪的刑法调控范围，设置抽象危险犯，编织一张更为密集的危害食品安全犯罪罪名体系网。就我国危害食品安全犯罪刑罚体系来看，从当前的"严苛"转向"轻缓"符合世界刑罚人道化、轻缓化的发展趋向，在当前还认为取消危害食品安全犯罪死刑适用的条件和时机仍未成熟之时，可以暂且将危害食品安全犯罪死刑适用限定于"产品的生产者"，等待时日的积累逐步走向全面废止危害食品安全犯罪死刑适用的征途；对于危害食品安全犯罪自由刑配置，应该降低起刑点，保留管制刑和拘役刑，细化自由刑幅度，做到罪刑相适应。在危害食品安全犯罪财产刑配置上，细化罚金刑，重视没收财产刑并充分发挥其应有的功效；尽管2015年颁行的《刑法修正案（九）》新增了职业禁止性规定，但该规定并不具有针对性，对于危害食品安全犯罪仍需要增设资格刑。从食品安全犯罪行政执法与刑事司法衔接来说，食品安全犯罪属于行政犯，兼具行政违法与刑事违法的双重性，食品违法犯罪的竞合性以及我国违法制裁体系的"二元制"等因素，决定了食品安全行政执法与刑事司法衔接平台构建的重要性，理顺食品安全"两法衔接"工作机制，有助于打击食品安全违法犯罪。食品安全刑事司法解释是惩治食品安全犯罪的依据，随着社会经济的快速发展，会不断出现新情况、新问题，完善办理危害食品安全刑事司法解释是时代赋予的新任务新要求。总之，从食品安全刑事立法模式到刑事立法政策，从危害食品安全犯罪罪名体系到刑罚体系，从食品安全"行刑衔接"机制到食品安全刑事司法解释的日臻完善，全方位架构我国危害食品安全犯罪刑法保护体系，以期使刑法真正起到"保障法"的作用。

提升食品安全治理水平是推进国家治理体系和治理能力现代化的重要内容。[1]研究危害食品安全犯罪刑法保护体系的目的不仅仅在于批评性的解构，更在于符合性的重构。审视我国当前危害食品安全犯罪治理的刑事政策，刑法无疑在危害食品安全犯罪治理中起着不可或缺的最后保障法作用，构筑我国危害食品安全犯罪刑法规制体系，坚守不可逾越的最后一道防线显得尤为重要。然而，食品安全治理并非一日之功，也并非刑法规制一任之担当，因为刑法的法律性质天然具有补充性，也仅限社会控制的一种手段而已。[2]因此，食品安全治理必然是一项极为复杂的系统工程，更需要刑法与非刑法规范深度结合、国家与社会二元管控多层次、多手段的综合治理体系，同时需要加强社会主义道德诚信体系建设，营造良好的食品安全保障环境，唯有这些常抓不懈的系统工程切实落到实处，才能构筑起遏制危害食品安全犯罪的坚固防线。

---

〔1〕 王可山、刘嘉萱、崔艳媚："我国食品安全治理研究的前沿热点和动态趋势"，载《北京行政学院学报》2019年第4期。

〔2〕 Michael Davis, *To Make the Punishment Fit the Crime*, Westvies Press, Inc. 1992, p. 70.

参考文献

一、中文类

(一) 中文著作

[1] 高铭暄、马克昌主编:《刑法学》(第5版),北京大学出版社、高等教育出版社2011年版。

[2] 王作富主编:《刑法分则实务研究》(第3版·上、中、下),中国方正出版社2006年版。

[3] 马克昌主编:《犯罪通论》,武汉大学出版社2002年版。

[4] 马克昌主编:《近代西方刑法学说史》,中国人民公安大学出版社2008年版。

[5] 马克昌:《比较刑法原理》,武汉大学出版社2002年版。

[6] 储槐植:《刑事一体化论要》,北京大学出版社2007年版。

[7] 储槐植:《刑事一体化与关系刑法论》,北京大学出版社1997年版。

[8] 储槐植:《美国刑法》(第3版),北京大学出版社,2006年版。

[9] 赵秉志主编:《外国刑法各论(大陆法系)》,中国人民大学出版社2006年版。

[10] 赵秉志主编:《英美刑法学》,中国人民大学出版社2004年版。

[11] 张明楷:《刑法学》(第4版),法律出版社2011年版。

[12] 张明楷:《外国刑法纲要》(第 2 版),清华大学出版社 2007 年版。
[13] 张明楷:《罪刑法定与刑法解释》,北京大学出版社 2009 年版。
[14] 陈兴良:《本体刑法学》,商务印书馆 2001 年版。
[15] 林山田:《刑法各罪论》(修订第 5 版·下册),北京大学出版社 2012 年版。
[16] 张甘妹:《刑事政策学》,三民书局 1997 年版。
[17] 林东茂:《危险犯与经济刑法》,五南图书出版有限公司 1996 年版。
[18] 卢建平:《刑事政策与刑法》,中国人民公安大学出版社 2004 年版。
[19] 张亚军:《风险社会下我国食品安全监管及刑法规制》,中国人民公安大学出版社 2012 年版。
[20] 刘明祥主编:《假冒伪劣商品犯罪研究》,武汉大学出版社 2000 年版。
[21] 黄太云:《刑法修正案解读全编——根据刑法修正案(八)全新阐释》,人民法院出版社 2011 年版。
[22] 张军主编:《刑法修正案(八)条文及配套司法解释理解与适用》,人民法出版社 2011 年版。
[23] 杜菊、刘红:《食品安全刑事保护研究》,法律出版社 2012 年版。
[24] 姜伟:《罪过形式论》,北京大学出版社 2008 年版。
[25] 王贵松:《日本食品安全法研究》,中国民主法制出版社 2009 年版。
[26] 梁根林:《刑事法网:扩张与限缩》,法律出版社 2005 年版。
[27] 梁根林:《刑事政策:立场与范畴》,法律出版社 2005 年版。
[28] 梁根林:《刑罚结构论》,北京大学出版社 1998 年版。
[29] 曲新久:《刑事政策的权力分析》,中国政法大学出版社 2002 年版。
[30] 王志祥:《危险犯研究》,中国人民公安大学出版社 2004 年版。
[31] 史卫忠主编:《生产、销售伪劣商品犯罪的定罪与量刑》,人民法院出版社 2000 年版。
[32] 刘树德:《罪状建构论》,中国方正出版社 2002 年版。
[33] 《德国刑法典》,徐久生、庄敬华译,中国方正出版社 2004 年版。
[34] 《丹麦刑法典与丹麦刑事执行法》,谢望原译,北京大学出版社 2005 年版。

[35]《澳大利亚联邦刑法典》,张旭等译,北京大学出版社 2006 年版。
[36]《保加利亚刑法典》,陈志军译,中国人民公安大学出版社 2007 年版。
[37] 侯国云:《刑法因果新论》,中国人民公安大学出版社 2012 年版。
[38] 吴平:《资格刑研究》,中国政法大学出版社 2000 年版。
[49] 黄星:《中国食品安全刑事概论》,法律出版社 2013 年版。
[40] [德] 汉斯·海因里希·耶塞克、托马斯·魏根特.:《德国刑法教科书》,徐久生译,中国法制出版社 2009 年版。
[41] [德] 克劳斯·罗克辛:《刑事政策与刑法体系》(第 2 版),蔡桂生译,中国人民大学出版社 2011 年版。
[42] [德] 乌尔里希·贝克:《世界风险社会》,吴英姿、孙淑敏译,南京大学出版社 2004 年版。
[43] [日] 西田典之:《日本刑法各论》(第 3 版),刘明祥、王昭武译,中国人民公安大学出版社 2007 年版。
[44] [美] E. 博登海默:《法理学——法律哲学与法律方法》,邓正来译,中国政法大学出版社 2001 年版。
[45] [美] 理查德·A. 波斯纳:《法律的经济分析》(上),蒋兆康译,林毅夫校,中国大百科全书出版社 1997 年版。
[46] [意] 杜里奥·帕多瓦尼:《意大利刑法学原理》(注评版),陈忠林译评,中国人民大学出版社 2004 年版。
[47] [意] 贝卡利亚:《论犯罪与刑罚》,黄风译,中国大百科全书出版社 1993 年版。
[48] [日] 大谷实:《刑法讲义总论》(新版第 2 版),黎宏译,中国人民大学出版社 2008 年版。
[49] [美] 约翰·罗尔斯:《正义论》,何怀宏、何包钢、廖申白译,中国社会科学出版社 1988 年版。

(二) 期刊论文

[1] 刘伟:"风险社会语境下我国危害食品安全犯罪刑事立法的转型",载

《中国刑事法杂志》2011年第11期。

[2] 吴喆、任文松:"论食品安全的刑法保护——以食品安全犯罪本罪的立法完善为视角",载《中国刑事法杂志》2011年第10期。

[3] 郑明玮:"食品安全犯罪定罪论",载《中国刑事法杂志》2013年第11期。

[4] 傅达林:"餐桌上的'风险刑法'",载《人民检察》2011年第23期。

[5] 许桂敏:"罪与罚的嬗变:生产、销售有毒、有害食品罪",载《法学杂志》2011年第12期。

[6] 孙万怀、李高宁:"有毒有害食品犯罪的量刑偏向考证——兼及刑事政策导向与法规范性之协调",载《政治与法律》2013年第7期。

[7] 舒洪水:"生产、销售有毒、有害食品罪中'明知'的认定",载《法学》2013年第8期。

[8] 舒洪水、李亚梅:"食品安全犯罪的刑事立法问题——以我国《刑法》与《食品安全法》的对接为视角",载《法学杂志》2014年第5期。

[9] 田禾:"论中国刑事法中的食品安全犯罪及其制裁",载《江海学刊》2009年第6期。

[10] 骆群:"对生产、销售有毒、有害食品罪中几个概念的辨析",载《湖北社会科学》2013年第6期。

[11] 李梁:"食品安全刑法保护的现状、问题及完善",载《法学杂志》2012年第9期。

[12] 刘晓莉:"无限额罚金刑的司法适用及其未来展望——以生产、销售假药罪为视角",载《当代法学》2013年第5期。

[13] 左袖阳:"中美食品安全刑事立法特征比较分析",载《中国刑事法杂志》2012年第1期。

[14] 左袖阳:"食品安全刑法立法的回顾与展望",载《湖北社会科学》2012年第5期。

[15] 左袖阳:"关于食品安全领域犯罪化问题的若干思考",载《理论月刊》2014年第1期。

[16] 左袖阳:"关于当前食品安全刑事立法政策的反思",载《中国人民

公安大学学报（社会科学版）》2015年第3期。

[17] 吴占英："中俄刑法典有关危害食品安全犯罪的规定之比较"，载《政法论丛》2013年第1期。

[18] 姜敏："法益保护前置：刑法对食品安全保护的路径选择——以帮助行为正犯化为研究视角"，载《北京师范大学学报（社会科学版）》2013年第5期。

[19] 刘仁文："中国食品安全的刑法规制"，载《吉林大学社会科学学报》2012年第4期。

[20] 储槐植、李莎莎："论我国食品安全犯罪刑事政策"，载《湖南师范大学社会科学报》2012年第2期。

[21] 李兰英、周微："论惩治危害食品安全犯罪的刑事政策"，载《中国刑事法杂志》2013年第3期。

[22] 王志祥、何恒攀："论我国食品安全犯罪的刑事政策"，载《法治研究》2012年第12期。

[23] 王玉珏："《刑法》第144条中'有毒有害非食品原料'的合理定位——以近晚食品安全事件为例"，载《法学》2008年第11期。

[24] 陈烨："从食品安全犯罪的视角看资格刑的完善"，载《华北电力大学学报（社会科学版）》2013年第2期。

[25] 陈烨："刑法中的'食品''概念辨析"，载《时代法学》2013年第1期。

[26] 陈烨："食品安全犯罪的对象研究"，载《西南政法大学学报》2012年第4期。

[27] 陈烨、李森："国外刑法典中食品安全犯罪的考察及启示"，载《江南社会学院学报》2012年第1期。

[28] 陈烨："反思风险刑法理论对我国现实社会的背离——以食品安全犯罪为视角"，载《西安电子科技大学学报（社会科学版）》2013年第1期。

[29] 毛乃纯："论食品安全犯罪中的过失问题——以公害犯罪理论为根基"，载《中国人民公安大学学报（社会科学版）》2010年第4期。

[30] 唐福齐："论经济犯罪刑罚的立法完善——兼论经济犯罪的死刑废止",载《政治与法律》2008年第3期。

[31] 阴建峰、付丽凌、姜勇："制售伪劣商品犯罪之死刑究问",载《法学杂志》2012年第11期。

[32] 黄星："食品安全刑事规制路径的重构——反思以唯法益损害论为判断标准规制食品安全关系",载《政治与法律》2011年第2期。

[33] 黄星："食品安全的风险刑法观之反思",载《法学杂志》2011年第9期。

[34] 陈京春："刑事诉讼视野下的生产、销售有毒、有害食品罪",载《河南财经政法大学学报》2012年第2期。

[35] 孙建保："生产、销售有毒、有害食品罪司法认定解析",载《政治与法律》2012年第2期。

[36] 高铭暄："风险社会中刑事立法正当性理论研究",载《法学论坛》2011年第4期。

[37] 刘艳红："'风险刑法'理论不能动摇刑法谦抑主义",载《法商研究》2011年第4期。

[38] 夏勇："民生风险的刑法应对",载《法商研究》2011年第4期。

[39] 程岩："风险规制的刑法理性重构 以风险社会理论为基础",载《中外法学》2011年第1期。

[40] 齐文远："应对中国社会风险的刑事政策选择——走出刑法应对风险的误区",载《法学论坛》2011年第4期。

[41] 苏彩霞："'风险社会'下抽象危险犯的扩张与限缩",载《法商研究》2011年第4期。

[42] 谢杰、王延祥："抽象危险犯的反思性审视与优化展望——基于风险社会的刑法保护",载《政治与法律》2011年第2期。

[43] 姚贝、王拓："法益保护前置化问题研究",载《中国刑事法杂志》2012年第1期。

[44] 杜文俊、陈洪兵："质疑'足以'系具体危险犯或危险犯标志之通说",载《中国刑事法杂志》2012年第2期。

[45] 王永茜："论现代刑法扩张的新手段——法益保护的前提化和刑事处罚的前置化"，载《法学杂志》2013年第6期。

[46] 李莎莎："非传统安全视角下食品安全犯罪的刑事政策及立法"，载《河南大学学报（社会科学版）》2014年第2期。

[47] 梅传强、杜伟："论食品安全犯罪刑法规制的现状与立法再完善"，载《重庆理工大学学报（社会科学版）》2012年第4期。

[48] 梅传强、秦宗川："海峡两岸危害食品安全犯罪刑法规制比较研究"，载《海峡法学》2014年第2期。

[49] 秦宗川："港澳台地区食品安全犯罪刑法规范的考察与借鉴"，载《福建农林大学学报（哲学社会科学版）》2015年第1期。

[50] 刘鹏、冯卫国："食品安全犯罪刑法规制：法律归属与要件扩容"，载《东南学术》2014年第5期。

[51] 于志刚、李怀胜："提供有毒、有害产品原料案件的定性思路"，载《法学》2012年第2期。

[52] 赵秉志："危害食品安全犯罪定性问题研究——以河南特大'瘦肉精'案件为主要样本"，载《河南大学学报（社会科学版）》2014年第1期。

[53] 劳东燕："公共政策与风险社会的刑法"，载《中国社会科学》2007年第3期。

[54] 姜涛："风险社会之下经济刑法的基本转型"，载《现代法学》2010年第4期。

[55] 赵书鸿："风险社会的刑法保护"，载《人民检察》2008年第1期。

[56] 郭浩、李兰英："风险社会的刑法调适——以危险犯的扩张为视角"，载《河北法学》2012年第2期。

[57] 利子平、石聚航："我国风险刑法理论研究中的三大理论误区"，载《北京理工大学学报（社会科学）》2013年第4期。

[58] 利子平、石聚航："我国食品安全犯罪刑法规制之瑕疵及其完善路径"，载《南昌大学学报（人文社会科学版）》2012年第4期。

[59] 利子平："风险社会中传统刑法立法的困境与出路"，载《法学论坛》

2011年第4期。

[60] 张红艳："风险社会中公害犯罪之刑法规制——以抽象危险犯理论为切入点"，载《中州学刊》2009年第5期。

[61] 卢建平："风险社会的刑事政策与刑法"，载《法学论坛》2011年第4期。

[62] 张明楷："'风险社会'若干刑法理论问题反思"，载《法商研究》2011年第5期。

[63] 黎宏："对风险刑法观的反思"，载《人民检察》2011年第3期。

[64] [德] 乌尔斯·金德霍伊泽尔："安全刑法：风险社会的刑法危险"，刘国良编译，载《马克思主义与现实》2005年第3期。

[65] 陈君："风险社会下公害犯罪之抽象危险犯"，载《北京理工大学学报（社会科学版）》2014年第3期。

[66] 卢建平："加强对民生的刑法保护——民生刑法之提倡"，载《法学杂志》2010年第12期。

[67] 吴玉萍："食品安全犯罪之刑罚配置——以民生刑法为视角"，载《政法论丛》2014年第4期。

[68] 吴玉萍："民生刑法视角下食品安全犯罪之刑法规制"，载《齐鲁学刊》2014年第4期。

[69] 刘媛媛："刑法的理论转型：从传统刑法到风险社会中的刑法"，载《河南师范大学学报（哲学社会科学版）》2013年第4期。

[70] 刘媛媛："食品危险的刑法规制及其改进"，载《江西社会科学》2013年第10期。

[71] 何柏松："论危害食品安全犯罪的刑法适用理念"，载《中国刑事法杂志》2012年第6期。

[72] 李海滢、李淑兰："食品安全犯罪风险刑法规制之反思"，载《长白学刊》2013年第6期。

[73] 张旭、王晓滨："食品安全犯罪刑事立法的反思与完善——以体系性思维为视阈"，载《社会科学战线》2014年第10期。

[74] 舒洪水："关于我国食品安全犯罪刑法规制的思考"，载《河南财经

政法大学学报》2012年第2期。

[75] 李森、陈烨:"食品安全领域泛犯罪化思考",载《政治与法律》2013年第7期。

[76] 李森、陈烨:"中国食品安全犯罪的罚金刑修订与评析——基于与国外刑法典中相关规制的比较",载《湖南农业大学学报(社会科学版)》2014年第1期。

[77] 彭玉伟:"论我国食品安全犯罪刑法规制的缺陷和完善",载《内蒙古社会科学(汉文版)》2009年第4期。

[78] 房清侠:"食品安全刑法保护的缺陷与完善",载《河南财经政法大学学报》2012年第2期。

[79] 王利宾:"食品安全犯罪刑法规制的问题及对策——以刑法经济学为分析视角",载《学术交流》2014年第9期。

[80] 吴晓红、王嘉琪:"食品安全权益刑法保障研究——以两高涉及危害食品安全司法解释为视角",载《兰州学刊》2014年第4期。

[81] 张磊:"我国食品安全犯罪刑事立法政策反思",载《学术探索》2014年第10期。

[82] 吴鹏:"风险社会语境中食品药品安全之刑法保护——以抽象危险犯为切入点",载《学习论坛》2014年第6期。

[83] 徐久生、曹震南:"风险社会下食品安全的体系刑法观——以修正案(八)对食品安全犯罪的修改为线索",载《东南大学学报(哲学社会科学版)》2013年第5期。

[84] 李海良:"风险社会下的刑法沉思——兼评食品安全刑法保护的严刑峻法",载《重庆理工大学学报(社会科学版)》2013年第12期。

[85] 张红良:"民生风险理论与食品安全的刑法规制",载《西南政法大学学报》2013年第1期。

[86] 金泽刚:"危害食品安全犯罪的刑法规制——以危害食品安全犯罪的罪名体系为视角",载《法治研究》2013年第5期。

[87] 冯殿美、储陈城:"论转基因食品的刑法规制",载《山东大学学报(哲学社会科学版)》2013年第1期。

[88] 张勇：“食品添加剂安全风险的刑法调控”，载《江西社会科学》2013年第5期。

[89] 卢建平、姜瀛：“论制售伪劣商品犯罪的死刑剥离——进一步削减死刑适用罪名的可行方案”，载《政治与法律》2015年第1期。

[90] 张德军：“中国食品安全刑法改革的系统性思路与进路”，载《理论学刊》2015年第2期。

[91] 张伟：“两岸食品安全犯罪刑事立法比较研究”，载《当代法学》2015年第2期。

[92] 张德军：“刑法规制危害食品安全犯罪的系统性思考”，载《中州学刊》2015年第1期。

[93] 邵彦铭：“我国食品安全犯罪治理刑事政策的反思与重构”，载《河北法学》2015年第8期。

[94] 刑志人：“经济犯罪'明知共犯'的解释适用——以危害食品安全犯罪的解释为视角”，载《辽宁大学学报（哲学社会科学版）》2015年第4期。

[95] 文立彬：“内地与澳门食品安全刑事立法比较研究”，载《重庆理工大学学报（社会科学版）》2015年第5期。

[96] 张智聪、蒋颖：“由美国沙门氏菌鸡蛋召回事件看食品安全的司法实践发展”，载《中国检察官》2015年第5期。

[97] 许晓冰：“大陆地区食品安全犯罪立法的完善——对台湾地区规制食品安全犯罪的借鉴”，载《河南司法警官职业学院学报》2015年第2期。

[98] 逄晓枫、刘晓莉：“我国食品安全犯罪中严格责任制度的立法考量”，载《理论月刊》2015年第3期。

[99] 胡成胜、盛宏文：“危害食品安全犯罪刑法规制的困境及出路”，载《重庆工商大学学报（社会科学版）》2015年第5期。

[100] 刘宇萍、顾文达：“食品安全犯罪刑法规制问题及对策”，载《中国人民公安大学学报（社会科学版）》2015年第4期。

[101] 陈涛、潘宇：“食品安全犯罪现状与治理”，载《中国人民公安大学

学报（社会科学版）》2015年第4期。
[102] 赵国强："澳门刑法关于危害食品安全犯罪的立法现状、展望及其评析"，载赵秉志、张军主编：《刑法与宪法之协调发展（下卷）》，中国人民公安大学出版社2012年版。
[103] 张叶："困境与突破：食品安全行政执法与刑事司法顺畅衔接"，载《山东警察学院学报》2014年第4期。
[104] 黄宇："关系刑法视角下的食品安全犯罪刑事立法研究"，吉林大学2014年博士学位论文。
[105] 舒洪水："论我国食品安全犯罪行刑衔接制度之建构"，载《华东政法大学学报》2016年第3期。
[106] 舒洪水："食品安全犯罪刑事政策：梳理、反思与重构"，载《法学评论》2017年第1期。
[107] 赵秉志、张伟珂："食品安全犯罪司法认定问题研究——以法释[2013]12号司法解释为视角"，载《中南民族大学学报（人文社会科学版）》2017年第2期。
[108] 周凌："美国食品安全的刑法保护机制及启示"，载《国外社会科学》2018年第1期。
[109] 彭凤莲："食品安全社会共治的刑法学分析"，载《法学杂志》2018年第2期。
[110] 张雍锭、张学超："我国持有不安全食品犯罪化的理论探讨"，载《中国人民公安大学学报（社会科学版）》2018年第3期。
[111] 马松建、潘照东："我国食药犯罪刑法应对策略探讨"，载《河南警察学院学报》2018年第4期。
[112] 章桦："食品安全犯罪的量刑特征与模型构建——基于2067例裁判的实证考察"，载《法学杂志》2018年第10期。
[113] 陈伟、霍俊阁："食品安全犯罪重刑化政策的法社会学反思——以食品安全焦虑为视角"，载《学术研究》2018年第12期。
[114] 李梁："生产、销售有毒、有害食品罪基本犯既遂形态研究"，载《法商研究》2018年第6期。

[115] 付玉明、李泽华："食品安全犯罪的立法完善——以过失危险犯为分析视角"，载《河南社会科学》2019年第6期。

[116] 黄晓亮："食品犯罪的行政法基础论析"，载《法学杂志》2019年第3期。

[117] 范雪珂："危害食品安全犯罪故意之界定及过失之增设"，载《社会科学》2019年第9期。

[118] 范雪珂："危害食品安全罪：法益与立法完善"，载《政治与法律》2019年第6期。

[119] 仝其宪："贿赂犯罪刑事立法的域外经验与我国的未来调适方向"，载《理论导刊》2015年第3期。

[120] 仝其宪："民族刑法变通权的理论境域"，载《湖北民族学院学报（哲学社会科学版）》2016年第2期。

[121] 仝其宪："食品安全犯罪的立法分析"，载《理论探索》2014年第3期。

[122] 仝其宪："食品安全犯罪的法律归属再探讨"，载《北京工业大学学报（社会科学版）》2015年第5期。

二、英文类

[1] *Law and Order Reconsidered: Report of the Task Force on Law and Law Enforcement of the National Commission on the Cause and Prevention of Violence*, Washington, 1970.

[2] Nick Hanley, *Cost-benefit Analysis and the Environmen*, New York: Edward Elgar Publishing, 1993.

[3] Anthony Giddens, "Risk and Responsibility", *Modern Law Review*, 1999 (62).

[4] Ulrich Beck, "Living in the World Risk Society", *Economy and Society*, 2006 (35).

[5] H. Demsetz, "The Private Production of Public Goods", *Journal of Law and*

Economics, 1970, (13).

[6] Kenneth D. Goldin, "Equal Access vs. Selective Access: A Critique of Public Goods Theory", *Public Choice*, 1979, (29).

[7] Paul Seidenstat, *America's Water and Wastewater Industries*, New York: Public Utilities Reports, 2000.

[8] Phillips, "Adulteration and Food law, 1899–1939", 9 *Twentieth Century British History*, 1998.

[9] Walers, "Food Crime, Regulation and the Biotech Harvest", 4 *European Journal of Criminology*, 2007.

[10] Ying Thompson, "Food Safety in China: New Strategies", 1 *Global Health Governance*, 2007.

[11] Walters, "Criminology and Genetically Modified Food", 44 *British Journal of Criminology*, 2004.

[12] J. Yardley and D. Barboza, "Despite Warnings, China's Regulators Failed to Stop Tainted Milk", *New York Times*, 2008, 26 September.

[13] D. Barboza, "Death Sentences Given in Chinese Milk Scandal", *New York Times: Asia Pacific*, 2009, 2 February.

[14] C. Shapiro, "Premiums for High Quality Products as Returns to Reputations", *Quarterly Journal of Economics*, 1983 (98).

[15] Gary Becker, "Crime and Punishment: An Economic Approach", *Journal of Political Economy*, 1968 (76).

[16] S. J. Grossman, "The Information Role of Warranties and Private Disclosure about Product Quality", *Journal of Law and Economics*, 1981 (24).

[17] Oskar Engdahl, "The Role of Money in Economic Crime", *British Journal of Criminology*, 2008, March.

后 记

我在攻读硕士之时就对法学有着浓厚的兴趣，同时对学术研究亦情有独钟。毕业之后有幸成为一名法学教师，主要从事对刑事法学的教学科研工作，对学术研究的钟爱与日俱增。并且攻读博士学位是我多年来的夙愿，经过不懈的努力，终于梦想成真。

对危害食品安全犯罪问题的思考，是我读博期间的学术兴趣。在读博期间，对博士论文的选题与厘定是最为头痛的事情。我入学之后便参与了导师主持的教育部人文社科规划一般项目《我国危害食品安全犯罪体系研究》之中，利用一切可利用的时间，阅读了大量的有关危害食品安全犯罪的学术论文和专著，并在一些地方的公安司法机关等进行了调研活动，在此基础上经过进一步的思考与研究，我陆续撰写了《食品安全犯罪的立法分析》，发表于《理论探索》2014年第3期；撰写了《食品安全犯罪的法律归属再探讨》，发表于《北京工业大学学报（社会科学版）》2015年第5期；还撰写了《生产、销售不符合安全标准的食品罪应引入"抽象危险犯"立法模式》等论文。同时，我也关注并研究了刑法其他理论问题，陆续撰写了《贿赂犯罪刑事立法的域外经验与我国的未来调适方向》，发表于《理论导刊》2015年第3期；撰写了《刑法规制体育竞技伤害行为的限度与范围》，发表于《山东体育学院学报》2015年第2期；撰写了《民族刑法变通权的理论境遇》，发表于《湖北民族学院学报（哲学社会科学版）》2016年第2期；撰写了《网络著作权犯罪刑事立法的反思与完善》，发表于《西安电子科技大学学报（社会科学版）》2016年第2期。正是在这些学术研究历练的积淀下，在导师的鼓励与支持下我毅然决定以《我国危害食品安全犯罪体系完善研究》作为我博士论文的选题，并开始进一步深入研究。但在撰写博士论文的过程中并非一帆风顺，有辛苦、惆怅同时也伴随着喜悦、充实，经常会因一些问题而毫无思绪，困顿数日而不得其解，也有过艰难跋涉之后心里有种雨后春笋似的美好而暂时的小欣慰，也正是这一次次小欣慰成为促发我在长期的煎熬中继续完成写作的重要催生剂。可以说，博士论文的撰写不仅是一个艰辛、惶然和煎熬的过程，同时也是从困顿、纠结到顿开、释然的过程，更是促使我不断学习、不断研究并不断提升自己理论素养的过程。诚然，更为欣慰的是，我在博士论文写作过程中更深切地感受到许多关心我、鼓励我、支持我的良师益友，正是他们无私的关爱与鞭策，才使我在艰辛与煎熬中得以顺利完成博士论文的写作。

感谢我的博士导师陈结淼教授，能够成为陈老师的学生真是我人生中的大幸运。陈老师的厚德博学和严谨治学的人格魅力让我钦佩不已，永远是我学习的榜样。特别是在我论文写作和修改过程中，陈老师为此付出了无限的辛苦，他不仅在我博士论文的选题、撰写中所给予的点拨、鼓励和支持，而且三年来对我学习的严格要求、细致指导和以身作则，时时感染着我、塑造着我,这些让我感激不尽。陈老师的严厉又宽容的处事风格,不断催我自新,正是老师的言传身教和鼓励扶持,才使我三年来有了一些进步和成绩,而任何一点成绩的取得都不知凝结了老师多少心血。

感谢我的硕士生导师韩轶教授和张晶教授,韩轶老师在安徽大学工作期间和张晶老师共同是我攻读硕士的指导老师,是韩轶老师和张晶老师帮我开启了学术研究的大门,在攻读硕士研究生期间指导和督促我写论文、做课题,从学识到视野,从方法到态度,使我逐渐积淀了一定的学术研究素养。同时,还要感谢张晶老师在我博士论文的选题和撰写过程中所给予的指点和教诲。

感谢周少元教授、郭志远教授、行江副教授、何俊副教授、李婕博士等刑法导师组成员,各位老师深厚的学术素养、严谨的治学态度和谦和的人格魅力,使我深刻感悟到刑法学的博大深邃和奥妙无穷。同时也感谢各位老师在我博士论文的开题与答辩过程中给予我的宝贵建议和迷津点拨。

感谢程雁雷教授、汪金兰教授、李明发教授、华国庆教授、张宇润教授、徐淑萍教授、李坤刚教授等法学院老师,在我三年读博期间给予的关爱和提携。感谢宋玉茹书记、张冰老师、王娜老师、洪胜利老师等,他们付出的辛苦和忘我的工作,我将终生难忘。

感谢法学院2013级汪迎兵博士、何承斌博士、施海智博士、邵道萍博士、郜名扬博士和2012级袁家德博士、翟方明博士等给予我的帮助和关爱。在三年的博士生涯里,我们是一个互相鼓励、互相关心和团结向上的好集体。能与他(她)们成为同窗好友使我三生有幸,虽然天各一方,岁月沧桑,但海内

后 记

存知己、天涯若比邻,我们在读博期间的深情厚谊将亘古不变,永远常青。

感谢忻州师范学院法律系领导武建国主任、李正平书记、贾春淼副书记以及法律系的众多同事,特别是法律系武建国主任、李正平书记和贾春淼副书记给予我的支持与帮助,同事彭波老师、冯毛毛老师等同事对我论文及书稿提出的宝贵意见,我将铭记在心。正是单位领导和同事给予我无微不至的帮助和大力支持,使我才能有更多的时间和精力得以完成学业。

感谢生我养我的父母,虽然他们年老多病,但为了使我一心用在学业上,总是报喜不报忧,时常向我隐瞒一些病情,正是他们无私的付出和厚重的关爱使我义无反顾、勇往直前。由于我读博学校和工作单位离家千里之外,在家的时间短暂,家里的事情和孩子的抚养和教育全部落在爱人边素景女士的肩上,正是妻子的支持、体贴、理解和包容,成为我顺利完成学业的坚强后盾,也是我坚持积极进取的力量源泉。

需要感谢的老师、同学、朋友真是太多,无法一一列举。在此谨向鼓励我、帮助我和支持我的所有人表示由衷的感谢和真诚的祝福!

最后,要特别感谢中国政法大学出版社为本书的出版所给予的帮助,在书稿的校对和修改过程中,丁春晖主任等付出了大量的辛苦,并提出了许多宝贵的意见与建议,细致入微地帮我完成了出版前的工作,在此表示最真诚的感谢!

本书是在我的博士论文基础上修改完成的。仅用一年多的时间完成一篇宏大的博士论文,时间仓促可想而知。尽管在此期间我付出了巨大辛苦和努力,但限于本人学识和水平的不足,很多问题尚未思考得更细致、谈得更深入,对我国危害食品安全犯罪体系完善研究仍然存在这样和那样的诸多问题,未来的路还很长,今后我将会继续致力于此问题的研究,为之付出自己的余生。

仝其宪
2019 年 12 月 31 日